全球第一本系统研究中国物流企业如何创建强势品牌的奠基之作

物流革命

——中国物流企业创建强势品牌研究

徐志国◎著

中国商务出版社
CHINA COMMERCE AND TRADE PRESS

图书在版编目（CIP）数据

物流革命：中国物流企业创建强势品牌研究/徐志国著. -- 北京：中国商务出版社，2021.5（2023.1重印）
ISBN 978-7-5103-3807-6

Ⅰ.①物… Ⅱ.①徐… Ⅲ.①物流企业–品牌战略–研究–中国 Ⅳ.① F259.21

中国版本图书馆 CIP 数据核字 (2021) 第 083953 号

物流革命——中国物流企业创建强势品牌研究
WULIU GEMING——ZHONGGUO WULIU QIYE CHUANGJIAN QIANGSHI PINPAI YANJIU

徐志国◎著

出　　版：	中国商务出版社
地　　址：	北京市东城区安定门外大街东后巷 28 号　邮编： 100710
责任部门：	国际经济与贸易事业部（010-64269744　bjys@cctpress.com）
责任编辑：	侯青娟
总 发 行：	中国商务出版社发行部（010-64266119 64515150）
网购零售：	010-64269744
网　　址：	http://www.cctpress.com
邮　　箱：	cctp@cctpress.com
排　　版：	贺慧蓉
印　　刷：	三河市明华印务有限公司
开　　本：	710 毫米 × 1000 毫米 1/16
印　　张：23.25	字　　数：381 千字
版　　次：2021 年 5 月第 1 版	印　　次：2023 年 1 月第 2 次印刷
书　　号：	ISBN 978-7-5103-3807-6
定　　价：	68.00 元

凡所购本版图书有印装质量问题，请与本社总编室联系。（电话：010-64212247）
版权所有　盗版必究（盗版侵权举报可发邮件到本社邮箱：cctp@cctpress.com）

序

改革开放40多年来,中国的经济建设取得了举世瞩目的巨大成就。目前,中国已经成为世界第二大经济体,经济总量仅次于美国。2019年10月9日,世界经济论坛(WEF)发布的《全球竞争力报告》指出,中国国际竞争力的排名是全世界第28位,位居金砖国家之首,在市场规模、创新能力和技术通信领域有较为突出的表现,是世界主要新兴经济体中最具竞争力的国家。

但是,与排名长期处于世界前列的美国、德国、日本等国家相比,中国的国际竞争力还没有达到相应的国际先进水平。中国的国际竞争力在世界上的排名与经济总量的排名状况是极不协调的。造成这种不协调现象的原因有很多,其中最重要的原因是中国缺乏众多的强势品牌,尤其是世界级的大品牌。从世界范围来看,GDP总量高的强国和人均GDP高的富国,往往具有强大的国际竞争力,同时也是世界级企业和世界级品牌的集中地。

2020年10月27日,国际品牌评估机构Interbrand发布了2020年全球最具价值品牌100强排行榜,榜单上的100个品牌主要来自美国、德国、法国、日本、荷兰、韩国等国家。其中,排名前十的品牌及其价值分别是苹果3229.99亿美元,亚马逊2006.67亿美元,微软1660.01亿美元,谷歌1654.44亿美元,三星622.89亿美元,可口可乐568.94亿美元,丰田515.95亿美元,奔驰492.68亿美元,麦当劳428.16亿美元,迪士尼407.73亿美元。排名前三的品牌总价值占榜单总价值的30%,排名前十的品牌总价值占榜单总价值的50%。在全球品牌价值百强榜中,华为依旧是中国唯一上榜的企业，排名为全球第80位，其品牌价值只有63.01亿美元。这显然与中国制造业第一大国、世界第二大经济体的地位很不相称。

当然，我们并不能否认近年来中国企业品牌建设的成就。在全国范围，各行各业都涌现出了一批具有一定影响力的企业品牌。它们的出现，为国民经济建设和国家竞争力的提升做出了巨大贡献。但是，这依然没有显著改变中国企业品牌建设所面临的主要问题，这些问题主要体现在以下几个方面。

一是企业领导对品牌内涵的认识不够充分。从实际调查情况来看，目前中国企业比以往任何时候都重视品牌建设，但大多数人对于品牌的认识还处于初级阶段。企业领导没有意识到品牌是一种包括名称、标识、个性、形象、质量、服务、信誉、文化、体验、印象等一系列要素在内的重要的无形资产，没有意识到企业需要采取一系列有效的措施，建立并维护品牌与消费者之间的良好关系。

二是企业品牌管理的水平有待提升。中国企业目前普遍缺乏品牌运营与管理知识，很多企业在品牌管理的过程中，将产品品牌与企业品牌混为一谈，将品牌管理与广告宣传混为一谈，将品牌运营与企业经营混为一谈。绝大多数企业都没有专门的品牌管理机构，不能系统科学地开展品牌战略定位与运营管理工作，从而造成品牌管理水平比较低下，很难产生世界级品牌。

三是国家品牌建设的政策力度有待加强。改革开放以来，尤其是20世纪90年代以来，为了促进中国品牌的发展，各级政府制定了一系列鼓励政策和发展战略，但是一直没有建立一个统一的政府支持体系。在实际运行中，经常出现不同地区、不同部门在品牌管理职能上交叉重叠、互相扯皮的现象，严重地影响了中国品牌的发展。2017年4月24日，国家正式将每年的5月10日设立为"中国品牌日"，希望能够通过后续的科学管理，营造有助于品牌发展的政策环境。

四是媒体的品牌宣传导向有待调整。品牌的发展不仅需要政府的支持和企业的努力，也离不开社会各界的理解和关心，尤其是新闻媒体的支持和帮助。从总体上来看，新闻媒体对中国企业创建品牌的正面宣传不够到位，有时负面报道较多。由于中国企业品牌危机管理的水平欠佳，好不容易建立起来的品牌还比较脆弱，有时一经负面报道就毁掉了，间接造成了中国品牌短命的状况。

物流业是融合包装、运输、仓储、货代、信息等产业的复合型服务业。随着世界经济的持续发展和科学技术的突飞猛进，现代物流业扮演着越来越重要的地位，是支撑国民经济发展的战略支柱性产业，其竞争力的大小，已经成为国家竞争力高低的重要标准之一。加快发展现代物流业，对于改善消费体验、促进产业结构调整、转变经济发展方式、拉动国民经济增长、提高国家竞争能力，都具有非常重大的意义。而物流企业，则是物流业发展壮大的具体载体和微观基础。

在全球经济一体化和企业发展国际化的背景下，中国的物流企业虽然在规模上取得了较大的发展，但从运行效率、管理质量、技术水平上看，与欧美、日本等发达国家和地区相比还处于落后阶段。由于基础设施较差、服务质量较低、经营创新乏力、品牌意识淡薄、顾客体验较差等一系列的原因，在强大的外资物流企业面前，中国的物流企业地区发展不够平衡，综合实力相对较弱，普遍缺少竞争优势，增长速度连年减缓，难以适应企业市场竞争和国家经济发展的迫切需要。为了有力地扭转这种极其不利的局面，创建中国物流企业强势品牌，发挥品牌的引领作用，已经成为"双循环"新发展格局背景下提高物流企业竞争力和国家经济竞争力的必由之路。

本书内容非常丰富，在综合分析国内外物流企业发展现状的基础上，结合物流管理理论、品牌管理理论、服务管理理论、产业经济理论等多学科的理论知识，在综合运用多种科学研究方法的基础上，系统地分析了中国物流企业创建强势品牌的必要性和紧迫性，研究总结了中国物流企业强势品牌的突出特征，并从品牌服务管理、品牌创新管理、品牌营销管理、品牌传播管理、品牌危机管理、品牌社会责任管理、品牌战略管理、品牌资产管理、品牌文化管理、品牌体验管理、品牌信息管理、品牌员工管理等一系列专业视角，深入分析了物流企业创建强势品牌的对策和路径。本书还通过案例研究的方式，选择不同的视角，从具体的操作层面，为中国物流企业创建强势品牌之路，提供了宝贵的参考借鉴。

在中国物流业增长速度连续几年不断减缓、国家大力实施"品牌强国战略"的背景下，本书作为全球第一本系统研究中国物流企业创建强势品牌的奠基之作，其出版发行具有十分重大而深远的意义。希望本书的研究成果，能够给中国广大的物流企业的从业人员、品牌管理与咨询机构的工作者、高校物流管理专业的教师和学生，带来实实在在的帮助，能够为中国物流企业竞争力的有效提升和物流产业的发展壮大，做出应有的贡献。

祝合良

2021 年 2 月

前　言

改革开放40多年来，中国的经济建设取得了突飞猛进的伟大成就。但与此同时，买方市场的确立、品牌消费时代的到来、国际环境的变化、新冠肺炎疫情的影响、"新基建"的推进、"十四五"规划的开启以及"双循环"新发展格局等一系列新特征都充分显示，中国经济的发展变革正面临着前所未有的机遇和挑战。

无数事实都强有力地证明：品牌兴，则国兴；品牌强，则国强！随着世界经济的跌宕起伏，随着大国竞争的不断加剧，随着经济结构的转型升级，中国社会各界对产品质量的要求越来越高，对服务品质的呼声越来越大。为此，习近平总书记提出，要有力推动"中国制造向中国创造转变""中国速度向中国质量转变""中国产品向中国品牌转变"。习近平总书记"三个转变"的重要论述，从全局和战略的高度，指明了中国经济发展质量的前进方向和实现路径，凸显了品牌建设对于中国经济发展的重要作用。2017年，国家将每年的5月10日设立为"中国品牌日"，标志着中国经济建设全面进入品牌经济新时代。

物流业是融合运输业、仓储业、货代业和信息业等的复合型服务产业，是将包装、搬运、运输、装卸、仓储、配送、流通加工、信息处理等基本功能，根据实际需要进行有机结合的活动的集合，是国民经济的重要组成部分。物流业涉及领域广，吸纳就业人数多，促进生产和拉动消费的作用较强。物流业的发展壮大，能够有力地提高消费者满意程度，降低企业经营成本，提高经济运行效率，促进产业结构调整，转变经济发展方式，增强国家综合实力，提升全球竞争能力。

在国家诸多政策的大力支持和推动下，中国的物流业获得了较大的发展，具体体现在以下几个方面。

一是产业规模快速增长。目前，中国已经超过美国成为全球最大的物流市场，全国货运量连续多年稳居世界第一位。2020年全国社会物流总额达300.1万亿元，同比增长3.5%；社会物流业总收入达10.5万亿元，同比增长2.2%；社会物流总费用达14.9万亿元，同比增长2.0%；社会物流总费用与GDP的比率约为14.7%，与上年基本持平。全国物流从业人员超过5000万人，约占全国就业人员的6.5%，其中外卖、快递业从业人员约为1000万人。物流业发展的质量和效率不断提升。

二是市场集中度稳步提升。目前，中国A级物流企业有近7000家，其中，AAAAA级企业有382家，快递、电商、零担、医药、物流地产等细分物流市场品牌集中、企业集聚、市场集约的趋势进一步显现。

三是产业联动融合走向深入。物流业与制造业、商贸业、金融业等多业联动，产业合作层次从运输、仓储、配送业务向集中采购、订单管理、流通加工、物流金融、售后维修、仓配一体化等高附加值增值业务以及个性化创新服务拓展延伸。

四是服务能力显著提升。物流企业资产重组和资源整合步伐进一步加快，形成了一批所有制多元化、服务网络化和管理现代化的物流企业。传统运输业、仓储业加速向现代物流业转型，制造业物流、商贸物流、电子商务物流和国际物流等领域专业化、社会化服务能力显著增强，服务水平不断提升，现代物流服务体系初步建立。

五是技术装备条件明显改善。信息技术广泛应用，大多数物流企业建立了管理信息系统，物流信息平台建设快速推进。物联网、云计算等现代信息技术开始应用，装卸搬运、分拣包装、加工配送等专用物流装备和智能标签、跟踪追溯、路径优化等技术迅速推广，智慧物流成为转型升级的新动能。

虽然物流业在中国发展迅速，获得了令人瞩目的成绩，但是，由于物流业在中国发展的时间相对短暂，整个行业的发展仍然存在不少问题，主要表现在以下几方面。

一是物流基础设施还相对薄弱。从铁路、公路、航空等运输网络的规模、结构、质量和密度等指标来看，物流业的发展总体滞后于经济社会的发展需要。

二是物流的社会化与专业化程度偏低。目前，不少企业自己承担物流职能，业务自营而不外包，导致物流的社会化程度偏低。大部分物流企业配送、仓储、运输等服务水平不尽如人意，难以形成自己的核心竞争力。

三是物流领域高素质人才缺乏。以中国物流行业发展较快并且相对领先的上海和北京为例，大专以上学历的物流从业人员占第三方物流企业从业人员的比例均为20%左右，国内其他地区的比例更低，其中具有物流专业学习背景的人员更是微乎其微。

四是物流企业实力较弱。物流企业组织规模较小，缺乏必要的竞争实力，经营管理水平较低，物流服务质量有待进一步提高，绝大多数企业只能提供单项或分段的物流服务，不能形成完整的配套物流服务。

五是物流业的发展处于不平衡的状态。东部沿海地区的物流基础设施相对发达，现代物流发展水平相对较高，物流需求旺盛，而中西部地区特别是经济不发达地区物流运作水平则相对较低。在同一地区，城市物流与农村物流也存在着较大的差别。

近几年，中国物流业的增长速度已处于连续减缓的状态。为了扭转这种极其不利的局面，我们亟须提升物流企业的竞争力。从国际物流行业的发展历程来看，要提高物流企业的竞争力，必须走"技术创新"与"品牌管理"双轮驱动的发展道路；从市场竞争的态势来看，无论是国内还是国外，物流企业之间的竞争，已经由价格等方面的竞争上升到品牌竞争；从物流企业的品牌建设现状来看，中国物流企业普遍存在着品牌经营意识薄弱、品牌战略定位模糊、品牌形象识别较差、品牌营销传播同化、品牌危机管理无方、品牌服务体验较差、品牌延伸空间较小、品牌创新能力低下、品牌资产管理乏力、品牌管理人才奇缺等一系列严重问题。这些问题都极大地影响了中国物流企业的发展速度和发展质量。

国内针对提升物流业竞争力的研究，都局限于物流产业政策、物流信息管理、物流技术创新等几个方面。近年来，物流研究的热点则完全偏重智慧物流技术，而物流品牌管理的研究视角很少有人触及，物流强势品牌创建与管理的理论研究，更是屈指可数。梳理为数不多的物流品牌研究文献，发现其研究方法都局限于传统的定性研究，研究重点只是侧重于品牌管理的某一个环节，研究形成的结论主观性较强，系统性较差，无法反映出全面品牌管理的知识体系，缺少应有的学术价值和实际的应用价值。

品牌理论发展至今，从其概念认知上看，包括了"符号标识论""质量信誉论""广告传播论""营销工具论""感觉体验论""互动关系论""文化价值论""无形资产论""战略生态论""发展动力论"；从其工作重点上看，经历了标识形象管理、创意策划管理、营销传播管理、全面品牌管理、精准决策管理几个重要阶段，已经形成一套内涵丰富、方法多元、体系完整、跨越多种学科的交叉型知识体系；从其管理内容上看，已经涵盖了品牌战略的制定、品牌定位的确立、品牌识别的设计、品牌个性的提炼，品牌形象的展示、品牌心理的研究、品牌传播的推进、品牌营销的开展、品牌服务的强化、品牌体验的管理、品牌关系的维护、品牌文化的建立、品牌创新的开展、品牌危机的管理、品牌延伸的研究、品牌生态的建立、品牌资产的管理、品牌价值的提升、品牌专利的保护、品牌诊断的开展等20个重点领域，并在信息技术、传播方法、计量科学等因素的推动下，品牌管理工作正在快速地向数字化和智能化方向发展；从其重要作用上看，品牌已经由顾客层面的形象识别工具和产品层面的营销传播利器，上升到企业层面的经营管理职能和国家层面的经济竞争战略。但是，中国物流行业对于品牌管理的认知，还处在非常原始的状态，这种极为落后的局面需要进行革命性的扭转。

鉴于以上原因，本书按照"理论与实践相结合""历史与现状相结合""静态与动态相结合""演绎与归纳相结合""定性研究与定量研究相结合"的原则，综合运用了文献综述、专家访谈、对比研究、数据统计、案例分析、实地考察、问卷调查、归纳总结、模型构建与回归分析等多种研究方法。在全面梳理国内外物流和品牌研究的最新进展，客观评价中国物流企业及其品牌的发展现状的基础上，提出了创建中国物流企业强势品牌的可行路径，努力使研究过程科学严谨，确保研究结论客观准确。

首先，在文献研究的基础上，运用层次分析法（AHP），发现中国物流企业强势品牌的突出特征及其权重分别如下：忠诚度22.65%，美誉度21.48%，领先度18.25%，内涵度8.74%，认知度8.57%，区分度7.31%，知名度7.29%，延伸度5.71%。其中，忠诚度、美誉度和领先度是强势物流品牌最为突出的核心特征，三者的权重之和高达62.38%。这一发现，确定了中国物流企业创建强势品牌的重要方向。

其次，围绕忠诚度、美誉度和领先度，构建结构方程模型，通过回归分析，考察了服务质量、经营创新、营销传播、危机管理、承担企业社会责任等一系列品牌管理举措对于中国物流企业强势品牌突出特征的影响关系。研究发现，提高服务质量和加强经营创新，是创建中国物流企业强势品牌的核心举措；而加强营销传播、承担企业社会责任、做好危机处理，是加强中国物流企业品牌管理的重要举措。

再次，对于中国物流企业创建强势品牌的一般举措，也进行了具体的阐述。这些举措包括品牌战略管理、品牌资产管理、品牌文化管理、品牌体验管理、品牌创新管理、品牌员工管理、品牌信息管理等。

最后，从国家宏观政策层面，围绕品牌政策制定、品牌市场管理、品牌培育机制、品牌评价体系、品牌人才培养等几个方面，对如何更好地创建中国物流企业强势品牌，提出了一系列的政策建议。

本书还结合环境变化与发展潮流，展望了中国物流企业创建强势品牌的研究趋势。随着国际环境的巨大变化和"双循环"新发展格局的不断推进，消费需求和供给竞争的日益变化，社会资本和科技力量的大力推动，信息技术与传播方式的快速变革，电子商务与新兴媒体的持续演化，云计算、大数据、人工智能、虚拟现实等一批新技术的广泛应用，商业模式和经营理念的创新发展，中国物流企业创建强势品牌的未来之路，将越来越精彩。在以"移动互联、颠覆创新、跨界融合、智能链接、技术迭代、数据驱动、高速学习、分享共赢"为核心特点的现代商业环境中，"决策精准化、传播数字化、营销场景化、体验娱乐化、运营智能化、发展资本化、平台创客化、组织扁平化、战略生态化、空间国际化"等诸多视角，都是未来中国物流企业在加强品牌建设的过程中，值得关注、探索和研究的重要方向。

作为全球第一本系统研究中国物流企业创建强势品牌的奠基之作，本书的创新性主要体现在以下几点：

一是全面综合了国内外的最新研究成果，对国内外物流与品牌管理的理论、实践和趋势进行了系统的归纳总结，在此基础上，从宏观经济、中观行业、微观企业三个层次，指出了中国物流企业创建强势品牌的紧迫性和必要性。

二是高度融合了物流管理理论、品牌管理理论、企业管理理论、产业经济理论、服务管理理论、战略管理理论、电子商务理论、市场营销理论、广告传播理论、公共关系理论、企业文化理论、危机管理理论以及其他相关理论，提出了中国物流企业创建强势品牌的具体路径和政策建议。

三是充分结合了理论研究和企业实践，深入细致地开展了大量的案例分析，为中国物流企业创建强势品牌提供了重要的参考实例。

希望本书的研究成果，能够对中国物流企业的品牌建设和国家物流竞争力的提升，产生巨大的推动作用。

在本书的写作过程中，本人得到了博士后合作导师祝合良教授以及来自清华大学、中国人民大学、北京交通大学、首都经济贸易大学等高校诸多教授的悉心指导，也得到了来自中国邮政、顺丰速运、宅急送、美国UPS、Fedex等国内外著名物流企业领导和专家的大力支持。在此，一并向他们表示衷心的感谢。

由于时间、精力和研究条件所限，本书的研究工作存在很多不足之处，欢迎大家批评指正。期待与更多的物流工作者携手共进，为提升物流企业满意度、中国物流影响力、国家综合竞争力，不断做出新贡献！

徐志国

2021年1月

目　录

第1章
绪　论

1.1 研究背景　2
1.2 研究目的与意义　6
1.3 研究方法　7
1.4 研究创新　8
1.5 研究结构　8

第2章
中国物流企业创建强势品牌的理论基础

2.1 物流的基本理论　12
 2.1.1 物流的内涵　12
 2.1.2 国外物流理论研究的基本情况　15
 2.1.3 中国物流理论研究的基本情况　20
 2.1.4 物流业对经济发展的重要作用　23
 2.1.5 世界现代物流产业的发展趋势　25

2.2 品牌的基本理论　26
2.2.1 品牌的内涵　27
2.2.2 品牌内涵的发展阶段　33
2.2.3 品牌的重要作用　34

2.3 强势品牌的基本理论　39
2.3.1 强势品牌的内涵　40
2.3.2 强势品牌的竞争力　42
2.3.3 强势品牌的重要作用　51

2.4 强势品牌创建的基本理论　53
2.4.1 制定品牌战略　53
2.4.2 找准品牌定位　55
2.4.3 开展品牌营销　60
2.4.4 进行品牌传播　64

2.5 品牌管理的基本理论　65
2.5.1 品牌管理的内涵　65
2.5.2 品牌管理的发展演变　66
2.5.3 品牌管理的发展趋势　70

2.6 小结　72

第3章
国内外物流业及其品牌的发展状况

3.1 国外物流业的发展状况　74
3.1.1 美国物流业的发展状况　74
3.1.2 日本物流业的发展状况　79
3.1.3 德国物流业的发展状况　85
3.1.4 国外物流业的发展经验　88

3.2 中国物流产业的外部环境　91
3.2.1 国民经济大幅增长，消费地位不断提升　92
3.2.2 买方市场逐渐形成，物流作用不断凸显　94
3.2.3 经济结构转型升级，发展方向不断调整　97
3.2.4 消费需求不断升级，品牌经济正式到来　101

3.3 中国物流产业的发展状况　105
3.3.1 中国物流产业的发展历程　105
3.3.2 中国物流产业的发展成就　109
3.3.3 中国物流产业的发展问题　111
3.3.4 中国物流产业的发展形势　112

3.4 中国物流企业的市场环境　114
3.4.1 外资物流企业加速渗透　114
3.4.2 外资物流企业对中国物流企业的影响　116

3.5 中国物流企业的品牌现状及存在问题　118
3.5.1 中国物流企业品牌的发展现状　119
3.5.2 中国物流企业品牌建设的主要问题　119

3.6 中国物流企业创建强势品牌的重要意义　121
3.6.1 提升国家竞争优势的必然要求　121
3.6.2 顺应产业发展方向的必然选择　123
3.6.3 增强企业核心竞争力的必由之路　123

3.7 小结　124

第4章
中国物流企业强势品牌创建的机理分析

4.1 服务与服务品牌　126
4.1.1 服务的内涵　126

4.1.2 服务品牌与产品品牌　128

4.2 服务企业品牌建设的基本理论　130

4.2.1 服务企业品牌建设的研究视角　130

4.2.2 服务企业品牌建设的主要理论模型　133

4.2.3 服务企业强势品牌的核心竞争力　139

4.3 物流企业强势品牌的服务属性　142

4.3.1 物流服务的本质特性　143

4.3.2 物流服务的产品构成　144

4.4 小结　146

第5章
中国物流企业强势品牌突出特征与关键举措的定量分析

5.1 物流企业强势品牌突出特征的确定：基于层次分析法　148

5.1.1 层次分析法（AHP）的基本原理　148

5.1.2 应用 AHP 评价物流企业强势品牌的突出特征　152

5.1.3 物流企业强势品牌突出特征的评价结果分析　156

5.2 物流企业创建强势品牌的关键举措：基于结构方程模型　158

5.2.1 研究设计：结构方程模型方法　159

5.2.2 创建强势品牌的关键举措：理论与假设　160

5.2.3 问卷设计与数据采集　164

5.2.4 正态性及信度、效度检验　169

5.2.5 模型分析与假设检验的结果　175

5.3 小结　179

第6章
中国物流企业创建强势品牌的核心举措

6.1 物流企业服务质量评价与管理的实证研究　181
- 6.1.1 物流服务质量的内涵　181
- 6.1.2 物流企业服务质量体系指标确定　183
- 6.1.3 物流企业服务质量评价体系的实证检验　184
- 6.1.4 物流企业服务质量管理体系建设　189

6.2 物流企业经营创新的内容与途径　190
- 6.2.1 物流经营创新的内涵　190
- 6.2.2 物流经营创新的方向　191
- 6.2.3 物流经营创新的特点　192
- 6.2.4 物流经营创新的途径　193

6.3 小结　197

第7章
中国物流企业创建强势品牌的重要举措

7.1 物流企业强势品牌的营销传播　199
- 7.1.1 物流企业强势品牌的营销策略　199
- 7.1.2 物流企业强势品牌的传播策略　205
- 7.1.3 物流企业强势品牌的形象系统与整合营销传播　214

7.2 物流企业强势品牌的社会责任承担　217
- 7.2.1 物流企业社会责任的内涵　217
- 7.2.2 物流企业履行社会责任的主要表现　218
- 7.2.3 物流企业履行社会责任的作用和条件　220

7.3 物流企业强势品牌的危机管理　221
　　7.3.1 物流企业强势品牌的危机预防　221
　　7.3.2 物流企业强势品牌的危机处理　222

7.4 小结　223

第8章
中国物流企业强势品牌创建的一般举措

8.1 物流企业强势品牌的战略管理　225
　　8.1.1 品牌战略的内涵　225
　　8.1.2 物流企业强势品牌的定位　226
　　8.1.3 物流企业强势品牌的战略选择　227

8.2 物流企业强势品牌的资产管理　231
　　8.2.1 品牌资产的内涵　231
　　8.2.2 物流企业品牌资产管理的方法　232

8.3 物流企业强势品牌的文化管理　233
　　8.3.1 品牌文化的内涵　233
　　8.3.2 物流企业品牌文化管理的方法　234

8.4 物流企业强势品牌的体验管理　235
　　8.4.1 消费者体验的内涵　235
　　8.4.2 物流企业消费者体验管理的方法　236

8.5 物流企业强势品牌的创新管理　238
　　8.5.1 品牌创新的内涵　238
　　8.5.2 物流企业品牌创新管理的方法　239

8.6 物流企业强势品牌的员工管理　241
　　8.6.1 员工管理的内涵　241
　　8.6.2 物流企业员工管理的方法　241

8.7 物流企业强势品牌的信息管理　242

　　8.7.1 信息管理的内涵　242

　　8.7.2 物流企业品牌信息管理的方法　243

8.8 小结　244

第9章 国内外物流企业创建强势品牌的案例研究

9.1 顺丰速运的强势品牌建设　246

　　9.1.1 顺丰速运的基本情况介绍　246

　　9.1.2 顺丰速运强势品牌创建模式　250

　　9.1.3 顺丰速运品牌建设对民营快递的启示　253

9.2 中国邮政 EMS 的整合品牌推广　256

　　9.2.1 中国邮政 EMS 的基本情况介绍　256

　　9.2.2 中国邮政 EMS 的整合品牌推广策略　257

　　9.2.3 中国邮政 EMS 品牌整合推广策略的启示　259

9.3 宅急送的品牌公关传播策略　260

　　9.3.1 宅急送的基本情况介绍　260

　　9.3.2 宅急送的品牌公关传播与管理　260

　　9.3.3 宅急送品牌公关传播的启示　265

9.4 美国 UPS 的核心竞争力与强势品牌创建　267

　　9.4.1 UPS 的基本情况介绍　267

　　9.4.2 UPS 的物流服务建设　267

　　9.4.3 UPS 给中国物流企业提升核心竞争力的启示　272

9.5 美国 Fedex 进军中国市场的差异化品牌营销　273

　　9.5.1 Fedex 的基本情况介绍　273

　　9.5.2 Fedex 的品牌差异化营销战略　274

9.5.3 Fedex品牌差异化营销战略给中国物流企业的启示　276
9.6　小结　276

第10章 研究总结与展望

10.1　主要结论　279
10.2　政策建议　280
10.3　研究展望　281

参考文献　283
调查问卷　292
附　录
1. 国务院关于印发《物流业调整和振兴规划》的通知　301
2. 国务院关于印发《物流业发展中长期规划（2014—2020年）》的通知　317
3. 国家发展改革委关于印发《"互联网+"高效物流实施意见》的通知　334
4. 国务院办公厅关于发挥品牌引领作用推动供需结构升级的意见　345

第 1 章 绪论

1.1 研究背景

1. 中国进入"双循环"新发展格局，国家大力实施"品牌强国战略"，努力推动经济增长

改革开放40多年来，中国的经济建设取得了突飞猛进、举世瞩目的伟大成就。国民经济的综合实力实现了由小到大、由弱到强的巨变；经济结构实现了大幅调整，发展方向和增长方式不断进行升级转型；商品和服务的供给，实现了由严重短缺到丰富充裕的转变；人民生活的水平和质量大幅提高，实现了从贫困向总体小康的跨越。但与此同时，买方市场的确立、品牌消费时代的到来、国际环境的变化、新冠肺炎疫情的影响、"新基建"的推进、"十四五"规划的开启以及"双循环"新发展格局等一系列新特征都充分显示，中国经济的发展变革，面临着前所未有的机遇和挑战。

无数事实都强有力地证明：品牌兴，则国兴；品牌强，则国强！随着世界经济的起伏跌宕、大国竞争的不断加剧、经济结构的转型升级，中国社会各界对产品质量的要求越来越高，对服务品质的呼声越来越大。2014年5月10日，习近平总书记提出，要有力推动"中国制造向中国创造转变""中国速度向中国质量转变""中国产品向中国品牌转变"。习近平总书记"三个转变"的重要论述，从全局和战略的高度，指明了中国经济发展质量的前进方向和实现路径，凸显了品牌建设对于中国经济发展的重大推动作用。

2016年6月10日，国务院办公厅发布《关于发挥品牌引领作用推动供需结构升级的意见》（〔2016〕44号），明确提出要大力推动"品牌基础建设工程""供给结构升级工程""需求结构升级工程"三大工程，将"发挥品牌的引领作用"上升到了前所未有的高度。2017年4月24日，国务院下发《关于同意设立"中国品牌日"的批复》（国函〔2017〕51号），明确规定自2017年起，将每年的5月10日设立为"中国品牌日"。这一重大节日的诞生，不仅标志着中国国家品牌战略的全面实施，也标志着中国品牌经济时代的正式到来。

2. 中国物流业受益于国家政策，获得较大的发展，其经济战略支撑作用不可或缺

物流业是融合运输业、仓储业、货代业和信息业等的复合型服务产业，是将包装、搬运、运输、装卸、仓储、配送、流通加工、信息处理等基本功能，根据实际需要进行有机结合的活动的集合，是国民经济的重要组成部分。物流业涉及领域广，吸纳就业人数多，促进生产和拉动消费的作用较强。物流业的发展壮大，能够有力地提高消费者满意程度，降低企业经营成本，提高经济运行效率，促进产业结构调整，转变经济发展方式，增强国家综合实力，提升全球竞争能力。

自2009年3月10日国务院印发《物流业调整和振兴规划》的通知以来，中国物流产业受益于国家重视和政策支持，一直保持着较快的增长速度，物流基础设施持续得以改善，物流服务能力获得显著提升，物流政策环境日趋优化合理，现代物流产业体系初步形成，成为国民经济密不可分的重要组成部分。

2014年9月，国务院出台了《物流业发展中长期规划》，把物流业定位为支撑国民经济发展的基础性、战略性产业。随后，国家发展改革委出台了《促进物流业发展三年行动计划》。各相关部门从自身职能定位出发，密集出台了支持物流业发展的政策措施。从2015年开始，全国现代物流工作部际联席会议形成新的运行机制，由国家发展改革委、商务部、交通运输部、工业和信息化部、中国物流与采购联合会轮流主持，坚持问题导向，着力解决制约物流业发展、亟待跨部门协调解决的重点问题。支持物流业发展的部门之间的合力逐步加强，行业政策环境持续得到改善。

2015年，国家开始实施"互联网+"行动计划，提出了"互联网+高效物流"等11项重点行动。2016年7月，国务院总理李克强主持召开国务院常务会议，从国家层面部署推进"互联网+高效物流"。国家发展改革委随后印发了《"互联网+"高效物流实施意见》，提出构建物流信息互联共享体系，提升仓储配送智能化水平，发展高效便捷物流新模式，营造开放共赢的物流发展环境等四项主要任务。物流业利用新一轮科技革命的机遇，借力"互联网+"，开始深化产业融合。

在诸多政策的推动下，中国物流业获得了较大的发展，中国已经超过美国成为全球最大的物流市场，全国货运量连续多年稳居世界第一位。2020年全国社会物流总额达300.1万亿元，同比增长3.5%；社会物流业总收入达10.5万亿元，同比增长2.2%；社会物流总费用达14.9万亿元，同比增长2.0%；社会物流总费用与GDP的比率约为14.7%，与上年基本持平。

随着世界经济的持续发展、科学技术的突飞猛进、国际贸易的快速增长，现代物流业作为经济结构的重要组成部分，正在全球范围内得以迅速发展，成为构筑国际竞争能力的关键要素。在经济全球化的今天，物流业的发展水平，已经成为衡量国家或地区综合竞争力的重要标志。

3. 中国物流业面临增速连年下降等一系列的问题，亟须创建强势品牌提升竞争力

由于物流业在中国发展的时间相对较短，起点较低，整个行业存在很多的问题。从宏观产业发展的角度来看，中国物流业面临专业化程度较低、从业人员素质不高、核心竞争能力不强、企业规模普遍偏小、产业集中程度偏低、市场流通效率不高、资源配置能力较弱等不利局面。面对实力雄厚的外资物流企业咄咄逼人的战略宏图，及其强劲有力的市场竞争，中国物流企业面临着重大的挑战和机遇。

在中国经济进入"新常态"以后，物流业的增长速度已连续几年处于不断下降的状态。为了扭转这种极其不利的局面，我们亟须提升物流企业的竞争力。从国外物流业的发展经验来看，要提高物流企业的竞争力，必须走品牌化经营道路；从市场竞争的态势来看，无论是国内还是国外，物流企业之间的竞争，已经由价格等方面的竞争上升到品牌竞争；从物流企业的品牌建设现状来看，中国物流企业普遍存在着品牌经营意识薄弱、品牌战略定位模糊、品牌形象识别较差、品牌营销传播同化、品牌危机管理无方、品牌服务体验较差、品牌延伸空间较小、品牌创新能力低下、品牌资产管理乏力、品牌管理人才奇缺等一系列严重问题。这些问题都极大地

影响了中国物流企业的发展速度和发展质量。

在国际环境发生巨大变化，国家大力实施"品牌强国战略"，努力推动"双循环"发展格局的新的时代背景下，中国物流行业面对新形势，全面贯彻国务院《关于发挥品牌引领作用推动供需结构升级的意见》，及时落实《物流业发展中长期规划》和《"互联网+"高效物流实施意见》，客观审视物流行业的发展环境，准确评估物流企业的品牌现状，主动采用科学的品牌管理方法，大力创建具有世界影响力的强势物流品牌，促进物流业健康快速发展，进而提高国家经济竞争力，已经成为一项迫在眉睫并具有革命意义的国家战略任务。

4. 中国物流品牌的理论研究与企业实践处于非常落后的状态，难以满足物流业发展的迫切需要

国际物流行业的发展历程有力地告诉我们，要想提高物流企业的竞争力，必须走"技术创新"与"品牌管理"双轮驱动的发展道路。但是，目前国内针对提升物流业竞争力的研究，都局限于物流产业政策、物流信息管理、物流技术创新等几个方面。近年来，物流研究的热点完全偏重智慧物流技术，而物流品牌管理的研究视角很少有人触及，物流强势品牌创建与管理的理论研究，更是屈指可数。梳理为数不多的物流品牌研究文献，发现其研究方法都局限于传统的定性研究，研究重点只是侧重于品牌管理的某一个环节，研究形成的结论主观性较强，系统性较差，无法反映出全面品牌管理的知识体系，缺少应有的学术价值和实际的应用价值。

品牌理论发展至今，从其概念认知上看，包括了"符号标识论""质量信誉论""广告传播论""营销工具论""感觉体验论""互动关系论""文化价值论""无形资产论""战略生态论""发展动力论"；从其工作重点上看，经历了标识形象管理、创意策划管理、营销传播管理、全面品牌管理、精准决策管理几个重要阶段，已经形成一套内涵丰富、方法多元、体系完整、跨越多种学科的交叉型知识体系；从其管理内容上看，已经涵盖了品牌战略的制定、品牌定位的确立、品牌识别的设计、品牌个性的提炼、品牌形象的展示、品牌心理的研究、品牌传播的推进、品牌营销的开展、品牌服务的强化、品牌体验的管理、品牌关系的维护、品牌文化的建立、品牌创新的开展、品牌危机的管理、品牌延伸的研究、品牌生态的建立、品牌资产的管理、品牌价值的提升、品牌专利的保护、品牌诊断的开展等20个重点领域，并在信息技术、传播方法、计量科学等因素的推动下，品牌管理工作正在快速地向数字化和智能化方向发展；从其重要作用上看，品牌已经由顾客层面的形象识别工具和产品层面的营销传播利器，上升到企业层面的经营管理职能和国家层面的经济竞争战略。但是，中国物流业对品牌管理的认知，还处在非常原始的状态，这种极为落后的局面需要进行革命性的扭转。

鉴于以上原因，综合运用多种研究方法，全面梳理国内外物流和品牌研究的最新进展，客观评价中国物流企业及其品牌的发展现状，在此基础上，提出了中国物流企业创建强势品牌的可行路径，将会产生十分重大而深远的作用和影响。

1.2 研究目的与意义

本书以"中国物流企业创建强势品牌"为主题，旨在系统梳理国内外物流管理理论、品牌管理理论、强势品牌创建理论的基础上，结合中国物流企业发展环境的分析，找到创建中国物流企业强势品牌，提升物流核心竞争力的有效途径和方法。

围绕上述研究目的，本书的具体目标有以下三个：一是全面了解国内外物流业及其品牌的发展现状，二是确定中国物流企业强势品牌的核心特征与构建举措，三是通过深入剖析国内外标杆物流企业的实践案例来进一步验证相关的研究结论。

本书在全球范围内，第一次全面系统地对国内外的最新研究成果进行梳理、总结和升华，填补了中国物流企业创建强势品牌的理论研究空白，具有影响深远的理论价值。同时，通过科学研究，本书形成了中国物流企业创建强势品牌的可行路径，对企业科学开展品牌管理工作，提高中国物流企业实力以及国家综合竞争力，具有十分重大的实践价值。

本书具有极强的生命力，并将产生巨大的引爆带动效应。研究成果在国家政策热点时期及时出版，后续将顺势推出升级版本和配套教材，能够有效地传播并建立"物流品牌"的概念，能够让"物流品牌管理"成为高校物流管理专业的一门必修课程，能够让"物流品牌管理"成为物流企业的战略管理职能，能够给品牌管理咨询机构创造更多的市场机会，能够给中国物流企业的5000万名从业人员，以及高校物流管理专业的学生和教师，带来实实在在的帮助。

1.3 研究方法

本书按照"理论与实践相结合""历史与现状相结合""静态与动态相结合""演绎与归纳相结合""定性研究与定量研究相结合"的原则，综合运用了文献综述、专家访谈、对比研究、数据统计、案例分析、实地考察、问卷调查、模型构建与回归分析等多种研究方法，着力寻找创建中国物流企业强势品牌的可行路径，努力使研究过程科学严谨，确保研究结论客观准确。

一是文献综述与实践考察相结合。本书以100多篇国内外最新的学术研究论文为基础，以国内外30多家不同类型的物流企业为研究对象，并深入美国、日本、欧盟等先进国家和地区，进行实地参观考察，获得了大量的第一手研究资料。

二是定性研究与定量研究相结合。本书全面梳理了国内外物流企业及其品牌的发展状况，进行了客观的比较和评价，同时结合结构方程模型和回归分析方法，对中国物流企业强势品牌的核心特征和创建举措，进行了系统的分析和归纳。

三是问卷调查法。问卷调查法是管理学定量研究中最为普及的方法，其实用性主要体现在以下几个方面：第一，如果实施得当，问卷法是最快速有效的收集数据的方法；第二，如果量表的信度和效度高，样本数量大，通过问卷法可收集到高质量的研究数据；第三，对被调查者的干扰较小，因而比较容易得到被调查者的配合；第四，问卷调查成本较低，可以有效地降低研究成本，节约开支。

1.4 研究创新

作为全球第一本系统研究中国物流企业创建强势品牌的奠基之作，本书的创新性主要体现在以下几点：

一是全面综合了国内外的最新研究成果，对国内外物流与品牌管理的理论、实践和趋势进行了系统的归纳总结，在此基础上，从宏观经济、中观行业、微观企业三个层次，指出了中国物流企业创建强势品牌的紧迫性和必要性。

二是高度融合了物流管理理论、品牌管理理论、服务管理理论、企业管理理论、产业经济理论、战略管理理论、电子商务理论、市场营销理论、广告传播理论、公共关系理论、企业文化理论、危机管理理论以及其他相关理论，提出了中国物流企业创建强势品牌的具体路径和政策建议。

三是充分结合了理论研究和企业实践，深入细致地开展了大量的案例分析，为中国物流企业创建强势品牌提供了重要的参考实例。

希望本书的研究成果，能够对中国物流企业的品牌建设和国家物流竞争力的提升，产生巨大的帮助和推动作用。

1.5 研究结构

本书内容分为10章，每章都有各自的研究目的和内容，在逻辑上前后呼应，主次分明。各章的主要内容如下：

第1章，绪论。本章主要介绍本书的研究背景、研究目的、研究方法、研究创新以及内容结构。

第2章，中国物流企业创建强势品牌的理论基础。本章详细地介绍了国内外物流的概念、物流理论的发展、物流的重要作用、品牌的概念、品牌的发展、品牌的作用、强势品牌的概念与特征、强势品牌的经济功能、强势品牌创建的基本理论、品牌管理的内涵、品牌管理的发展、品牌管理的措施等内容，为后续研究打下了扎实的理论基础。

第3章，国内外物流业及其品牌发展现状。本章国内外物流业的发展现状、趋势与经验进行总结，然后从宏观经济环境、物流产业发展、物流企业现状三个角度，分析了中国物流企业品牌建设的外部环境、发展现状以及存在的问题，进而指出了中国物流企业创建强势品牌的紧迫性和必要性。

第4章，中国物流企业强势品牌创建的机理分析。本章重点围绕物流企业的特点，阐述了物流企业属于服务业的本质特征，指出在创建强势品牌的过程中，物流企业应当将服务质量作为核心竞争力。

第5章，中国物流企业强势品牌核心特征与关键举措的定量分析。本章运用层次分析法，考察物流企业强势品牌的核心特征，同时，通过文献归纳法和结构方程，考察影响物流强势品牌核心特征的主要经营举措，为后面开展物流企业强势品牌创建路径的研究提供实证依据。

第6章和第7章，中国物流企业创建强势品牌的核心举措与重要举措。第6章围绕提升服务质量和开展经营创新两大核心举措，第7章围绕营销传播、企业社会责任建设以及危机应对等重要举措，对如何开展相关工作，进行了详细的分析和介绍。

第8章，中国物流企业强势品牌创建的一般措施。本章回归品牌管理的一般理论，对物流企业在创建强势品牌过程中，如何加强品牌战略管理、品牌资产管理、品牌文化管理、品牌体验管理、品牌创新管理、品牌员工管理、品牌信息管理进行了具体的阐述。

第9章，中国物流企业强势品牌创建的案例研究。本章选取顺风速运、中国邮政EMS、宅急送、UPS、Fedex等物流企业创建强势品牌的典型案例，分析物流企业的强势品牌创建的实践路径。

第10章，研究结论与展望。本章对全文的主要结论进行了系统总结，并提出从国家层面促进物流企业品牌化发展的政策建议，同时对下一步的研究方向进行了简要的展望。

上述各章的研究逻辑，如图1-1所示：

```
                物流企业强势品牌创建的理论基础
                            ↓
              国内外物流企业及其品牌发展现状分析
                            ↓
              ┌─────────┬─────────┬─────────┐
              │ 宏观经济 │ 中观产业 │ 微观企业 │
              └─────────┴─────────┴─────────┘
                            ↓
              中国物流企业创建强势品牌的紧迫性和必要性
                            ↓
        ┌───────────────────────┬───────────────────────┐
        │ 物流企业强势品牌创建的 │ 物流企业强势品牌核心   │
        │     机理分析           │   特征的定量分析       │
        └───────────────────────┴───────────────────────┘
                            ↓
              中国物流企业创建强势品牌的各类举措
                            ↓
              ┌─────────┬─────────┬─────────┐
              │ 核心举措 │ 重要举措 │ 一般举措 │
              └─────────┴─────────┴─────────┘
                            ↓
              中国物流企业强势品牌创建的案例研究
                            ↓
                       结论与展望
```

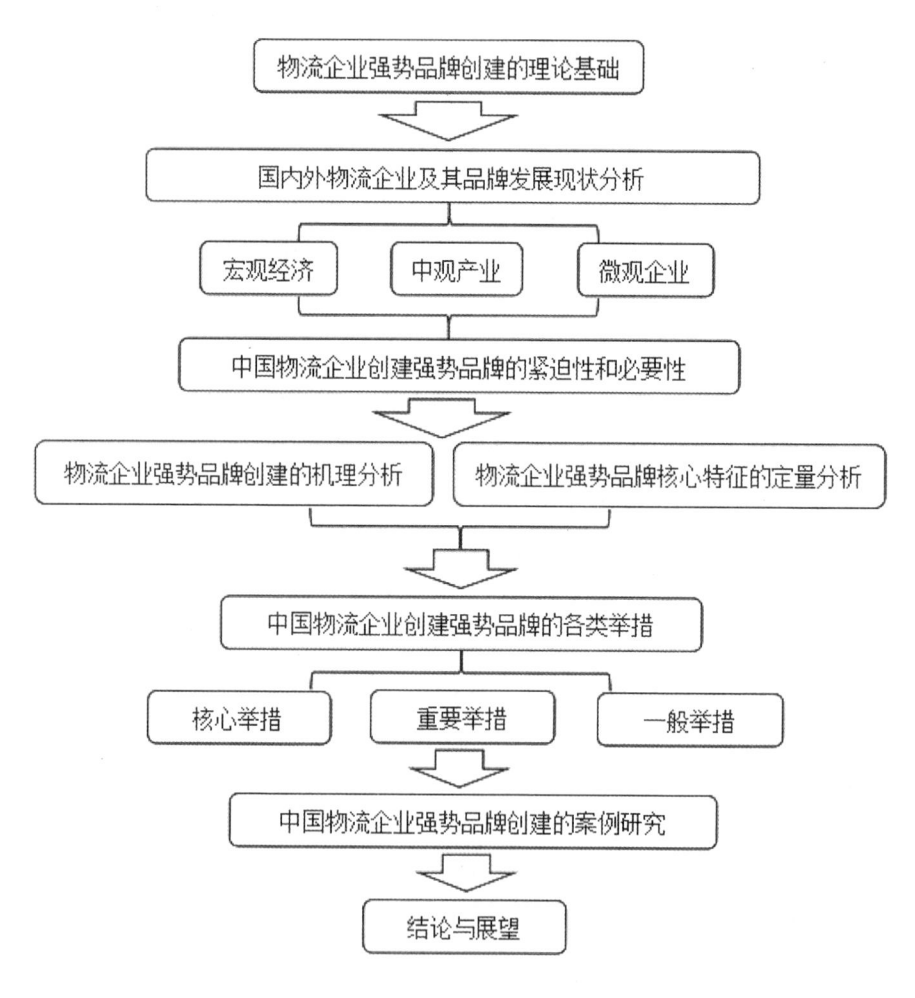

图1-1 本书的研究结构

第2章

中国物流企业创建强势品牌的理论基础

物流现象是一种社会经济运动形态，物流业的形成和发展，是经济发展带动产业分化和产业组织演变的必然结果。自20世纪50年代以来，物流及其研究，在欧美、日本等发达国家和地区，已相当成熟。物流产业的发展状况，也成为国家经济发达程度的重要体现。

随着经济的发展和对外交流的加强，自20世纪80年代起，物流的概念被引进中国，中国物资和贸易管理部门以及制造业和商业企业，开始对物流给予充分重视，物流业的发展迎来了重要契机。20世纪末，尤其是进入21世纪以后，中国大量的第三方物流企业不断兴起，发展环境日益改善。

中国物流企业在新的发展背景下，要想有效地开展强势品牌创建工作，必须系统地了解物流的基本理论、品牌的基本理论、强势品牌的基本理论、强势品牌创建的基本理论以及品牌管理的基本理论。

2.1 物流的基本理论

2.1.1 物流的内涵

通俗地说，物流是"物"和"流"的简单组合，即实物流动。自从有了人类，物流这种形态就存在于人类社会当中了。但是，由于人类初期的生产力水平比较低下，这一阶段的物流组织处于早期的原始状态。物流的概念，是在社会经济高度发展的条件下才出现的，它是市场经济发展的产物。

现代"物流"，最早出现于20世纪的美国。1915年，美国市场营销学创始人阿奇·萧在《市场流通中的若干问题》中，首次提出Physical Distribution的概念，有人把它翻译成"实体分销"，也有人把它翻译成"物流"，这是最早的物流概念，其实质是"分销物流"。

1935年，美国销售协会进一步阐述了物流的概念，认为物流是包含于销售之中的物质资料和服务，从生产场所到消费场所的流动过程中，所伴随的种种经济活动。

20世纪80年代起，人们对"物流"的认识，已不再是"物"和"流"的简单组合了。在第二次世界大战中，针对战争中物资的供应问题，美国提出了Logistics的概念，其原意为"后勤"，是指将战时的物资生产、采购、运输、配给等活动，作为一个整体统一部署，使物资补给的费用更低，速度更快，服务更好。随后，在企业中就开始广泛应用"后勤"的概念，它同时包含了生产过程和流通过程中的物流管理。

在20世纪80年代末90年代初，人们正式把Logistics作为物流的概念，这是物流科学开始走向成熟的标志。由于各个国家或地区的经济社会发展环境存在差异，物流及物流行业的发展水平也存在着很大不同，人们对物流和物流业的认识，也存在较大的差别。

1981年，日本日通综合研究所在其编著的《物流手册》中，把物流定义为：物质从供给者向需求者的物理性移动，是创造时间性、场所性价值的经济活动，从物流的范畴来看，包括包装、运输、装卸、保管、仓储、配送、流通加工等诸多活动。

1985年，美国物流管理协会（CLH）把物流定义为：以满足客户需求为目的，对原材料、在制品、商品、服务以及相关信息，从供应地到消费地之间，有效率、成本有效益的流动和储存进行的计划、实施与控制过程。

1994年，欧洲物流协会将物流定义为：在一个系统内对人员和商品的运输、安排及与此相关的支持活动的计划、执行与控制，以达到特定的目的。

2001年，中国的国家标准GB/T 18354-2001《物流术语》把物流定义为：物品从供应地向接收地的实体流动中，根据实际需要，将运输、储存、装卸、搬运、包装、流通加工、配送、信息处理等基本功能有机结合起来，实现客户需求的过程。

综上所述，物流是包括包装、运输、装卸搬运、仓储保管、配送、流通加工和信息处理等基本功能的活动，它是由供应地流向接收地，以满足社会需求的经济活动，是在一个系统中，为了实现顾客满意，连接供需双方，完成商品快速、经济的空间转移的活动过程。具体而言，物流的各项功能如下：

1. 包装功能

包装功能包括产品的出厂包装、生产过程中在制品和半成品的包装、物流过程中的换装和分装。物流包装作业的主要目的是保护商品、方便运输、促进销售。在包装过程中,对包装材料、包装标识、包装技术、包装标准、包装流程都有具体的要求和规定。

2. 运输功能

运输功能包括运输计划管理、发运管理、接运管理、中转管理、安全管理,其基本流程包括制订货运计划,选择运输方式与运输公司,安排运输服务工作,发运和货运跟踪,验货和确定运费,审验和付费,延期或滞留管理,办理索赔,自用货车和运输车队管理,运输预算管理。运输的主要方式包括铁路运输、公路运输、水路运输、航空运输和管道运输。

3. 装卸搬运功能

装卸搬运包括装上、卸下、移送、分拣、入库和出库,装卸作业的代表形式是集装箱化和托盘化,使用的装卸机械设备有吊车、叉车、传送带和各种台车。装卸搬运管理的内容主要体现在对装卸搬运方式与机械设备的选择、方案优化与费用节约等。

4. 仓储保管功能

仓储保管功能主要包括入库、保管、出库,仓储管理的规划主要包括确定仓库的分类,计算仓库的数量,确定仓库的规模,选择仓库的地址,设计仓库的主体构造,配置仓库的设施。货物保管的主要内容是根据库区库容的规划,进行分区分类保管,合理布局货位,编制保管货号,正确堆码和苫盖,盘点保养,控制损耗等。

5. 配送功能

配送具有很多种分类,根据配送的组织者的不同,可以划分为商店配送、配送中心配送、仓库配送、生产企业配送。配送主要由备货、理货和送货三个基本环节构成，配送中心的作业主要包括进货作业、搬运作业、储存作业、盘点作业、订单处理作业、捡货作业、补货作业和出货作业。配送方式和配送路线的选择，是配送环节的工作重点。

6. 流通加工功能

流通加工是物品从生产地到使用地的过程中，根据需要进行包装分割、计量、分拣、组装、价格贴付和商品检验等简单作业的统称。常见的流通加工包括钢板剪板及下料的流通加工、水泥熟料的流通加工、商品混凝土的流通加工、木材的流通建工、煤炭及其他燃料的流通加工、平板玻璃的流通加工、机械产品及零配件的流通加工、生鲜食品的流通加工等。

7. 信息处理功能

物流信息包括运输功能的信息、储存功能的信息、物流加工的信息、配送功能的信息。常用的物流信息管理方法包括手工工作方法、电子计算机方法、资源管理方法，物流信息技术包括电子数据交换（EDI）技术、条码技术、反射频技术、计算机网络技术、多媒体技术、地理信息技术、全球卫星定位技术、自动化仓储管理技术、智能标签技术、数据库及数据仓库技术、数据挖掘技术、WEB 技术等。在这些信息技术的支撑下，形成了以移动通信、资源管理、监控调度管理、自动化仓储管理、业务管理、客户服务管理、财务管理为一体的现代物流信息管理体系。

2.1.2 国外物流理论研究的基本情况

通过文献梳理发现，国外的物流理论学说主要包括"黑大陆说""第三利润源说"和"后勤工程说"。

"黑大陆说"，由著名的管理学权威 P·F.德鲁克提出来，其原意是指未被认识和尚未了解的事物，属于未来学研究范围。德鲁克用"黑大陆说"来说明或形容流通，包含着两层意思：一是这个领域未知的东西很多，其理论和实践还不太成熟;二是在该领域内有很多可供开发的东西。由于当时物流的模糊性尤其突出,实践中可探索的东西有更多,因此中国有的学者认为,德鲁克提出的"黑大陆说"说法实际上是对物流运动作出的理论评价。

"第三利润源说",最初由日本早稻田大学教授西泽修提出,后来才逐步在其他国家流传开来。与"黑大陆说"略有不同,"第三利润源说"是对物流价值或物流职能的理论评价,它从一个侧面反映出当时人们重视物流管理和深化理论研究的实际情况。在商品经济开始走上成熟阶段以后,一些生产者为了获得更多的利润,曾先后采取过两种措施:一是依靠技术进步降低原材料消耗;二是依靠技术革新提高劳动生产率,进而降低人力消耗。前一种利润潜力被一些人称为"第一利润源",后一种利润潜力则被人称为"第二利润源"。进入20世纪中期以后,由于受客观条件的限制,上述依靠使用廉价原材料、燃料和动力等获取高额利润的传统方式开始面临挑战。在这种情况下,人们的注意力逐步转向了流通领域,随之提出了节约流通费用和实现物流合理化主张。期间,美国著名销售学家帕尔预言:"物流是节约费用的广阔领域",进而又进一步指出,在物流领域内采取各种措施,降低物流成本,是增加利润的新源泉。按时间顺序排列,后一种挖掘利润潜力的说法通常被称为"第三利润源"。

"后勤工程说",最初形成于第二次世界大战时期。当时,为了保障军需品供应,美国对军火等物资的运输、补给等活动进行了全面管理,并随之把军事装备、军火等物资的供给、运输称为"后勤",继而提出了"后勤工程"的概念。第二次世界大战以后,经济形势发生了很大变化,企业管理日趋强化,后勤工程理论与管理方法的适用范围,随即伸延到了生产领域和商业领域,之后又形成了诸如后勤管理、商业后勤等许多新概念。美国后勤工程学会在解释企业后勤概念时说:企业后勤是企业为了满足客户的要求,在使用原材料、半成品、成品和相关信息在原产地和消费地之间实现高效且经济的运输和储存过程中必须从事的计划、实施和控制等全部活动。

除上述主流学说外,学术界还出现过"成本中心说""服务中心说""战略中心说"和"供应链说"。

"成本中心说",指物流在整个企业战略中,只对企业营销活动的成本产生影响,物流是企业成本的重要产生点,因而解决物流问题,重点并不在于物流的合理化和现代化,而应该主要通过物流管理的方式来控制和降低成本。因此,成本中心论意味着物流既是主要的成本产生点,又是降低成本的关注点。

"服务中心说",指物流活动的最大作用并不在于为企业节约了成本或增加了利润,而是在于提高了企业对用户的服务水平,进而提高了企业的竞争力。

"战略中心说",指物流具有战略性,对企业而言,物流不仅是一项具体的操作性任务,还是发展战略的一部分。这一学说把物流提升到相当高的位置,认为物流会影响企业总体的生存与发展,而不是在哪一个或哪几个环节搞得合理一些,节省了多少费用的问题,应该站在战略的高度看待物流对企业长期发展所带来的深远影响。

"供应链说",供应链管理的基本思想是要把由原材料零部件供应商、生产商、批发经销商、零售商、运输商等一系列企业组成的整条"供应链"看作一个集成组织,把"链"上的各个企业都看作合作伙伴,对整条"链"进行集成管理。其目的主要是通过"链"上各个企业之间的合作与分工,致力于整个"链"上的商流、物流、信息流和资金流的合理化和优化,从而提高整条"链"的竞争能力。进一步总结世界主要国家的物流基本理论,可以加深对物流和物流企业的认识。

1. 美国对物流理论的研究

美国物流学界对物流的研究可以归纳为以下四派:

第一,管理派。以美国物流管理协会为代表,会员大都为美国大学物流管理或相关专业的学术权威,或物流研究机构的高级专业人员,以及大公司的物流主管。该协会随着对物流概念的逐步完善,不断对其进行改进。美国物流管理协会对物流的研究具有明显的管理学特征,在世界上具有较大影响,成为许多国家和地区对物流进行研究的主要参考。

第二,工程派。以美国物流工程师学会为代表。由于自动化、机械化设备和系统集成软件在美国物流产业的普及,而这些产品的设计、安装、维护和使用又需要大量的工程技术和计算机技术人员,所以该学会聚集了大量的物流工程师,其技术背景很强,成果也以物流技术为主,强调物流活动早期所确定的物流系统设计,将物流塑造为科学、管理、工程和技术的集成过程。该协会认为:物流是与需求、设计、资源供给和维护有关,以支持目标、计划及运作的科学。

第三,军事派。以美国国家航空宇航局和美国军方为主。由于物流最早起源于军事用途,所以强调物流的军事性观点也成为美国物流学界的重要派别。其代表性的观点认为,物流是计划、执行军队的调动与维护的科学。按最全面的定义,物流与军事活动的诸多方面有关,这些方面包括①军事物资的设计、开发、采购、储存、运输、分配、保养、疏散及废弃处理;②军事人员的运输、疏散和安置;③军事装备的采购和建设、保养、运营及废弃处理;④军事服务的采购和提供。

第四,企业派。由于物流在美国企业中受到重视,并且在生产,销售领域获得广泛的应用,所以美国的大型企业也从长期的实践和应用经验中得出对物流的总结性研究成果。美国零售企业沃尔玛就拥有自己的名词术语标准,用来解释和规范操作中的流程,尽管从学术角度来讲这些术语并不一定经得起推敲,但是其在指导员工的物流实践活动方面却具有极强的实用性。美国著名物流公司Exel,在自己的《物流术语词汇集》中指出,物流包括三方面内容:首先,物流是与计划和执行供应链中商品及物料的搬运、储存及运输相关的所有活动,包括废弃物品及陈旧品的回收利用;其次,物流是围绕物料管理和实物流通所发挥的功能;最后,物流是对动态和静态库存的管理。

2. 日本对物流理论的研究

日本在派出流通技术专业考察团赴美考察后,发现了通过流通技术提高企业生产率的裨益。20世纪60年代,日本通产省物流调查会提出:物流是制品从生产地到最终消费者的物理性转移活动,具体由包装、装卸、运输、保管以及信息等活动所组成。日本对物流的理解主要是指产成品销售领域的流通活动，即销售物流，其实质是对流通成本的节约和压缩，此时日本尚未认识到物流能够创造利润。

随着对物流活动理解的深入，至 20 世纪 80 年代，日本的企业和物流研究机构认识到物流的"第三利润源"作用，对物流的理解已经外延到包括流通加工、配送的一整套流通活动。

进入 90 年代后，日本对物流的研究又有了新发展，体现在两个方面：第一，物流开始由原来的销售物流转向 Logistics，用更为全面的包括调达物流、企业物流与销售物流在内的物流活动范围，覆盖原先的销售物流；第二，从单纯的流通领域的经济活动，转变为将所有物流活动集成为一个系统，从而用系统的观点来分析和研究物流活动。这两个方面的变化，体现了现代物流发展的趋势。

1992 年 6 月，日本两大物流协会合并为日本物流系统协会。该协会的稻束原树认为：物流是一种对于原材料、半成品和成品的有效率流动进行规划、实施和管理的思路，它同时协调供应、生产和销售各部门的个别利益，最终达到满足顾客的需求。换言之，物流意味着按要求的数量、以最低的成本送达要求的地点，以满足顾客的需要作为基本标准。

除了前面所提到的日本学界对物流具有权威性的研究外，另一些学者也用自己的观点对物流进行了解释。日本学者阿保荣司认为：物流是指克服时间和空间，联结供给主体和需求主体，创造部分形质效用的包括废弃和还原在内的一切有形无形资材的物理性移动的经济活动，具体来说包括运输、保管、包装、搬运、流通加工等物资流通活动以及与之有关的信息活动。

总的来看，这些学者的共同点在于都强调了物流是克服时空间隔，联结供需主体的材料和商品的物理性移动。

3. 欧洲对物流理论的研究

欧洲拥有德国、英国、法国等发达国家，这些国家在经济和军事的一体化过程中，在高位的经济水平基础之上，也形成了比较统一的和比较有特色的物流理论和标准化流程。欧洲在吸取美、日等国的物流研究成果的基础上，定期对物流术语进行调整，努力将其转变为欧洲的物流规范。

欧洲对物流的研究集中体现在欧洲物流协会的研究上。欧洲物流协会在1994年发表的《物流术语》中认为，物流是在一个系统内对人员及（或）商品的运输、安排及与此相关的支持活动的计划、执行和控制，以达到特定的目的。这个界定具有以下三个特色：一是将"人"纳入了物流的范畴，从而使物流对象的范围更为宽泛；二是将物流视为一个完整的系统，从而使物流这一特定经济时期的经济活动上升为系统内部运动及其功能的高度；三是欧洲物流协会将物流系统形象地描绘为二维矩阵的图形，由采购、物料管理和配送组成的物料流为第一维，由顾客服务、运输、仓储、物料搬运、物料计划与控制、信息系统与支持和管理组成的工作顺序为第二维，而物流活动就体现在这二维矩阵中的相互关系上。

2.1.3 中国物流理论研究的基本情况

1. 改革开放初期的物流理论研究

自20世纪80年代初期起，中国学术界的一些有识之士即从不同角度开始研究和探讨了物流问题。期间，有的学者曾有意识地引进了物流概念，相继介绍了国外物流理论研究的动态，在此基础上一度形成了物流理论研究热潮。就其内容来看，这些研究主要侧重于讨论或论述物流的基本概念。就其成果来说，除翻译出版了一些介绍物流知识的小册子以外，在国内专业刊物上发表的文章中，多为探讨物流运作技巧和方法的论文或研究报告。

2. 深化改革时期的物流理论研究

20世纪80年代后期和90年代初期，随着改革的不断深化和"两个转变"战略措施的实施，上述学术活动则明显向前迈进了一步。从内容上看，此时的理论研究已由物流概念的界定和物流基本知识的介绍转为开展专题性研究。

期间，某些高等院校如北京物资学院、北京交通大学等的教授、研究人员与主管物资、商业工作的部门密切合作，通过申请课题和组织研讨会等形式系统地研究了物流行业发展问题和物资配送问题，并发表了许多有价值的论文和研究报告。

此外，也有不少专家学者在考察、研究国外物流经验的基础上，从管理和技术的角度阐述了物流运行原理和运行模式等，进而出版了不少反映中国物流理论研究水平的专著，如《现代物流学》《流通经济学》《物流学及其应用》等。

3. 近期的物流理论研究

近几年，中国物流学术界主要研究、探讨了如下几个理论问题。

（1）物流规划技术问题

物流规划技术是物流发展战略理论的重要组成部分。同时，它也是物流定量研究的重要方面。中国国内的物流规划技术研究，包括这样几项活动：①引进和开发了部分物流规划的专项技术，如物流网点布局的方法、物流中心规划方法等；②从发展物流产业的愿望出发，研究物流各功能要素的整合，以供应链思想为指导，研究"从物流小系统的局部优化转为物流大系统优化"的方法和模式；③研究计算机技术在物流规划中的应用问题。

（2）供应链理论

供应链理论属于管理科学的研究范围。在探讨工商关系和企业组织制度创新等问题时，供应链理论也曾被某些人引入到了物流学的理论研究范围之中。按照美国1994年所下的定义，供应链就是对商品、服务、信息、资金等物质要素在由供应商、制造商、分销商和顾客组成的网络中的流动的管理。在中国，也有人把供应链称为企业生产、分配产品以及提供服务给最终消费者的过程，它包括物料来源、产品生产、运输管理、仓库管理、甚至需求管理，通过这些功能的集合提供产品和服务给最终消费者。还有人把供应链说成是以供应为基点，将生产、流通直至达到消费者的终端联系起来，实施高度组织化和现代化管理的模式。尽管上述说法各执一词，但有一点认识却是共同的：供应链包含着多种功能要素，供应链是由生产物流等几个经济环节（或功能要素）集合而形成的。供应链既是企业组织、管理制度上的创新，也是生产、物流运行模式的调整。

目前，在中国国内，多数人都是从管理的角度来研究和阐述供应链理论的。也有一部分人是从物流企业发展和物流运动的组织形式、组织模式等角度出发来探索供应链理论的。就后者而论，当前形成了这样几种理论观点：一是认为物流的概念建立起来以后，接着就要考虑供应链的问题。供应链实际上是包含商流、物流、信息流和资金流的比较大的流通的概念。持上述观点的人援引英国供应链问题专家的话："21世纪的竞争不是企业和企业之的竞争，而是供应链和供应链之间的竞争。"二是认为供应链管理是作为企业的一种战略功能，也应广泛地被视为有利于企业竞争和公司盈利的一种资源。有效的供应链设计可以导致库存降低、运输有效以及改善其他各种重要的商业功能。三是认为在竞争性的市场上，制造商与消费者、零售商、批发商的联系将更加密切。可以说，大部分的产业决策者，都需要对自己有准确的市场定位，在供应或需求系统中作出选择。而无论采用其中的哪种系统，都是将流通包含其中的。所以，对于传统物资流通业来说，能否跻身供应链中，决定了能否进入主流市场。

（3）物流模式问题

具体包括以下三个方面的内容：一是第三方物流。按照一部分学者的解释，所谓的"第三方物流"，指由独立、专业化的物流组织或物流企业提供的符合需求者业务程序要求的、独特的物流服务。也有人说，第三方物流也称合同物流，是第三方物流提供者在特定的时间内，按照特定的价格向使用者提供个性化、系列化的物流服务，这种物流服务是建立在现代电子信息基础上的。二是自营物流，指生产企业借助于自身的物质条件，自行组织的物流活动。有人指出，在物流自营方式中，企业也会向运输公司购买运输服务，或向仓储企业购买仓储服务，但这些服务都只限于一次或一系列分散的物流功能，而且是临时性、纯市场交易的服务，物流公司并不按照企业独特的业务程序提供独特的服务，即物流服务与企业价值链是松散的联系。三是物流联盟，指在物流方面通过契约形成优势互长、要素双向或多向流动、互相信任、共担风险、共享收益的物流伙伴关系。组建物流伙伴可获得如下收益：降低成本，减少投资；获得技术和管理技术；提高为顾客服务水平；取得竞争优势；降低风险和不确定性。部分研究人员认为，在物流实践中，企业选择什么样的物流方式，是自营物流还是外购物流，主要取决于两个因素：一是物流对企业成功的影响程度，二是企业对物流的管理能力。

2.1.4 物流业对经济发展的重要作用

国内外学者通过长期、大量的研究发现，物流业对经济发展的作用主要体现在以下几个方面。

一是物流是国民经济的动脉系统，它联结着社会生产各个部分，使之成为一个有机整体。任何一个社会（或国家）的经济，都是由众多的产业、部门、企业组成的，这些企业又分布在不同的地区、城市和乡村，属于不同的所有者，它们之间相互供应其产品用于对方的生产性消费和职工的生活消费，它们互相依赖而又互相竞争，形成极其错综复杂的关系。物流就是维系这些复杂关系的纽带和血管。马克思对此曾有过如下一段论述："交换没有造成生产领域之间的差别，而是使不同的生产领域发生关系，并把它们变成社会总生产的多少互相依赖的部门。"[①] "商流"和"物流"一起，把各个生产部门变成社会总生产中互相依赖的部门。

二是物流是社会再生产不断进行、创造社会物质财富的前提条件。社会生产的重要特点是它的连续性，这是人类社会得以发展的重要保证。一个社会不能停止消费，同样也不能停止生产。而连续不断的再生产总是以获得必要的生产原材料并使之与劳动力结合而开始的。一个企业的生产要不间断地进行，一方面必须按照生产需要的数量、质量、品种、规格和时间不间断地供给原料、材料、燃料和工具、设备等生产资料；另一方面，又必须及时地将产成品销售出去。也就是说，必须保证物质资料不间断地

---

① 《资本论》第1卷，人民出版社1975年版，第390页。

流入生产企业，经过一定的加工后又不间断地流出生产企业。同时，在生产企业内部，各种物质资料也需要在各个生产场所和工序间相继传送，使它们经过一步步的深加工后成为价值更高、使用价值更大的新产品。这些厂内物流和厂外物流如果出现故障，生产过程就必然要受到影响，甚至会使生产停滞。

三是物流是保证商流顺畅进行，实现商品价值和使用价值的物质基础。在商品流通中，物流是伴随着商流而产生的，但它又是商流的物质内容和物质基础。商流的目的在于变换商品的所有权，包括支配权和使用权，而物流才是商品交换过程所要解决的社会物质变换过程的具体体现。中国著名经济学家于光远同志在祝贺中国物流研究会成立的题词中写道："货币的运动只是实物运动的反映，后者是第一性的"，"不仅要研究货币流通，还必须研究物资流通，把这两种流通科学地结合起来。"这些论述十分正确，充分说明没有物流过程，也就无法完成商品的流通过程，包含在商品中的价值和使用价值就不能实现。

四是物流技术的发展，是决定商品生产规模和产业结构变化的重要因素。商品生产的发展要求生产社会化、专业化和规范化，但是，没有物流的一定发展，这些要求是难以实现的。物流技术的发展，从根本上改变了产品的生产和消费条件，为经济的发展创造了重要的前提。而且，随着现代科学技术的发展，物流对生产发展的这种制约作用就越来越明显。

五是物流的改进，是提高微观经济效益和宏观经济效益的重要源泉。物流组织的好坏，直接决定着生产过程是否能够顺利进行，决定着产品的价值和使用价值是否得以实现，而且物流费用已成为生产成本和流通成本的重要组成部分。因此，搞好物流，已被称为获取利润的第三源泉。特别是随着科学技术的急速进步，在工业发达国家通过降低物料消耗而获取利润（即所谓第一利润源泉）和通过节约劳动消耗而增加的利润（即所谓第二利润源泉）的潜力已经越来越小，而降低物流费用以取得的利润（即所谓第三利润源泉）的潜力却很大。

2.1.5 世界现代物流产业的发展趋势

综合世界上主要国家的物流发展情况,发现现代物流总体发展趋势具有以下几个特点。

1. 物流技术向信息化、自动化、智能化、集成化方向高速发展

国外物流企业的技术装备已经达到较高的水平,目前已经形成了以信息技术为核心,以运输技术、配送技术、装卸搬运技术、自动化仓储技术、库存控制技术、包装技术等专业技术为支撑的现代化物流装备技术格局,其技术趋势朝着信息化、自动化、智能化、集成化方向发展,管理水平不断提高。

2. 物流企业向集约化、协同化和全球化方向发展

物流企业通过建设物流产业园和行业兼并合作,实现物流集约化、协同化、国际化,以此发挥互补优势,产生规模效应。新组成的物流联合企业,充分发挥互联网的优势,及时准确地掌握全球的物流信息动态,调动自己在世界各地的物流网点,构筑起本公司全球一体化的物流网络,节省了时间和费用,将空载率压缩到最低限度,既战胜了竞争对手,又为货主提供了优质廉价的服务。

3. 专业物流形成规模,共同配送成为主导

目前,在美国、日本、欧洲等经济发达的国家和地区,专业物流服务已形成规模,这有利于制造商降低物流成本,提高运营效率,并将有限的资源和精力集中到自身的核心业务上。共同配送是经过长期的发展和探索,优化出的一种追求合理化的配送方式。共同配送可以最大限度地提高人员、物资、金钱和时间等物流资源的使用效率,并取得缓解交通、保护环境等社会效益。

4. 电子物流的需求强劲，快递业成为先锋阵地

企业通过互联网，实现了企业内部、企业与供应商、企业与消费者、企业与政府部门之间的快速沟通与商务合作，消费者直接在网上获取产品和服务的信息，非常便利地实现了网上订购。基于互联网技术迅速发展起来的电子商务促使了电子物流的兴起。传统邮递业的种种弊端为快递业提供了巨大的发展机遇。

5. 绿色物流应运而生，成为新的行业增长点

物流在促进经济发展的同时，其运输工具的噪声、大量的尾气排放、导致交通堵塞等问题也给城市环境带来了很多负面影响，绿色物流因此而生。一方面，要求对物流系统的污染进行控制，尽量采用排量小的货车、近距离配送或夜间配送，以减少噪声、污染和拥堵。另一方面，政府开始要求建立对工业废料和生活废料进行处理的物流系统，从而给物流业的发展带来了巨大的机会。

2.2 品牌的基本理论

随着现代科学技术的不断发展和社会生产力的不断提高，在市场供给趋向过剩的经济环境中，消费者的需求越来越多元，产品的更新越来越频繁，商品的生命周期越来越短，市场的竞争越来越激烈，企业的利润空间越来越小。

调查表明，一个知名品牌，能将产品价格提高20%~40%，甚至更高。而没有品牌或品牌知名度较低的企业，则常常面临着被市场淘汰的危险。美国著名品牌专家Larry Light说："未来的营销，是品牌的战争，即品牌互争长短的战争。拥有市场比拥有工厂更重要，而拥有市场的唯一途径，就是拥有强势的品牌。"

第二次世界大战以来，西方国家的产品之所以能在国际市场上所向披靡，主要依靠的就是他们在品牌上的巨大优势。跨国公司的海外扩张，已经由原来的产品输出、资本输出，走向了品牌输出的新阶段。在经济全球化的背景下，品牌已经成为企业市场竞争的主要武器，成为衡量一个企业、一个地区、一个国家综合经济实力的重要标志。

当今世界已经进入品牌时代，"品牌"已经成为当代最流行的词汇之一。

2.2.1 品牌的内涵

"品牌"一词，来源于古挪威文字"brandr"，意思是"烙印"。早期，人类用烧红的烙铁，来标记和区分他们的家畜。后来，古代的手工艺人开始在制作的工艺品上，打上某种标记或符号，以帮助顾客识别产品的来源。这些标记和符号，就是品牌最原始的形式。后来，除了符号之外，一些手工艺人开始将自己的签名作为产品的识别标志。这些签名，就是最原始的商品命名。

到了中世纪的欧洲，许多手工业协会开始出现。为了维护协会声誉、保证商品质量、记录产品数量，他们要求所属的手工艺人在自己制作的产品上打上一些标志，用来吸引顾客，并维护行业的垄断地位。据史料记录，1266年英国就通过了一项法律，要求面包房在每个面包上，都打上自己的标记，如果发现面包分量不足，就可以找到生产者并给予处罚。

随着资本主义的发展，在18世纪末，商标开始在西方出现，成为打击竞争对手的重要工具。西方各国的商标法也随之纷纷出台，使得早期的商标受到保护，品牌运作有了法律依据。19世纪末20世纪初，资本主义进入了垄断时期，品牌作为竞争手段的作用日益凸显。

第二次世界大战以后，随着经济水平、生产技术、市场结构的不断变化，人们对品牌的认识和理解已经不再是简单的"标记"，而是含义更广、内涵更丰富、能够有效影响消费行为的企业无形资产。这时，现代意义上的品牌概念，才真正得以形成。但是，由于人们对品牌内涵的认识存在差异，到目前为止，在国内外仍没有形成完全统一的品牌定义。

1. 国外专家对品牌的界定

美国市场营销协会的专家认为，品牌是一种名称、术语、标记、符号或设计，或是它们的组合运用，其目的是借以辨认某个销售者或某群销售者的产品或服务，并使之同竞争对手的产品和服务区别开来。

广告大师大卫·奥格威认为，品牌是一种错综复杂的象征，是产品属性、名称、包装、价格、声誉、广告方式的无形总和；品牌同时也因消费者对其使用的印象以及自身的经验而有所界定。

美国奥美广告公司的专家认为，品牌就是产品和消费者之间的关系。品牌大师大卫·艾克认为，品牌就是产品、符号、人员、企业与消费者之间的联结和沟通。也就是说，品牌是一种全方位的架构，牵涉到消费者与品牌沟通的方方面面，并且被更多地认为是一种"体验"，是一种消费者能够亲身参与的更深层次的关系，是一种与消费者进行理性和感性互动的总和。若不能与消费者建立密切的关系，产品从根本上就丧失了作为品牌的资格。

品牌专家约翰·菲利普·琼斯认为，品牌是能够为顾客提供其认为值得购买的功能利益或附加值的产品，附加值是品牌定义中最重要的部分。她从一万个人中进行抽样调查，90%的人都认为附加值在他们几乎所有的购买决策过程中都起着最重要的作用。

美国S&S公关公司总裁乔·马克尼认为，品牌是个名字，而品牌资产则是这个名字的价值。营销学者麦克威廉认为，品牌是区分标志，是速记符号，是有效沟通的代码。学者霍威思认为，品牌是消费者凭借消费经验减少购物时间的工具，是一种信息标志。消费者通过一个品牌名称，可以回忆起品质、可靠性、消费承诺、广告印象等大量的信息。

美国整合营销传播学者唐·E.舒尔茨认为，品牌不过是其所有者赖以赚钱的一种工具，它可以是一种产品、一种服务、一个过程、一个组织、一个国家，或任何东西。品牌是买卖双方一致认同，并据此达成交换协议，进而为买卖双方所识别并带来价值的东西。

营销学者莱威认为，品牌不仅是用于区别不同商品的标签，还是一个复杂的符号，代表了不同的意义和特征，最后的结果是变成商品的公众形象、名声或个性。品牌中的这些特征比产品中的技术因素，显得更为重要。

美国著名营销学专家菲利浦·科特勒认为，品牌是一种名称、名词、标记、符号设计或是它们的组合运用，其目的是借以辨认某个销售者或某群销售者的产品或者服务，并使之同竞争对手的产品和服务区别开来。

哈佛大学商学院的品牌专家大卫·阿诺德（David Arnold）认为，品牌就是一种类似成见的偏见，成功的品牌是长期、持续地建立产品定位及个性的成果，消费者对它有较高的认同感，一旦成为品牌，市场领导地位及高利润就会随之而来。

2. 国内专家对品牌的界定

中国驰名商标保护组织主任委员、品牌专家艾丰认为，品牌的直接解释就是"商品的牌子"，但在实际运用中，其内涵和外延都远远地超出这个字面解释的范围。品牌包括三个层面的意思：一是产品的商标，二是企业的商号，三是服务的商誉。

品牌专家余明阳在《品牌学》中认为，品牌是在营销或传播过程中形成的，用以将产品和消费者等相关利益者联系起来，并带来新价值的一种媒介，是一种互动沟通的工具。品牌专家梁中国认为，品牌是凝聚企业所有要素的载体，是受众在各种相关信息的综合作用下，对某种事物形成的概念和印象，它包含着产品质量、附加值、历史沉淀以及消费者的判断。在品牌消费时代，赢得消费者的内心，远比生产本身重要，品牌形象远比产品和服务本身重要。品牌学者韩光军在《品牌策划》中认为，品牌是一个复合概念，是由品牌名称、品牌认知、品牌联想、品牌标志、品牌色彩、品牌包装、品牌商标等要素构成的综合体。品牌学者叶海明认为，品牌是指企业为满足消费者的需要，培养消费者忠诚，用于市场竞争，而为其商品或服务确定的名称、色彩、文字、象征物、设计或其相互协调的组合。品牌学者王新欣认为，品牌作为标识，代表了同种产品之间的差异或特征，然而这种差异的特征不是纯粹和客观的，而是在顾客对产品的认知关系中形成的。品牌学者何佳讯在剖析了现代品牌经营的种种现象之后，强调消费者对于品牌的重要性。他认为，消费者对产品感受的总和，才称为品牌。

3. 品牌的代表性学说

综合不同专家和学者对品牌的各种认识和观点之后，我们发现对品牌的定义，主要集中在以下几个方面。

一是"符号标识说"。该学说着眼于品牌的识别功能，从最直观、最外在的表现出发，将品牌看作一种标榜个性、具有不同区别功能的特殊符号和标识。顾客对于品牌的认识，是先通过视觉来感知的。品牌的设计、包装等个性元素，如果能够给顾客带来较强的视觉冲击并留下深刻的印象，那么品牌就能产生巨大的威力。许多全球品牌，如麦当劳的M型黄色标识，一直给顾客带来强烈的视觉冲击，在潜移默化中成为品牌不可分割的一部分。在许多顾客眼中，标识符号就代表了品牌的全部。

二是"质量信誉说"。该学说认为产品质量、服务质量、诚信经营、使用承诺、口碑声誉是品牌的生命，是企业在激烈的市场竞争中得以生存和发展的根基。企业必须牢牢树立质量意识，严格遵守国家政策法规和质量标准，通过一系列的管理手段和制度流程，生产出经久耐用、美观大方、功能合理、符合人性的产品，并为顾客提供满意度较高的购买服务和使用承诺。凡是没有质量保障、不注重诚信经营的企业，都无法获得消费者的认可和追随，无法形成口碑传播的良性循环。

三是"感觉体验说"。该学说着眼于顾客对品牌的直观感觉和使用体验，认为品牌存在于顾客的心智中，是一种感性的印象和情感体验。在激烈的市场竞争中，企业需要研究顾客的消费心理和认知特点，为其设计具有身份象征和价值共鸣的产品、服务和体验，给顾客带来"尊贵""时尚""豪华""惊奇""快乐""美好""酷爽""刺激"等各种心理体验、五官感觉、主观印象和美好回忆。比如可口可乐饮料带给人们的是"激情和梦想"，宝马汽车带给人们的是"运动与时尚"，迪士尼乐园带给人们的是"欢乐与惊奇"。

四是"广告传播说"。该学说认为，品牌活在人们的记忆中，要想被广大的消费者了解和接受，品牌就必须具有较高的知名度和影响力，企业就必须不断提高广告宣传的力度和广度。可以说，没有知名度，就没有品牌。为此，企业需要科学地评估品牌在人们头脑中的印象，找出消费者认知现状与企业传播目标之间的差距，分析其产生的各种可能的原因，找出传播工作中的不足，制订出一系列的改进计划。在明确传播受众和传播目的的基础上，科学地选择传播策略和传播媒体，有力地传播品牌的相关信息。

五是"互动关系说"。该学说认为顾客与品牌之间的连接关系与亲密程度，决定了品牌的最终命运与营利能力，品牌就是产品、符号、文化、企业与顾客之间的互动和沟通。如果顾客对品牌的了解很深入，能够对品牌形成信任和依赖，就能增加其购买频率和忠诚反应。为此，企业需要在各个接触环节，与顾客进行深度沟通和密切互动，向顾客传递品牌的各种信息，影响其购买决策。很多品牌都设计了顾客问卷调查、消费意见箱、售后回访电话、在线点评、会员积分回赠、节日问候信息、企业参观考察等互动环节，增强顾客的忠诚度。

六是"文化价值说"。该学说认为品牌是一种文化综合，是一种价值主张，是一种经营理念，是一种信仰追求。历史悠久的品牌，都有一套历经考验、与时俱进的企业文化体系，通过精神文化、物质文化、制度文化，对内凝聚人心，规范员工行为和日常经营，对外传播企业价值，树立企业良好的社会形象。当这种文化体系、经营理念、价值主张高度契合了社会发展的潮流，响应了人性的内在特点，满足了顾客的心理需求时，品牌就会产生巨大的魅力，吸引无数的顾客。

七是"无形资产说"。该学说认为，品牌是由知名度、认知度、美誉度、忠诚度、联想度以及专利技术等要素构成的一种综合性的无形资产，可以通过加盟、连锁、延伸的形式，不断地放大其价值，为企业创造巨大的价值。基于财务会计、市场能力、顾客关系的不同视角，人们围绕品牌资产的测量与管理，设计出不同的模型并在实践中加以应用，收到了比较好的效果。有学者在品牌信息本论的基础上，为品牌资产设计了具体的测量单位，并研究出一套科学的品牌资产诊断体系，将会极大地促进品牌资产管理工作的科学发展。

八是"战略生态说"。该学说认为，品牌是一种市场定位决策，一种企业发展战略，是内部品类组合策略与外部价值链整合策略的持续优化过程。品牌要想深入人心并长期在顾客头脑中占据独特的地位，就必须充分研究消费者的行为特征和价值判断，结合竞争对手的市场定位和顾客评价，为自身找到差异化的市场定位。同时，品牌需要根据市场环境的变化，制定出具有竞争优势的品类组合计划，并围绕价值链对上下游的企业进行整合，形成健康的品牌生态体系，获得持久的发展。

九是"发展动力说"。该学说基于品牌作用的视角，认为品牌不仅能够有力地提高消费者的信任度和忠诚度，还能在为顾客节约时间成本、减少购买风险、满足心理需求的同时，为企业创造出更大的利润空间和无形价值。同时，品牌还是促进经济发展，推动科技进步，提高综合国力，树立国家形象的重要工具。为此，无论是企业还是国家，都必须高度重视品牌的力量，为品牌的发展提供良好的环境和政策。事实证明，世界上经济比较发达的国家，都有一批实力雄厚的品牌作为重要支撑和发展动力。

综上所述，品牌是一种产品信息的集合，具有以下几个层次的含义。

第一，品牌是一种具有产权的注册商标。品牌是一种名称、标记、符号或设计，或者上述这些内容组合而成的可视性标志，目的是能够将自然人、法人或者其他组织的商品或服务，与他人的商品或服务区分开来。同时，品牌是向政府注册的受法律保护的专有权。

第二，品牌是一组产品信息的综合体现。品牌通过一系列整合营销传播活动，创造出一种象征与联想、一种承诺与保证，反映了市场定位、产品特色、功能利益、质量承诺、服务质量、文化内涵、顾客认知等综合信息。

第三，品牌是一项重要的无形战略资产。品牌能够给企业带来财富，同样的产品贴上不同的品牌标签，就可以卖出不同的价格，其市场占有能力也会有很大的差异。同时，品牌也是国家形象和综合国力的重要组成部分，具有巨大的战略价值。

第四，品牌是一种保证质量的心理契约。消费者在选购每种产品时都存在机会成本，信息的过度泛滥已经让消费者无所适从。很多的商品需要消费者在使用后，才能有深刻的认识，而有些特性和感觉即使在长时间使用后也无法把握，消费者日益感到选择的困难。为了减少消费者所知觉的困惑和风险，企业便通过品牌与消费者签订了一种质量保障的心理契约。

第五，品牌是一种身份地位的象征标志。这是品牌的最高境界，也是品牌对消费者功效所能发挥的极致。品牌不仅是一个名字，它的全部丰富内涵远远超出识别的作用。它是消费者内心深处的感受，它凝聚了个性、感情、信念、价值和形象。购买使用高档的品牌产品，是一种社会地位的象征和标志。一个人戴上劳力士手表的满足感和成就感，可以说完全是由品牌本身所给予的。

2.2.2 品牌内涵的发展阶段

可以说，品牌是伴随着企业市场竞争而出现的，品牌的性质是伴随着市场供求力量的对比而变化的。从这个视角出发，品牌发展可以划分为以下五个阶段。

第一阶段是企业产品主导的市场阶段。在这个阶段，产品处于极度缺乏的状态，供给大大低于顾客需求。此时，顾客会主动上门购买，企业不需要定义目标市场，不需要设计有吸引力的包装，不需要花钱做广告，不需要创建和管理品牌。

第二阶段是企业营销主导的市场阶段。在这个阶段，产品开始供过于求，企业之间开始产生竞争，顾客有了一定的产品选择权。企业需要用独特的、有吸引力的方法销售其产品，垄断原材料的供应，控制分销渠道，通过价格战消灭竞争对手，制造产品功能上的差异等。此时，创建品牌可能是唯一的好方法。

第三阶段是传统的品牌营销阶段。在这个阶段，企业之间主要通过品牌参与竞争，顾客在同类产品中可以选择的品牌较多，顾客忠诚度逐渐降低。为了吸引顾客购买并提高其购买的频率，企业在品牌中加入了购买诱因和情感因素，促使顾客更加愉快地体验并购买企业的产品和服务。

第四阶段是顾客驱动的品牌营销阶段。在这个阶段，市场非常饱和，品牌过于丰富，市场竞争非常激烈，企业需要花费更多的精力和资源来创建品牌形象，使其提供的产品和服务，与顾客的购买动机相匹配。此时，品牌成为顾客的身份特征，企业与顾客之间通过共同的价值观建立起稳定的联系。

第五个阶段是顾客主导的品牌营销阶段。在这一阶段，品牌信息泛滥，顾客的注意力成为稀缺资源。顾客意识到自身选择权的重要性和丰富性，对产品和服务的要求越来越高，购买行为越来越挑剔。此时，企业需要通过品牌不断为顾客提供额外的附加值，并传递受顾客认可的企业价值观和社会态度，以此与消费者达成情感共鸣。

2.2.3 品牌的重要作用

品牌对于消费者、企业和国家都具有非常重要的作用，具体表现在以下几个方面。

1. 品牌对消费者的作用

（1）品牌有助于消费者节约购物时间

消费者在初次购买某类产品时，通常需要对为数众多的同类产品进行综合比较，了解其性能、款式、质量、用料、价格、承诺、售后服务等一系列信息，最终才能根据自己的需求和感觉，从中选择性价比最高的，试用一段时间。如果试用的感觉很好，对产品的质量、服务都非常满意，那么在下次购买时，往往会购买同一款产品，进而成为该品牌的长期用户。但由于市场经济的高速发展，产品供给已经处于严重过剩的状态，每一类产品都有成百上千个厂家进行生产。面对浩瀚的产品信息海洋，消费者既没有能力也没有时间去了解所有产品的信息，也不可能试遍所有的商品。此时，知名度、美誉度、联想度较高的品牌，就会成为消费者的购买首选，从而帮助消费者节约大量的挑选和比较的时间。

（2）品牌有助于消费者降低购买风险

在陌生产品的购买与使用的过程中，消费者往往存在着6种不可控制的风险，包括财务风险（产品质量太差浪费了钱财）、安全风险（产品对健康或安全造成伤害）、功能风险（产品性能根本达不到预期的效果）、心理风险（产品的使用过程充满了各种负面的体验和情绪）、时间风险（伪劣产品浪费了顾客大量的购物时间）和社交风险（劣质产品给消费者在社交活动中带来很多尴尬）。降低风险的方法有很多，其中选择声誉较好的强势品牌，或者重复购买熟悉的品牌，是比较有效的策略。因为品牌是产品和服务的质量承诺，是消费者口碑的长期沉淀，是经过市场竞争的残酷考验的。

（3）品牌有助于消费者享受高端服务

在日益激烈的市场竞争中，企业的经营者都充分体验到了"顾客就是上帝"这句话的深刻含义。为了赢得消费者的好感，品牌企业不仅要提供高质量的产品，还需要创造有品位、有档次的消费环境，更需要提供热情礼貌、周到细致、人性体贴、及时快速的各种服务工作，并通过定期回访、会员折扣、增值服务、节日促销、积分礼品、生日祝福、旅游参观等各种方式，增加消费者的满意度和忠诚度，从而与消费者建立密切的联系和沟通，最大限度地减少顾客的流失率。在此过程中，消费者的主体地位不断得到巩固和提升。

（4）品牌有助于消费者展示身份地位

品牌是某种个性、形象、文化、联想、感觉、价值观和身份象征的综合体。在现代社会，消费者已不再满足于产品的实用功能，更多的时候他们会通过产品的象征意义、品牌个性、社会地位联想来寻求某种感觉，体验某种意境，追求某种意义，从而积极地展示自我，获得自信，赢得尊重，得到心理上的满足。许多高档次的品牌，提供给消费者的已不再是简单的产品和服务，而是一种文化、一种时尚、一种尊贵、一种品位、一种感觉、一种潮流、一种象征。世界上那些著名的奢侈品品牌，无不是通过给社会精英和成功人士售卖独特的感觉和联想，获得极大成功的。

2. 品牌对企业的作用

（1）品牌有助于企业接受法律保护

经过注册的品牌商标、专利发明是一种知识产权，具有法律上的排他性。未经许可，其他公司不得使用相关的标识设计、专利技术和产品外观，也不得用相似度极高的山寨设计，以假乱真，诱惑欺骗消费者。比如"可口可乐"极具视觉冲击力、绸带一般的Cocacola手写体标识归公司独有，任何仿冒盗用行为都会受到法律的惩罚；"肯德基"红白相间的KFC标识，未经书面许可授权，也不得擅自用于餐饮店面的装饰宣传上。受保护的商标品牌，通过长期的宣传和沉淀，可以在消费者的心目中留下深刻的印象，增加下次购买的识别度。

（2）品牌有助于企业获得高额利润

品牌通过良好的产品、服务和体验，提高了消费者的满意度和忠诚度。1990年，美国营销学者瑞奇海德（Reichheld）和塞赛（Sasser）在《哈佛商业评论》上发表研究报告，指出顾客的忠诚度每提高5%，企业的长期利润就会增长25%~85%。品牌还能通过消费者的信任和依赖，获得高额溢价。美国的一项研究表明，领导品牌的获利率是第二品牌的4倍，而在英国则高达6倍。同样做工、用料和款式的服装，贴上不同的品牌标签，就会有不一样的价格反应。如果贴上普拉达（Prada）、登喜路（Dunhill）等国际著名的服饰品牌，价格就可以比普通品牌增加10倍以上，从中可见品牌的巨大魅力。

（3）品牌有助于企业开展品牌延伸

知名度和美誉度较高的品牌，可以利用其声望和信誉，将消费者对品牌的高度认可顺利地转移到新产品上，提高新产品上市和品牌延伸的成功率。尼尔森公司（Nielsen BASES）和安永公司（Ernst & Young）通过研究发现，美国新推出的消费类产品的失败率为95%，欧洲消费类新产品的失败率为90%。在大多数企业进行的新产品开发过程中，平均每7个新产品创意，有4个能够进入开发阶段，有1.5个可以进入市场，只有1个可以获得商业成功。中国著名营销学者卢泰宏在一项针对美国超市快速流通消费品的研究中，发现10年来年销售额在1500万美元以上的成功品牌，有三分之二属于延伸品牌，而不是新上市品牌。

（4）品牌有助于企业抵御市场竞争

品牌实际上是一种"偏见"，消费者通常都认为品牌企业生产的产品是有质量保障的，甚至完全没有使用经验的人也会给予很高的评价。竞争者可以抄袭企业产品的实体特征，但品牌的个性和形象却是无论如何也模仿不来的。从认知心理学来看，消费者对某种功能利益的联想，通常是和特定的品牌相联系的。如果竞争者品牌试图通过声称在这一领域具备同等或更高的优势来实施进攻，这就涉及可信度的问题，消费者对竞争企业的诉求不无怀疑。因此，对新进入者来说，更想在陈列空间以及消费者知晓、认同方面获得平等性，势必需要更多的投入，而这种代价是极为昂贵的。

（5）品牌有助于企业降低经营风险

英国著名品牌研究公司明略行（Millard Brown Optimor）全球执行总裁乔安娜·瑟顿（Joanna Seddon）表示，强大的品牌不仅能产生超额回报，更能帮助企业规避风险。具有良好声誉的品牌，拥有相对稳定的用户群，具有较好的市场占有率，这都有助于品牌在瞬息万变的市场环境中，拥有抵抗风险的能力。对于碘超标事件，普通的中国奶粉企业可能就会破产，而国际著名品牌"雀巢"却能在经历数次的类似风险之后屹立不倒。面对乳业的三聚氰胺事件，"蒙牛"乳业也可以凭借品牌的力量，快速地度过市场危机。

（6）品牌有助于企业衡量经营绩效

品牌是一种信念、一种声誉，是一种长效的客户关系，是企业长期经营成果的积累和沉淀。卓越的品牌离不开可靠的产品质量、独特的广告宣传、完善的售后服务和全面的公共关系，这是企业经营的核心。企业经营的结果，可以通过品牌资产的测量进行检验。随着品牌理论研究的深入，品牌作为一种信息的集合，有了可以度量的具体单位，构成品牌资产的知名度、认知度、美誉度、忠诚度、联想度等因素，都有了具体的测量和检验的方法，成为衡量企业长期经营绩效的重要指标。企业可以借助科学的品牌诊断技术，去准确地了解经营管理过程中存在的问题，并及时予以解决。

（7）品牌有助于企业开展科学决策

从对各种产品进行资源分配、制定营销战略、生产到销售，如果企业都以品牌为决策的基本单元，则会极大地便利信息处理的工作。把品牌作为一个财务单元，对旗下品牌的盈利率、市场占有率和未来获利潜力进行价值分析和评估，有助于企业决定是将资源平均分配给各品牌，还是在短期内仅支持主要的一两个品牌。作为市场战略单元，品牌有助于细分市场，进行有针对性的市场定位。品牌是联系消费者与企业的桥梁，是两者交换信息的通道。企业围绕品牌展开各种营销活动，而消费者依托品牌之载体来吸取各种相关的信息。因此，即使某些细分市场产品实质差别不太显著，赋予不同产品独立的品牌也有助于形成人为的产品差别，突出和扩大产品特色。

（8）品牌有助于企业聚拢各类人才

现代企业的经营管理工作都是紧密围绕战略选择、秩序保障、资源整合、风险控制、绩效创造、资金流动、技术创新、文化营造、人性驾驭、利益分配、权力制衡、政策激励等重要环节展开的，而这一切的核心都取决于人才。"良禽择木而栖"，"栽下梧桐树，自有凤凰来"。品牌企业意味着良好的工作环境、优厚的薪酬待遇和广阔的发展空间，意味着先进的企业文化、规范的管理体系和标准的工作流程。这些因素都是各类人才尤其是高级人才在职场上的理想追求。近年来，"雇主品牌"的概念开始得到企业界的高度重视，其核心目的就是把企业打造成能够吸引并留住各类人才的品牌宝地，从而有力地提高企业的竞争力。

3. 品牌对国家的作用

品牌不仅是企业开拓市场、战胜对手的有效工具，还是国家发展经济、树立形象的战略武器，更是国家传承文化、增强自信的重要载体。

（1）品牌是国家经济发展的重要动力

品牌企业以其强大的市场竞争能力，占据着较大的市场空间，创造了良好的经营业绩，是国家税收的重要来源。从英特品牌公司（Interbrand）和福布斯（Forbes）等各类机构对全球最有价值的品牌以及最大业绩的企业排行榜来看，一个国家或地区的经济实力，与品牌的多寡强弱密切相关。另外，推动国家发展的科学技术，基本上都是由品牌企业率先研发、使用并推广的。可以说，离开了品牌企业的创新变革，国家就失去了发展壮大的重要动力。

(2) 品牌是民族文化传承的重要载体

历经风霜、长盛不衰的百年企业，是国家历史发展的见证者，是民族文化传承的践行者。他们在社会发展的过程中，主动吸收世界各地的优秀思想和管理经验，积极开展民族文化的鉴别吸收和继承发展，是先进文化和先进生产力的优秀代表。在大浪淘沙的过程中，品牌企业不断地进行企业文化基因的改良进化，持续地开展经营理念的创新发展，从而让优秀的民族文化得以传承和发扬。

(3) 品牌是国家对外形象的重要代表

日本前首相中曾根曾说过："在国际交往中，索尼是我的左脸，松下是我的右脸。"在全球经济一体化的过程中，品牌企业通过其市场拓展能力，不断地加大国际化的速度和步伐。实力雄厚的企业，会自觉地遵守当地的政策法规，为当地提供较多的就业机会和利税贡献，保护当地劳工的利益和诉求，传递着积极健康的价值和文化。品牌企业在当地的各种经营活动，无不代表着国家的形象和声誉。

(4) 品牌是大国经济竞争的重要武器

当前，世界主流市场已被国际著名品牌所瓜分，不足3%的知名品牌占有40%以上的市场份额，销售额则超过50%，个别行业甚至超过90%。在《商业周刊》评出的世界最有价值的品牌中，前20位的品牌价值超过了许多国家的国内生产总值。据联合国工业计划署统计，世界上各类品牌商品大约有8.5万种，其中发达国家和新兴工业化经济体拥有90%以上的所有权，处于垄断地位。缺少品牌企业的国家，在国际经济竞争中都处于极为不利的地位。因此，实施"品牌强国战略"，是大国经济竞争的必由之路。

2.3 强势品牌的基本理论

随着消费观念、消费习惯、消费水平的改变，顾客的需求已不再满足于产品或服务的功能性价值，逐渐开始看重品牌所能带来的心理感受、情感依托、价值共鸣、象征意义和身份标志。对企业而言，发展品牌的内涵，创新品牌的文化，提升品牌的层次，创建更加强势的品牌，已经迫在眉睫。

可口可乐公司前董事长罗伯特·士普·伍德鲁夫说过，只要"可口可乐"这个品牌在，即使有一天，公司在大火中化为灰烬，那么第二天早上，全世界新闻媒体的头条消息就是各大银行争着向可口可乐公司贷款。毋庸置疑，"可口可乐"就是典型的强势品牌，罗伯特的话充分展示了强势品牌的力量。

2.3.1 强势品牌的内涵

关于强势品牌，国内外学者一直没有统一而标准的定义，主要的观点有以下几种。

第一种观点认为，强势品牌是指长期专注于某一个业务领域，进而做大做强，成为行业标杆的企业，代表性的有可口可乐、微软、英特尔、苹果、IBM 等。第二种观点认为，强势品牌是指能够在多种业务领域的经营中持续增值，财务业绩远远超出同行平均水平的企业，代表性的企业有西门子、索尼、松下、三星、3M 等。第三种观点认为，强势品牌是指经营历史悠久，资产价值累积到一定程度后，还在持续增长的企业，代表性的企业有雀巢、全聚德、同仁堂、稻香村、青岛啤酒等。

综上所述，强势品牌是指在长期经营中成长起来，对经营环境具有极强的适应性，知名度、美誉度、忠诚度、联想度、辨识度、价值度都特别高，在市场上处于强势领导地位的品牌。强势品牌拥有高质量的产品或高品质的服务，具有突出的差异化特征和独特的个性主张，拥有领先的企业文化和超强的技术实力，具有强大的市场竞争优势和较高的市场占有率，拥有极高的财务价值和超强的融资能力，其经营理念和市场行为具有极强的行业示范性。

具体而言，强势品牌的强势市场地位主要表现在以下几个方面。

一是区隔力。强势品牌通常表现出来与其他品牌的差异性，就是品牌区隔力。区隔力通常通过品牌个性和品牌定位来反映，强势品牌在消费者心目中与其他品牌必定有所不同。

二是吸引力。强势品牌在市场上能够对消费者的行为产生影响，左右消费者的购买行为，就是品牌吸引力，通常表现为顾客的品牌忠诚度和频繁地购买次数。

三是扩展力。强势品牌自身具有延伸和扩展的能力，强大的品牌发展到一定阶段可以支撑很多的产品。强势品牌的扩展力必须有合适的理念作为支撑，必须有良好的区隔力作为基础。扩展力通常表现为贴牌企业的数量和品牌延伸的程度。

四是渗透力。强势品牌通常都是国际性大品牌，它具备穿越文化和国界的力量，不会因为在不同的国家或者不同的文化而出现水土不服。

五是激发力。强势品牌具有打动消费者和激发企业内部员工的能力，这通常表现为品牌感受。消费者会因为一个强大的品牌去尝试并喜欢上某一种生活方式，员工也会因为在一个著名的品牌公司进行工作而无比的自豪。

六是适应力。强势品牌具有适应市场变化和经受品牌危机的能力，它不会因为周围环境的一些改变而轻易地毁灭。适应力通常表现为品牌的管理能力和强大的生命力。百年制药企业默克在它的经营过程中经历了很多危机，正是因为强大的品牌作为支撑才越走越远。

七是联想力。强势品牌能够激发消费者的联想，在消费者的头脑中留下深刻的印象。每当消费者出现该品类商品需求的时候，消费者能够轻易地联想到该品牌。联想力通常用品牌联想度来表示。

八是溢价力。强势品牌具有强大的溢价能力，因为它的与众不同而在消费者心目中有特殊的地位，造成与消费者之间特殊的感情，所以消费者往往并不会因为强势品牌的价格稍高而不购买。

本书认为，强势品牌除具有以上特征外，更应该是一种基于商品和服务质量的具有较强竞争力的品牌，也就是应该着重从品牌竞争力的角度对强势品牌和普通品牌进行区分。

2.3.2 强势品牌的竞争力

1. 强势品牌竞争力的定义

品牌竞争的结果就会产生品牌竞争力的大小，然而，品牌竞争力又是一个直观却又难以定义的概念，它是企业综合实力的重要体现。中国学者季六祥指出，品牌竞争力广义上涵盖企业、产业、区域、国家或国际诸层面竞争力关于品牌形象的整合与统一；狭义上则指品牌在竞争性市场中所具有的能够持续地比其他品牌更有效地获得市场认同与支持的整体形象特质，亦可称为企业形象的整体竞争力，即以企业形象为核心，关于企业战略、管理模式、技术路线、企业文化及信息化支持等形象要素的有效整合。季六祥在其对品牌竞争力的定义中，对于宏观层面的论述及分析较多，而对于企业层面，他认为品牌竞争力是"企业形象的整体竞争力"，企业形象构成了品牌竞争力的关键。从中可以看到在其定义中比较偏重品牌的市场属性和品牌的"无形"的一面，而忽视了品牌中"有形"的一面，即品牌的产品属性所产生的竞争力。学者邝红艳弥补了上述不足，其从企业角度对品牌竞争力进行了补充，兼顾了品牌的产品属性和市场属性，认为品牌竞争力是一种"提供超值利润的能力"，是一种强势能力。其实，品牌竞争力是一种比较能力，只有通过比较，才能产生强势和劣势之分。以上学者对品牌竞争力的定义获得了许多学者的认同，也是本书对品牌竞争力的基本认识。

2. 品牌竞争力与比较优势理论

比较优势理论产生于18世纪中叶，完成于20世纪30年代。它从各国劳动生产率和资源禀赋差异的角度揭示了国际贸易产生的动因。比较优势理论又可以分为两个发展阶段，分别是绝对优势理论和比较优势理论。

亚当·斯密把劳动分工思想应用于国际贸易领域的研究，提出了绝对优势论。该理论指出，国与国之间发生贸易的根本原因在于国家之间生产成本的绝对差异，这种绝对成本的差异既可能来自先天的自然优势，如气候、地理和土壤条件，也可能是由资本积累和技术进步形成的差异。生产成本的绝对差异导致了两国生产同一产品价格的绝对差异，使产业的国际分工和专业化成为必要。通过自由贸易，可以发挥各国的绝对制造优势，实现分工和专业化的利益。正如斯密指出的："如果外国能以比我们自己制造还便宜的商品供应我们，我们最好就用我们有利地使用自己的产业生产出来的物品的一部分向他们购买。"[①] 绝对优势论第一次从生产领域简单、直观地分析了国际贸易产生的基础，对国际贸易理论发展具有开创性的意义。这一理论把产业竞争力的来源归因于各国劳动生产率的绝对差异，但在现实中，贸易参与国制造成本存在绝对优势并不是一种常态，绝对优势理论无法解释当一国在各种产品生产上都具有优势，而另一国都居劣势地位时，两国仍可以开展贸易的现象，因而这一理论不可避免地带有一定的局限性。

比较优势论是由大卫·李嘉图提出的。该理论继承了亚当·斯密劳动分工和自由贸易的思想，进一步扩展了劳动生产率差异作为国际贸易动因和竞争力来源的适用范围。比较优势论认为，只要贸易参与国的生产成本存在一定差异，即使这种差异是相对的，即一国虽然各类产品的劳动生产率均高于另一国，但高出的程度不同，各国也可以通过分工和贸易，发挥各自的优势，获得更多利益。简言之，比较优势论的核心论点为："两利取重，两弊从轻。"从其基本原理来看，比较优势论延续了把劳动生产率差别视为贸易的动因和竞争力来源的思路，并使其具有了更广泛的适用性和更强的解释力。同时，对这一理论的大量实证检验基本上得出了肯定的结论。这些实证研究表明，一国相对于其他国家劳动生产率较高的产业一般具有较强的出口能力，从而支持了大卫·李嘉图的贸易模式。

大卫·李嘉图认为，比较优势的形成是各国劳动生产率和技术水平差异的结果，但假如不同国家生产同一产品的技术和劳动生产率是相同的，产品的生产成本是否还会有差别？各国是否还会拥有产业的比较优势呢？要素禀赋论为这些问题提供了答案。要素禀赋论认为，产品生产需要投入

---

① 亚当·斯密：《国民财富的性质和原因的研究》，商务印书馆1972年版，第82页。

不止一种要素，而且，生产不同产品所需的要素比例也不同。由于各国生产要素的丰裕程度存在差异，因而形成了国与国之间生产要素的价格差和生产同类产品的成本差，这种成本差成为国际交换的动因和依据，即一国将出口密集使用本国丰裕生产要素的产品，进口密集使用本国相对稀缺要素的产品。从这一结论可以推断：一国密集使用其相对丰裕生产要素的产业，也就是其具有比较优势和竞争力的产业。

品牌竞争力与比较优势理论的关系在于，在开放、自由和竞争的市场条件下，品牌竞争力就是企业的经济效率，包括技术效率和配置效率两个部分。企业参与经济全球化要立足于比较优势，并通过不断创新，优化提升比较优势的素质，形成竞争优势，进而提高品牌竞争力，这是企业立足于全球化的坚实基础。可以说，比较优势是发展中国家品牌竞争力的基础。比较优势规定了不同地区和国家，进行专业化分工的结构和贸易方向。具有比较优势的产业往往易于形成较强的国际竞争优势，比较优势可以转化为竞争优势，从而促进相关产业国际竞争力的提高。在国际竞争中，缺乏比较优势的产业，往往较难形成和保持竞争优势。所以，比较优势要通过竞争优势才能体现出来，即使是具有比较优势的产业，如果缺乏国际竞争力，也无法实现比较优势。

3. 强势品牌竞争力与波特的竞争优势理论

波特的竞争优势理论集中体现在其所著的《竞争优势》《竞争战略》和《国家竞争优势》中。他的基本观点是企业的竞争优势在于如何在产业竞争环境中确定竞争战略，以及如何付诸实施，核心理念是企业如何保持竞争优势。波特关于竞争力来源的思想概括为以下几个方面。

（1）五力模型

波特认为，一个企业获得竞争优势的前提，是研究它所在行业的竞争结构。他提出了驱动产业的五种基本竞争作用力：潜在进入威胁、替代威胁、买方议价能力、供方议价能力和现有产业内竞争对手的竞争。

（2）三种竞争战略

波特的五力模型，为企业是采取进攻性还是防守性行动提供了指南。

波特认为，公司可以采取许多不同方法与五种竞争力量对抗，但主要有三种基本战略方法，可能使公司成为同业中的佼佼者：①总成本领先战略；②差异化战略；③目标集聚战略。

总成本领先战略就是要通过采用一系列针对成本战略的具体政策，在产业中成为低成本的厂商。它要求企业积极建立起达到有效规模的生产设施，在经验基础上全力以赴降低成本，控制管理费用，并最大限度地减少研发、服务、销售和广告等方面的费用。

差异化战略是指将厂商所提供的产品或服务差异化，形成一些在产业范围内具有独特性的优势。在此战略的指导下，企业力求就顾客广泛重视的一些层面或因素在产业内独树一帜。它选择被产业内许多顾客重视的一种或多种特质，并为其塑造出一种独特的地位以满足顾客的要求，以此来抵抗产业的五种竞争力量，并因其独特的地位而获得溢价的报酬。

目标集聚战略是指在产业内一种或一组细分市场的目标市场上，以比竞争对手更有效的方式为其提供产品或服务。集聚战略是从整体着手，围绕着更好地为某一特定目标市场提供服务这一中心来建立的。在聚集战略的指导下，企业或者通过较好地满足特定对象的需求来实现差异化，或者在为这对象提供服务时实现低成本，亦可二者兼得。尽管从整个市场的角度看，集聚战略未能取得低成本或差异优势，但它却能在所选择的市场上确立或巩固地位。

（3）价值链与企业竞争

价值链是波特分析竞争优势的重要分析工具。"三种战略"是确定企业竞争优势的方向，价值链则是从战术角度，分析企业如何成功地实现竞争定位和竞争优势战略的操作工具。波特认为，企业竞争优势来源于企业价值活动的每一个环节，即企业竞争优势不是抽象的概念，它来自企业的每一项具体活动。企业的每一项具体活动都是企业形成竞争优势的具体活动，竞争者价值链之间的差异是竞争优势的一个关键来源。价值活动是竞争优势，是各种分离活动的组成。每一种价值活动与经济效果结合是如何进行的，将决定一个企业成本优势的能力高低，以及它对买方需要和标新立异的贡献。波特进一步指出："竞争优势归根到底产生于企业为顾客所创造的价值，或者在提供同等效益时，采取相对低的寻常的效益用于补偿溢价而有余。"①

在新经济时代，由于IT技术的发展及网络的普及，特别是科技不断进步，创新日新月异，企业置身于变化更快、风险更大的环境中。依据波特的竞争优势理论，过去建立竞争优势，企业主要有两种战略：一是成本领先的战略，二是产品的差异化战略。如今，成本战略似乎"风光不再"。例如，要靠成本领先竞争对手，低成本是和经济规模有很大关系的，一般来讲规模大了，边际成本可以下降，平均成本能够降低。通常规模大的企业，应该更能占有低成本的优势。但是在新经济时代，规模小的企业，有时反而成本更低。原因除了自身管理的水平外，与科学技术的发展也有很大关系。一家企业依靠规模大，可以做到成本很低；另一家应用电脑辅助设计、敏捷生产技术，通过互联网形成"虚拟企业"、建立战略联盟等，同样可以做到成本很低甚至更低，传统意义上的"规模"则未必需要更大。实践中，规模较小的企业依靠更低的成本击败规模大的对手，已经不是个别的现象了。

4. 强势品牌竞争力与核心能力理论

核心能力理论的创始人普拉哈拉德和英国学者哈麦尔认为，企业竞争优势的根本源于企业所拥有的核心能力，核心能力是企业长期竞争优势的源泉。表面看来，企业的基本构成要素包括企业有形的物质资源和企业无形的规则资源。但这两种资源，对企业来说都只是表面的和载体性质的构成要素，唯有蕴藏在这些要素之后的能力，才是企业活力的本质。企业的能力是企业长期积累和学习的结果，和企业初始要素投入、追加要素投入、企业的经历等密切相关，具有突出的路径依赖性。企业能力存在于员工的身体、战略规划、组织规则、文化氛围之中。由于路径依赖的作用和能力对企业整体的依托，企业的任何一部分脱离企业之后都不再具有完全意义上的原有"能力"，企业是一个特殊的能力体。

---

① 迈克尔·E.波特：《竞争优势》，华夏出版社1997年版，第36~39页。

企业要获得并保持持久的竞争优势，就必须在核心能力、核心产品和最终产品三个层面上参与竞争。核心能力是企业竞争优势的源泉，最终产品是核心能力的市场表现，核心产品是核心能力的物质载体。基于以上对核心能力的认识，从战略管理角度来看，企业战略的目标就在于识别和开发竞争对手难以模仿的核心能力。只有具备了这种核心能力，企业才能很快适应迅速变化的市场环境，不断满足客户的需求，才能在顾客心目中将企业与竞争对手区别开来。只有在核心能力达到一定水平后，企业才能通过一系列组合和整合形成自己不易被模仿、替代和占有的独特战略资源，才能获得和保持持久的竞争优势。

品牌竞争力是企业核心能力在市场上的商品化表现。以知识、资源为基础构成的企业技术创新能力、组织管理能力等核心能力不会直接显示出来，必须通过卓越的产品、优质的服务来体现，而品牌则是产品和服务的标志。因此，品牌是在市场上彰显企业核心能力的最有效方式。

5. 强势品牌竞争力的层次

品牌竞争力可以表现为多层次的竞争力，大致可以分为产品层次的品牌竞争力、企业层次的品牌竞争力、产业层次的品牌竞争力和国家层次的品牌竞争力等四个层次。

（1）产品层次的品牌竞争力

产品层次的品牌竞争力是指具体一种产品或劳务在不同企业的品牌之间产生的竞争差异。产品层次的品牌竞争力是品牌竞争力的最根本落脚点。品牌标志着它所代表的产品在市场上所占有的份额。用品牌来扩大产品的影响，提高产品的竞争力，拓展市场占有率，是跨国公司实现全球战略的一个锐利武器。这是因为任何一种产品的生产都是暂时的，有生命期的，最终总会被其他产品所代替，而品牌则可以是永久的。因此，一旦形成世界名牌，其产品在国际市场上可以所向披靡。"麦当劳""可口可乐"能够大规模地占领世界各国的市场，正体现了品牌竞争力的强大威力。"可口可乐"在全世界80多个国家和地区建立了数百个生产厂，公司销售额的70%、营业利润的80%来自国外。不少国家的"可口可乐"生产厂并不是由美国可口可乐公司控股或投资，但它们所表现的仍然是美国"可口可乐"的竞争力。

（2）企业层次的品牌竞争力

企业层次的品牌竞争力是指在同一产业领域不同企业的品牌之间产生的竞争差异，其竞争范围可以在一个地区、一个国家范围内展开，也可以在全球范围内展开。企业是品牌竞争的唯一核心主体，它们是品牌的培育者、品牌的所有者、品牌的受益者和品牌竞争风险的承担者。

（3）产业层次的品牌竞争力

产业层次的品牌竞争力是指在不同国家或同一国家不同地区之间在同一产业领域的品牌竞争差异。一般来说，不同国家或地区都有自己的相对优势产业品牌和相对劣势产业品牌，从不同国家的角度来看，人们一谈到家电产业，就会想到日本，一谈到香水就会想到法国，一谈到机械就会想到德国，一谈到瓷器就会想到中国。从一国的不同地区的角度来看，如上海的轻工产业、景德镇的瓷器、新疆的哈密瓜等都具有很大的品牌效应。

（4）国家层次的品牌竞争力

国家层次的品牌竞争力是指以国家作为一个整体与他国之间的品牌竞争差异，它涉及的是一国产品和劳务的整体形象和实力。比如人们通常对美国品牌、日本品牌、中国品牌等都会有一个整体印象和评价。从国家层次的品牌竞争力来看，中国品牌竞争力在国际市场上仍处于明显的劣势。

6. 强势品牌竞争力的来源

品牌竞争力的来源，是指品牌的市场属性在市场竞争中的反映。参照市场营销学的4P理论框架，品牌竞争力的来源主要包括产品、价格、渠道、促销等四个方面。

（1）产品

产品质量和服务质量是品牌竞争力的两个重要来源。

第一，产品质量。今天，国内外优秀企业都将改进产品和服务质量，视为重要的战略之一。日本企业在全球获得成功的主要原因，是其产品具备高水准的质量。与此同时，大多数顾客已不能接受或容忍质量平平的产品，顾客越来越挑剔。企业要想在竞争中获得并保持优势，必须开展全面质量管理。全面质量管理是一个企业对再生产的全过程、产品和服务，进行一种广泛的有组织的管理，以不断改进质量工作。美国通用电气公司董事长约翰·韦尔奇指出："质量是我们维护顾客忠诚度最好的保证，是我们对付外国竞争力的武器，是我们保持增长和盈利的唯一途径。"

品牌质量一般指品牌本身的质量和顾客感知的质量，是二者的综合体现。品牌本身的质量就是指品牌本身所代表的产品质量，顾客感知的质量是品牌在消费者心目中感受到的质量。因此，品牌质量比产品质量的含义要广，它是以产品质量为基础，并扩展到消费者心中感受的质量。这两个方面是不可分割的。品牌质量应该是产品质量和消费者心中感受的质量二者的有机结合。二者结合得好与不好，可以直接影响品牌质量的高低。

提高品牌质量也就是把提高产品质量与提高顾客感知的质量有机结合起来。产品质量是建立信誉的基础和前提。产品质量不过硬，经常出现质量问题，消费者是不会买账的。但是，在不同品牌的产品质量大体相同的情况下，有的品牌受到顾客青睐，有的品牌却被顾客冷落，这种情况是相当普遍的。这时，顾客感知的质量就起了关键性的作用。

因此，在提高产品质量的同时，必须把提高消费者心目中感受到的质量放在突出的位置，并使真正的产品质量转化为"感知"的质量，这样才能取得更大的成功。如果顾客感知的质量下降了或者丧失了，也就是说这个品牌在消费者心目中已经丧失信任，它是很难再度恢复的，即使再从头做起，改进产品质量，也往往无济于事。因此，在保持产品高质量的前提下，必须加大消费者对品牌的认知度和忠诚度，使品牌形象在消费者心中永远美好，品牌质量才有保障。

第二，服务质量。服务作为整体产品的附加层次，对于实施产品的差异化，提高顾客满意度，具有重要的战略意义，也是品牌竞争力的重要来源。服务成为品牌竞争力的来源，主要有以下几个原因。

一是顾客资源是企业根本性战略资源。在市场经济条件下，企业的收益决定于产品的销售，而顾客是决定最终销售的唯一因素。二是服务是企业再生产链的主体流程之一。企业的再生产链包括5个主体流程，分别是商流、物流、资金流、服务流和信息流，因此，再生产缺少服务流程不可能顺利实现。三是服务是拓展市场份额的重要手段。近年来，许多产品变得十分相似，顾客很难把他们区别开来，顾客之所以选择一种产品而不选择另一种产品，主要原因是前者在某些方面更能满足客户的需要，比如周到的服务、产品的方便使用，或实现承诺。

(2) 价格

价格是影响消费者选择某一品牌产品的重要因素。由于商品存在的价格需求弹性系数有所不同，相同的品牌产品在同一市场上，在其他因素相同的条件下，价格较低就具有较高的竞争力。微观经济学在分析中假定商品的销售量是随着商品的价格下降而上升，即以现实生活中的普遍事实为依据的。因此，不同品牌产品在同一市场上的销售价格的高低，就构成了品牌竞争力差异的一个来源。

(3) 分销渠道

分销渠道是指将产品传递给顾客过程中所涉及的一系列的独立组织机构，如批发商、零售商、代理商等。它们发挥着下列作用：信息，收集与传递有关市场营销的情报信息；促销，策划说服顾客购买产品的活动；联络、发现并与潜在的顾客联系；加工，对产品进行加工使它们能满足顾客的需要，这些加工活动包括对产品的分类、装配和包装等；谈判，对市场的价格和其他条款达成协议，以便于转让产品的所有权；货物的分销，负责货物的运输和储存；融资，获得与使用资金来解决渠道工作所需的费用；承担风险，承担完成渠道工作所遇到的风险。

一切商品生产都是为了交换，分销渠道就是联系生产者与用户的桥梁和纽带。稳定、高效、灵活、有序的分销渠道不仅可以大量、及时地将品牌产品销售出去，提高品牌市场覆盖面，提高品牌市场占有率，而且能捕捉市场信息、反馈消费者意见，了解竞争对手动态等。因此，分销渠道就构成了品牌竞争力的重要来源之一。

(4) 促销与品牌传播

促销一般指广告、人员推销、销售促进。促销的目的是提高品牌的知名度和美誉度，也就是品牌传播。品牌传播的内容包括品牌定位、品牌识别和品牌形象，这一部分内容将会在本书的以下章节有所涉猎。在市场竞争异常激烈的现实条件下，如何使自己的品牌具有独特的个性和良好的形象并凝固在消费者心目中，直接关系着企业品牌竞争力的高低。

2.3.3 强势品牌的重要作用

强势品牌最主要的经济功能是提升企业的核心竞争力，具体体现在以下几个方面。

1. 强势品牌可以获得较高的市场份额和经营利润

研究表明，20%的强势品牌占有80%的市场份额，而80%的弱势品牌只能分到剩下的20%的份额。这就意味着大量默默无闻的企业，只能在极其有限的市场空间中苦苦挣扎。要想摆脱这一困境，最佳之策就是创造强势品牌。对于大多数企业而言，夺取并占有市场份额，是品牌存在的重要目的之一，强势品牌就意味着很高比例的市场份额，以及很高的利润。

从许多营销专家的观点来看，企业之间进行市场份额的争夺战，最成功的往往是那些拥有强势品牌的企业，因为品牌知名度与市场份额有很强的相关性。品牌知名度和市场份额的高相关性，往往是因为从消费者的角度看，大品牌意味着低风险和高接受度，与此同时，拥有高市场份额的强势品牌又会因为获得消费者的信任完成市场地位的自我强化，获得更高的市场份额。

强势品牌可以获得更高的利润，不仅仅在于拥有较大的市场份额，还在于其产品和服务的价格弹性处于相对较低的水平。研究表明，价格弹性的高低与品牌知名对有关，品牌知名度越高，价格弹性越低，而较低的价格弹性在很大程度上保证了企业的收入和利润。

2. 强势品牌可以提高行业的准入壁垒

如果一家企业可以从某个特定的市场获取稳定的高额利润，那么就会不断有新公司进入这个市场分享高额利润。一段时间后，新公司的进入会降低市场的利润水平，并吞噬原有企业的市场份额。对于一个成功的企业而言，对抗新的市场进入者是重要的战略选择。

品牌投资是创建准入壁垒、阻止潜在竞争对手进入市场的战略计划的一部分。强势品牌提高准入壁垒、防止潜在竞争对手的进入主要是通过以下两个途径发挥作用的：一是强势品牌往往在市场上投入了大量广告，因此新企业想进入市场必然也要投入广告，而广告作为一种沉没成本对很多新企业而言是难以承受的；二是强势品牌使企业在市场中获得了特殊的主导地位，以至于消费者已经将该品牌及其产品和服务紧密地连接在一起了，企业已经拥有了较高的消费者忠诚度，新企业想打破这种联系必然要进行大量的投入。

3. 强势品牌可以更好地应对市场变化以降低经营风险

面对市场的巨变和动荡，强势品牌能够显示出顽强的生命力，这主要是基于以下两点原因：一是在市场动荡期强势品牌可以更从容地应对收入和利润的减少，这是因为强势品牌企业往往拥有雄厚的资本和深厚的底蕴度过危机，而普通品牌的企业很可能在动荡中遭到淘汰；二是强势品牌企业可以更从容地进行转型，凭借其知名度和市场影响力，暂时转移经营重心，规避风险。

对世界上 100 个最有价值的品牌进行研究，发现 36% 的品牌具有 100 年以上的历史，28% 的品牌具有 80~100 年的历史，25% 的品牌具有 50~80 年的历史，只有 6% 的品牌具有 50 年以下的历史。我国也有很多老字号品牌，到今天依然是市场中的强势品牌。同仁堂创建于 1669 年，至今已有 350 多年的历史；全聚德创建于 1864 年，至今已有 150 多年的历史。这些强势品牌都具有强大的适用能力，能够与时俱进，锐意创新，及时化解各种风险和危机。

2.4 强势品牌创建的基本理论

强势品牌分为区域强势品牌、国内强势品牌和国际强势品牌。这些不同区域的强势品牌在创建的过程中，所采用的策略和方法都有所不同，各具特色，各有千秋。有的注重开发具有竞争优势的产品和概念，有的强调确立准确而有力的品牌定位，有的主张建立强大的市场营销网络，有的坚持持久一致的品牌识别系统，有的侧重构造独具魅力的价值文化，有的擅长强而有力的广告传播，有的精心做好品牌资产管理。

国内外专家学者对强势品牌创建理论的研究，已经有几十年的发展历史，目前已经形成了较为成熟的理论框架和逻辑。综合现有的研究成果，发现企业创建强势品牌必然要经历以下四个核心阶段：一是制定品牌战略，二是找准品牌定位，三是开展品牌营销，四是进行品牌传播。

2.4.1 制定品牌战略

著名品牌专家戴维·阿克曾指出，无论从哪种意义上讲，品牌形象、价值主张和品牌定位，即品牌代表什么以及对顾客的承诺，都是一个战略性的决策。品牌的战略规划是建设强势品牌的起点，有了明确的品牌战略，才能拥有清晰的品牌定位，进而明确企业品牌的核心价值并设计特色化的品牌形象识别系统。因此可以说，强势品牌的战略规划阶段不仅仅包括制定品牌战略，还包括后续的明确品牌定位、核心价值及形象识别系统。

一般而言，品牌战略应该从三个角度考虑，分别是消费者分析、竞争者分析以及自我分析。整体来看，品牌战略的目的是创造生意，与消费者产生共鸣，避开竞争者的直接竞争，与此同时发展自身优势。

1. 消费者分析

消费者分析可以将消费趋势、动机、细分市场和未满足的消费需求等有效进行结合。对消费趋势的分析，比如消费者最近一段时间喜欢消费什么，消费量如何，哪些商品的消费量在增长，哪些商品的消费量在下降，可以使企业准确地洞察消费市场的变化，并进一步利用数据和信息分析是什么导致了市场的变化，也就是消费者的动机是什么。此外，对消费趋势进行分析不仅可以准确把握现在，还能预测将来，发现消费者未被满足的需求，有利于企业的提前布局。

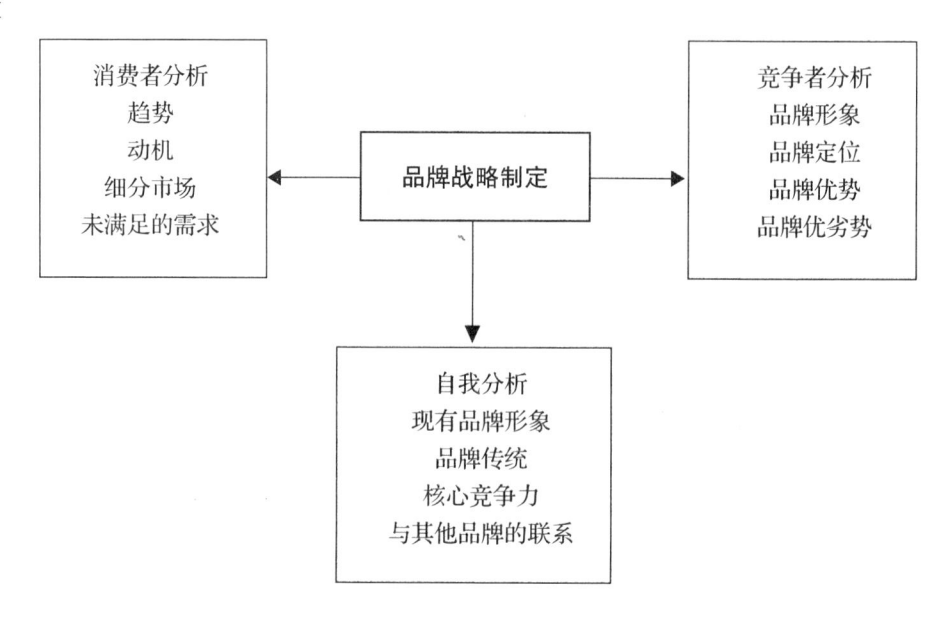

图 2-1　品牌战略制定

2. 竞争者分析

竞争者分析主要是针对竞争对手的品牌印象、品牌定位、品牌优势和劣势进行研究，其目的不仅仅在于评估现状，更要发现未来的发展轨迹。

品牌形象所需的基本决策信息之一，是消费者如何感知竞争者品牌，消费者是竞争品牌现有印象的最佳来源。品牌形象的信息可以通过定性或者定量两种方法获得。无论何种形式的调查方式，品牌印象都可以成为该市场的一个因变量，了解竞争者的品牌形象也是了解其品牌定位的有效途径。

探究竞争者的优势和劣势，是竞争者分析的另一个重要方面。明确优势，企业可以避免从正面与其抗衡；明确劣势，企业可以吸取教训，防患于未然。

3. 自我分析

自我分析主要包括目前的品牌形象、品牌传统、品牌自身的优劣势、品牌与其他品牌的联系等。

品牌目前的形象分析包括品牌如何被感知、品牌联想如何、与其他品牌的区隔程度如何、品牌个性如何等。在评估品牌印象时，需要保证研究和分析超越来产品属性的范畴，延伸到其他联想，最常见的失败就是太过专注于产品属性和功能利益。品牌传统包括自身品牌的先驱是谁，最初的形象如何，这有利于检验企业品牌的发展路径是否脱离预定的轨道。对自身优劣势的分析需要与对竞争者优劣势的分析相结合，做到知己知彼，准确定位。也就是说，企业对自身品牌优劣势的分析不是孤立地进行的，需要与其他品牌产生必要的联系。

2.4.2 找准品牌定位

品牌定位是指企业在市场定位和产品定位的基础上，对特定品牌在文化及个性差异上的商业决策，其目的是确定企业适当的市场位置，确定消费者提到品牌时会有特定的联想。精心构思并实施的品牌定位，可以成为公司强大的资产，变成市场持续优势的源泉，并且有助于品牌管理。

1. 品牌定位的基本作用

品牌定位的基本作用包括以下几个方面。

（1）形成品牌区隔力

准确的品牌定位可以使自身品牌与其他品牌显著区别开来，脱颖而出，从而在消费者心中形成特殊地位。

（2）梳理品牌形象

品牌定位是针对目标市场及目标消费者确定和建立起来的独特的品牌形象。它使人们看到、听到某一品牌后就会立马产生的联想或者印象，是消费者通过对品牌感觉、认知和理解在脑海中形成并存储的品牌信息。

（3）塑造品牌个性

品牌定位不但有利于向消费者提供个性化的需求，而且有利于塑造品牌个性。品牌和人一样都有个性，品牌个性的形成预期定位息息相关，是品牌个性形成先决条件，不同的品牌定位形成不同的品牌个性。

（4）提供与消费者的沟通渠道

所谓品牌定位，就是企业明确"我是谁，我该怎么做，我应该做什么"的过程。从消费者的角度来说，品牌定位就是要告诉消费者"我是谁，我能为您做什么"的过程。只有拥有明确的品牌定位，消费者才能清楚是否需要企业的产品和服务，因此从这个角度来讲，品牌定位架起了企业与消费者沟通的桥梁。

（5）提升品牌传播效果

品牌定位必须通过有效传播，才能由理念变为现实，没有清晰定位的品牌传播，必定是毫无目的、杂乱无章、效率低下的。品牌定位和品牌传播在时间上存在先后，这是这种先后次序决定了两者之间相互依赖、相互制约的关系。品牌定位必须通过品牌传播才能实现，与此同时，再好的品牌传播缺少了明确的品牌定位也注定不能成功。

2. 品牌定位的方法

一般认为，品牌定位可以遵循以下三种策略，即功能定位策略、情感定位策略以及自我表现定位策略。

（1）功能定位策略

产品和服务的功能是企业的核心，实际上，某一企业的产品或服务之所以被消费者所接受，正是因为它们具有一定的功能，给消费者带来利益，满足其某一方面的需求。功能定位的实质是突出产品或服务的效用，一般表现在突出特殊功效和良好品质上。与此同时，企业应该深刻意识到，任何产品都不可能拥有同类产品所有的竞争优势，也不可能占领同类产品的全部市场。市场总是存在一些为消费者所重视而又未被开发的空档，善于寻找并发现这些市场空当是品牌定位成功的一种重要途径。

从功能定位我们可以衍生至消费者的利益定位。消费者购买产品或服务，是因为该产品和服务可以带来利益，满足需求。利益定位就是将产品或服务的某些功能特点和消费者的关注点联系起来，向其承诺满足利益上的诉求，以突出品牌个性，获得成功。许多知名品牌都采取了这一策略并取得了成功，如高露洁作为口腔清洁产品，其定位通过广告词"高露洁，没有蛀牙"清晰地表现出来。

（2）情感定位策略

情感是维系品牌忠诚的重要纽带，它能激起消费者的联想与共鸣。情感定位就是利用品牌给消费者的情感体验来进行定位。海尔的"真诚到永远"就能成功激发消费者的情感触点，赢得青睐。

有效的品牌建设，需要与根深蒂固的人类情感建立恰当而且稳固的联系。伟大的品牌，都清楚尊重顾客情感需求的重要意义。然而，与消费者建立情感纽带并不是万无一失的，因为消极的情感反应后果更加严重，即便只有一小部分消费者有这种反应，也可能产生强烈的影响。由于媒体对大公司越来越多的批判，微小的错误都可能成为公司的灾难之源，使花费数年心血建立的品牌信任纽带在一瞬间断裂。要使纽带建立在更牢靠的基础上，就要给予消费者足够的尊重。

（3）自我表现定位策略

自我表现定位是通过勾画独特的品牌形象，宣扬独特的品牌个性，使品牌成为消费者表达个人价值与审美情趣的载体。比如说，汽车的基本功能是代步，我们愿意花更多的钱购买豪车，其实是想传达一种"自我"。

市场可以根据商品的价位，划分为高价市场和低价市场。一些奢侈品牌，如手表、香水等，往往确定较高的价格较为有效，因为低价商品很难表现出购买者的身份与品位。此外，企业为了追求利润的最大化，在新产品上市初期会确定较高的价格，这种策略可以称为撇脂定价策略。等商品投放一段时间后，企业就会降价。相反，低价市场的产品一般是大众化的商品，消费者在购买时首先想到的品牌就是位于低价市场的品牌。

3. 品牌的核心价值

品牌核心价值是品牌能够为消费者提供的最具差异性的、独一无二的价值，是一个品牌区别于其他竞争品牌最为显著的特征。

(1) 品牌核心价值的作用

一是品牌定位的基础。品牌定位是通过对目标消费者及品牌自身情况的分析与了解，在消费者心中占据并确定一个独特的价值地位。品牌定位着眼于使消费者对品牌产生特定联想，并与竞争对手之间形成差异。品牌定位以品牌核心价值为基础，如果缺少品牌核心价值的支撑，品牌定位就没有支撑点，难以在消费者心中留下深刻的印象。

二是品牌识别与推广的核心。品牌识别是指能打动消费者，并区别于竞争对手的符号化内容。它有利于品牌长期驻留在消费者心中，使品牌核心价值的抽象内涵形象化和易识别化。一个强势品牌往往有一个让消费者耳熟能详的品牌识别口号，这些口号能够体现品牌的定位与核心价值。品牌推广的中心，是品牌核心价值。企业把以品牌核心价值为基础的品牌识别系统传播给消费者，可以给企业带来巨大的回报。

(2) 品牌核心价值的提炼

企业在品牌战略规划中，往往需要提炼品牌的核心价值，然后在品牌核心价值的基础上规划品牌定位和识别系统，通过品牌传播把品牌核心价值传递给消费者，形成与消费者的共鸣，在消费者心中留下品牌印记。

品牌的核心价值来源于对消费者的洞察和企业的资源。品牌核心价值首先应该反映消费者的需求，在竞争激烈的市场中，需要了解消费者最期望的是什么。深刻洞察消费者的内心和对品牌利益的追求，是准确提炼品牌核心价值的前提。另外，品牌核心价值需要区别于竞争对手，是一种独特的、差异性的品牌资产，所以品牌核心价值需要勾起消费者对竞争品牌的差异化联想。

核心价值不能是随意规划的空中楼阁，要以产品实际功能价值为支持，因此提炼品牌核心价值需要考虑企业自身的资源与能力，同时要考虑大企业内部员工对企业品牌的期望。

4. 品牌的形象系统

品牌形象是品牌战略制定者渴望创造并保持的一系列独特的联想，这些联想意味着品牌代表的事物，表达了企业对消费者的承诺。与此同时，品牌形象通过创建包含功能利益、情感利益和自我表达利益的价值主张，帮助企业建立品牌与消费者之间的关系。戴维·阿克认为，品牌形象系统由4个方面、12个因素组成，包括作为产品的品牌（产品范围、产品属性、质量/价值、用途、使用者、来源国），作为组织的品牌（组织属性、本地还是全球），作为个体的品牌（品牌个性、品牌—顾客关系），以及作为符号的品牌（视觉形象/符号以及品牌传统）。根据上述品牌形象系统的不同方面和组成因素，戴维·阿克进一步提出了企业品牌的形象规划模型，为企业进行品牌形象规划提供依据和步骤，具体如图2-2所示。按照品牌形象规划模型可知，品牌形象的内部结构可分为品牌的核心形象以及延伸形象。

企业品牌的核心形象代表着品牌永恒的精髓，有助于品牌的价值主张与品牌信誉，是品牌成功的中心，具有一定的恒定性，不会随着企业进入新的市场而改变。如米其林轮胎的核心形象是"为懂得轮胎的驾驶者提供技术先进的轮胎"，强生的核心形象是"值得信赖的高品质非处方药"等，这些核心形象不会随着企业的外部环境变化而变化。

延伸形象包括那些为品牌提供质感和完整性的元素，它使得品牌画面丰富，用细节详细阐述品牌代表了什么。以美国本土的土星汽车为例，它的品牌延伸形象包括产品本身、零售体验、广告语等。核心形象通常不具备足够的细节来演绎品牌形象的所有功能，在这种情况下，延伸形象就可以体现出其重要意义。

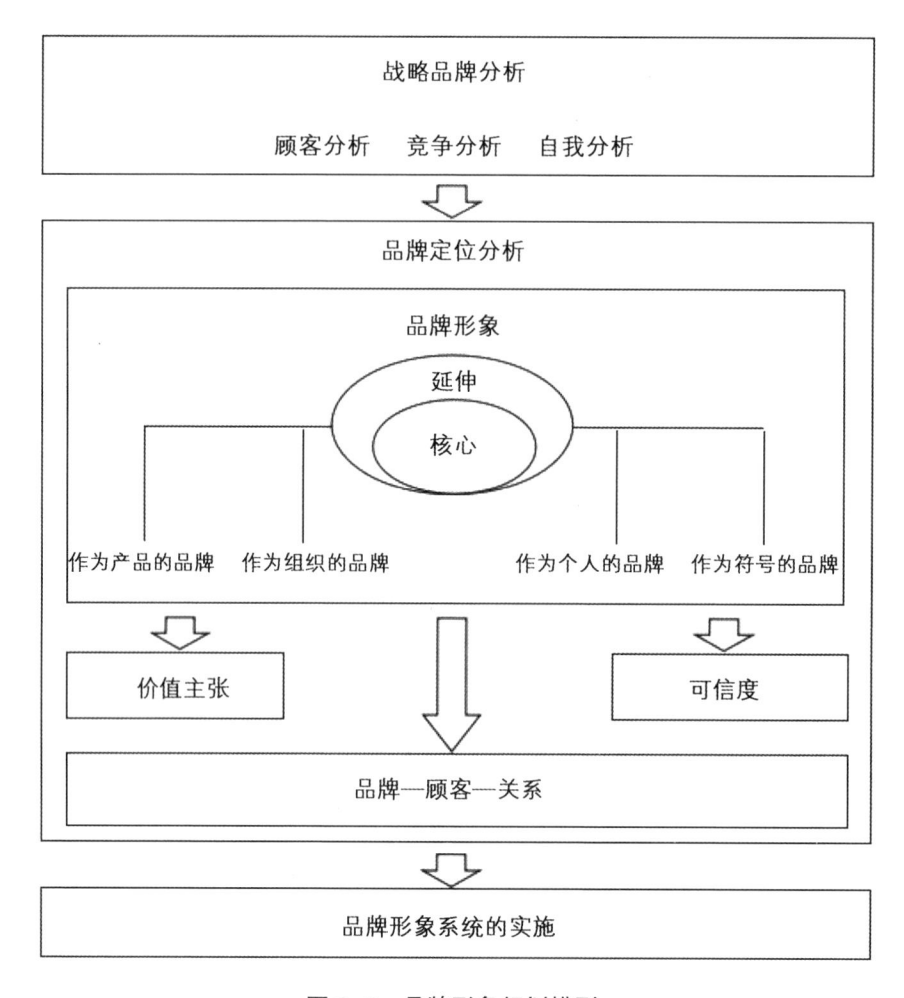

图 2-2 品牌形象规划模型

2.4.3 开展品牌营销

1. 品牌营销的内涵

品牌营销是品牌正式创建后的重要阶段，是保证强势品牌是否能够承购的关键。当然，品牌营销不是简单地给品牌贴上标签，而是把品牌作为营销的终极目标，营销的每一个节点都有关于品牌的考量，具体表现在：

一是营销要有清晰的品牌理念，以及从理念衍生出的品牌视觉和品牌行为；二是应时刻以品牌作为营销的核心资产。

2. 品牌营销的意义

品牌营销是较高阶段的营销理念，通过品牌营销，企业可以实现品牌推广力量的最大化，可以获得营销效率的最大化，可以将营销风险降到最低，还可以使长期费用支出最小化。

（1）可以树立良好的企业形象

企业形象是企业在市场竞争中取胜的有力武器。品牌营销战略和企业形象息息相关，知名品牌往往就是企业形象良好的具体证明。品牌营销有助于企业形象的改善，良好的企业形象也有助于品牌营销策略的实施，两者互为保障。

（2）可以提升企业向心力

品牌文化是企业文化的一部分，是增强企业凝聚力的黏合剂。这也是为什么一个拥有知名品牌的企业在内部组织管理中更容易统一意志，协调行动，还可以提升员工士气的原因。品牌营销不仅仅可以针对消费者，也可以变为品牌文化的一部分，激励自身、鼓舞士气。

（3）可以提高经济利益

品牌本身是一种无形资产，其潜在的价值不可低估。我们可以利用它的光环在投入阶段降低采购成本，在生产阶段降低生产制造费用，品牌营销可以帮助企业更好地实现销售目标。

3. 品牌营销策略

（1）差异化营销策略

实施品牌差异化是决定市场胜负的关键因素，市场差异性巨大的品牌往往可以为企业带来巨额的利润，还可以使企业更好地把握战略发展机会。企业品牌差异化的营销策略可以从以下几个方面入手。

一是产品和服务的差异化。企业可以以满足个性化消费需求为目的，进行产品和服务的概念创新、功能创新、心态创新等。企业需要做好的是进行市场调查以及个性化的品牌定位，市场调查是企业进行品牌定位的重要资料来源。深入细致的市场调查有助于企业开发适销对路的产品，进行准确的产品定位。企业必须根据目标消费群体的特点和倾向，结合企业的资源和优势，别出心裁，准确定位。在众多种类的产品和服务差异化中，功能差异化和特色差异化是其核心所在。

二是价值的差异化。产品的价值包括其使用价值和服务价值。重视品牌产品的质量和优质的服务，就为品牌竞争奠定了良好的基础。持续稳定的优良品质，可以使一个普通品牌在激烈的市场竞争中成长成为名牌。企业在重视产品质量的同时，还必须提供优质的服务。在当今的市场竞争中，服务已经不再是企业的分外工作，而是整体品牌的重要组成部分，是市场竞争的焦点之一。以海尔集团为例，其庞大的投入造就了可信的品质和服务，获得了消费者的广泛认可，也就顺理成章地获得了市场中的龙头企业地位。由此可见，优质的服务体系可以成为壁垒，是形成竞争优势的有效手段。

三是形象的差异化。随着同类产品差异性的日趋减小，品牌之间的同质性正在逐步增强，消费者选择品牌时所运用的理性成分也随之减少，这就使得品牌形象有时比具体的产品功能显得还要重要。一个品牌的名称无论多么优美都很难直接打动顾客，只有将其形象化、具体化，才能使品牌顺利与消费者交流，获得消费者的注意。因此，企业在选好品牌名称和标志以后，还应该为企业品牌塑造一个良好的形象，便于与消费者进行沟通。

四是传播方式的差异化。近年来，广告对企业的产品销售，品牌传播以及企业成功的贡献越来越大，但是广告并不是唯一的品牌传播方式，同样用广告进行传播也可以采取不同的形式和手段。因此，企业需要选择的是与产品和服务契合度最高而又最贴近消费者的传播方式，不能拘泥于某一种特定的形式。

（2）定价策略

产品和服务的市场定价需要考虑多种因素，其定价策略对企业来说是一个复杂的决策过程。举例来说，企业产品和服务的定价应考虑的因素包括产品和服务的市场定位、市场竞争态势以及产品生命周期等。

一是考虑市场定位的定价策略。品牌的自身定位是产品和服务定价的重要依据，因为它不仅仅决定了目标市场和销售收入，还决定了企业的营销战略和竞争对手。企业应以品牌定位为基准，保持各项政策的协调性和一致性。一般而言，定价与品牌定位之间，是一种互动关系，一方面是品牌越强势定价越高，另一方面是产品定价越高品牌就越好，即在消费者的心中形成了"价格越高质量越好"的暗示。对于现代化的企业而言，战略性的定价不仅仅要考虑一个产品的定价，更要考虑整个产品线的定价，也就是结构定价。部分高端的产品一定要定高价以彰显品牌价值，而真正的主流产品可以不必定位于高端市场，但是由于高端市场的品牌宣传作用，其主流产品往往也能定一个相对较高的价格，取得较好的销量。

二是考虑市场竞争态势的定价策略。竞争态势对定价有巨大影响，所有企业都受到竞争态势的影响。企业无论大小都需要考虑市场环境的变化以及竞争对手的策略，这样才能找到正确的定价策略。当企业是市场领先者时，其定价目标应该是保持优势地位，一方面应对竞争者的挑战，另一方面降低新进入者的威胁。在这种情况下，企业往往可以采用渗透定价策略，同时考虑消费者的价格承受度。这种策略的特点是领先企业可以主动降低价格，压缩竞争者的生存空间。当企业是市场追随者时，需要集中力量，争取在局部市场中形成优势，提高市场地位，进而挑战市场领先者。追随企业往往会采用价格战的方式从领先者手里抢夺市场份额，虽然在一定时期内自身的利润不能得到有效保障，但是可以提高企业的市场地位，并同时削弱对手的盈利能力。当然，追随企业在进行价格战时应充分预估自己的承受能力，一般情况下，市场领先者对利润下滑的承受能力会相对更大。

三是考虑产品生命周期的定价策略。产品的生命周期对定价有显著影响，在生命周期的各个阶段之间会出现一个拐点，拐点前后的定价策略有很大差别。拐点来临之前，企业往往采取撇脂定价法，获得较高的利润。拐点之后，伴随着产品向大众的普及，过高的定价会限制企业发展，因此拐点之后产品的定价往往会降低，随之而来的是企业将会获得更大的市场份额和总体利润，市场地位上升。可以看出，考虑产品生命周期的定价策略能否成功，取决于企业对拐点的把握，太早或太晚改变定价策略都会使企业蒙受损失。

(3) 产品策略

所谓产品策略，就是企业提供什么样的产品和服务去满足消费者的需求。产品策略是企业品牌营销的核心，是其他策略的基础，是品牌成长的前提。对于企业而言，产品是其进入市场的先决条件，是其存活的根本，如果没有产品，企业就没有与消费者交流的平台。在技术严重同质化的今天，产品本身需要更多地体现品牌的理念，而品牌理念可以折射出顾客的价值取向。前几年在国内闹得沸沸扬扬的三聚氰胺事件，使国人对国产乳制品的信任度大大下降，就是因为这些企业的产品出现问题，不能满足消费者对质量的需求。

2.4.4 进行品牌传播

品牌若想在众多的品牌中脱颖而出，就必须对品牌形象进行塑造，让越来越多的消费者知道，进而忠于品牌。在过去，只要有一个好的产品，再有一个好的广告创意，就会有一个好的市场。无可否认，传统广告在传统品牌传播中占有重要的位置。但近年来，新兴媒体的出现，给传统广告业带来了前所未有的冲击，人们投在电视上的时间正在逐渐减少。这就使一个好的产品，加上一个好广告等于大把大把钞票的神话破灭了。况且，广告到底能发生多大作用，也一直受到人们的质疑。

在国外，有两种相反的观点。一种观点认为，广告在市场中发生"强势"的作用，即广告的说服力是巨大的，它会对消费者的行为产生重大的影响。另一种观点认为，广告在市场中发生"弱势"的作用。广告能起的作用，只是提醒顾客有那么一种产品或品牌存在，使消费者在购买时能够想起这种产品或品牌，而不能起到说服其购买的作用。唐·舒尔茨认为，去讨论广告到底发生多大作用没有多大意义，一个企业的销售量是所有传播活动的结果，而不仅仅是广告活动的结果。因此，要对广告进行衡量，必须结合其他传播活动进行衡量。舒尔茨的观点为我们指明了一个方向，即品牌传播不能只依赖于传统的广告，还要依赖于其他传播活动，而重要的是把广告与这些活动整合起来，使传播效果达到最佳。

现代的品牌理论研究表明，品牌传播就是企业以品牌的核心价值为原则，在品牌识别的整体框架下，选择广告、公关、人际关系等传播方式，将特定品牌推广出去，以建立品牌形象，促进市场销售。通过品牌的有效传播，可以使品牌为广大消费者所认知，实现品牌与目标市场的有效对接，品牌可以借此迅速发展。可以说，品牌传播是传递品牌个性的手段，也是形成品牌文化的重要组成部分。

从品牌传播的途径和策略角度，可以分为两类：一类是传统品牌传播途径，一类是新型品牌传播途径。传统品牌传播，指特定的社会集团通过文字（报纸、杂志、书籍）、电波（广播、电视）、电影等大众传播媒介，以图像、符号等形式，向不特定的多数人表达和传递信息的过程。换句话说，传统品牌传播途径就是职业工作者（记者、编辑等），通过大众传播媒介（报纸、杂志、广播、电视等），向广大群众传播社会信息活动。新型传播途径，指的是在互联网和电子商务大范围普及的今天，企业采用的依托互联网的传播途径，如微信传播、微博传播等。

2.5 品牌管理的基本理论

2.5.1 品牌管理的内涵

品牌管理，就是企业对所拥有的品牌及其相应的资源进行有效分析、规划、积累、监管，以此维护品牌与利益相关人的关系，促进品牌资产增值，实现品牌战略目标的过程。简单来说，品牌管理的目标就是让品牌保值和增值，巩固并扩大其市场地位。从品牌管理的范畴来讲，可以分为品牌战略管理、品牌定位管理、品牌识别管理、品牌个性管理、品牌形象管理、品牌心理管理、品牌传播管理、品牌营销管理、品牌服务管理、品牌体验管理、品牌关系管理、品牌文化管理、品牌的危机管理、品牌创新管理、品牌延伸管理、品牌生态管理、品牌资产管理、品牌员工管理、品牌专利管理，等等。

2.5.2 品牌管理的发展演变

1. 国外品牌管理的发展演变

从品牌管理工作的重点上看，国外的品牌管理大致经历了以下几个阶段。

（1）品牌职能管理阶段

1931年，宝洁公司的尼尔·麦克罗伊（Neil McElroy）提出"一个人负责一个品牌"的构想，品牌管理的经理制得以逐步建立。品牌管理经理制的要点是：①企业为其所辖的每一子品牌都专门配备一名具有高度组织能力的品牌经理；②品牌经理对其所负责品牌的产品开发、产品销售以及产品的利润负全部责任；③品牌经理统一协调产品开发部门、生产部门及销售部门的工作，负责品牌管理影响产品的所有方面以及整个过程。品牌经理制创立至今，已有80多年的历史，已成为国际市场一种成熟的、充满竞争力的营销制度。但实行品牌经理制度，并不会产生立竿见影的效果，也不普遍适用于所有的企业，它取决于企业自身的经营规模、产品特点、企业文化等，并需要一定的时间才会取得较大的进展。

（2）品牌卖点管理阶段

20世纪50年代初，美国达彼斯广告公司的广告设计师R.雷斯提出USP理论。USP理论包括了两个最基本的内容：①每一个广告都要向消费者传递一个清晰的消费利益主张；②每个主张都必须是独特的，其他品牌无法提供或还没有使用过。其中，寻找产品或服务的独特性是USP理论的根本。USP理论要求寻求产品或服务的独一无二的特征，向消费者提供差异化的利益诉求，务求在竞争中超越对手。20世纪90年代，广告发展到品牌至上时代，达彼斯重新审视USP，继承并发展了这一理论。达彼斯公司的新USP理论认为，独特销售主张（USP）的创造力在于揭示一个品牌的精髓，并强有力地证实此品牌的独特性，使之变得所向披靡，势不可挡。

(3) 品牌形象管理阶段

随着产品之间的差异性日益缩小，通过产品特性形成区分变得十分困难。20世纪60年代，大卫·奥格威（David Ogilvy）提出的品牌形象论，很快被广泛接受和采纳。品牌形象论的基本要点是：①为塑造品牌，服务是广告最主要的目标，广告就是要力图使品牌具有并且维持一个高知名度的品牌形象；②任何一个广告都是对品牌的长期投资，从长远的观点来看，广告必须尽力去维护一个好的品牌形象，而不惜牺牲追求短期效益的诉求重点；③随着同类产品的差异性减小，品牌之间的同质性增大，描绘品牌的形象要比强调产品的具体功能特征重要得多；④消费者购买产品时，所追求的是实质利益与心理利益之和，因此，广告应该特别重视运用形象来满足消费者的心理需求。品牌形象不是自发形成的，而是一个系统工程，涉及产品、营销、服务各方面的工作，品牌形象的塑造需要企业全体员工长期的坚持努力。

(4) 品牌资产管理阶段

1989年，西方管理理论界将"品牌"扩展为"品牌资产"（Brand Equity）。品牌资产理论将古老的品牌思想推向新的高峰，其主要贡献者是品牌专家大卫·A.艾克等人。品牌资产比品牌形象更进一步说明了品牌竞争制胜的武器，是建立起强势的品牌资产。构筑品牌资产的五大元素是品牌知名度、品牌美誉度、品牌忠诚度、品牌联想和其他独有资产。品牌资产综合了消费者的态度和行为以及市场手段等，是品牌管理工作的重心。企业品牌经营的目的，主要就是提高品牌的知名度、塑造并提升品牌形象、增强品牌的增值获利能力。

(5) 品牌关系管理阶段

随着企业经营环境迅速急剧地发生变化，传统的品牌管理工作的效果在不断地降低。越来越多的企业开始将品牌管理工作的重点转移到如何与消费者建立并巩固良好的关系上。企业通过研究消费者的行为特征和接触习惯，在收集顾客资料的基础上建立顾客数据库，并设计互动的、长期的、个性化的、人性化的、增值化的顾客关系管理体系，不断加强与顾客的密切沟通、联系和增值服务，以此来提高顾客的满意度和忠诚度。

2. 中国品牌管理的发展演变

中国的品牌管理工作是在改革开放以后，在企业市场营销实践和引进国外品牌理论的基础上逐步展开的。一般而言，中国的品牌管理工作经历了标识形象管理、创意策划管理、工具整合管理、全面品牌管理、精准决策管理五个阶段。在不同的发展阶段，市场供需状况、顾客心智模式、信息传播特点、品牌认知程度、品牌工作重点都有所不同。

（1）标识形象管理阶段

20世纪80年代初，随着产品供给的逐步增加，企业认识到独特的标识和形象能够给顾客留下深刻的印象，可以增加再次购买时的辨识度。为此，企业委托专业的广告公司，设计了具有一定区分度的名称、商标、广告语、经营理念和CIS系统，通过传单、报纸、杂志等纸质传播媒介，在有限的地理区域内，对外开展单向的广告传播工作。在此阶段，传播的工具比较原始，传播的技术比较落后，传播的手段比较单一，传播的信息比较简单，顾客的心智模式比较单纯，企业的营销成本较低，品牌工作的重点侧重广告宣传。

（2）创意策划管理阶段

20世纪90年代初，随着产品供给的不断丰富，市场竞争不断加剧，企业开始意识到仅靠简单原始的广告传播方式，很难有效地打动消费者。研究顾客的认知水平、审美能力、心理需求，制作创意新奇、卖点独特、画面精美的各种广告，通过广播、电视等电子传播媒介广为传播，同时结合产品展销、企业参观等公关活动，逐渐成为企业开展营销传播活动的工作重点。在此阶段，广告传播的内容更加精致，传播的媒介更为丰富，营销的方法更加多元，公关活动在品牌管理的过程中，开始发挥日益重要的作用。公关活动策划，成为一项相对独立的工作职能。

（3）工具整合管理阶段

自21世纪初以来，随着信息传播技术的演化和市场营销理论的发展，企业在市场营销过程中，可以使用的理论、方法和工具越来越丰富，品牌营销传播工作进入了"百花齐放，百家争鸣"的新阶段。新闻发布会、客户答谢会、促销活动、体育赞助、户外广告、楼宇广告、车厢广告、手机广告、数字电视广告、互联网广告、直复营销、关系营销、服务营销、公益营销、价值营销、体验营销、视觉营销、情感营销、感官营销、场景营销、故事营销、内容营销、口碑营销、娱乐营销、饥饿营销、深度营销、痛点营销、上瘾营销、数据库营销、网络营销、病毒营销、视频营销、数字营销、移动营销、跨屏营销、全网营销、全渠道营销、全天候营销、搜索营销、连接营销、社群营销、粉丝营销、H5营销、App营销、二维码营销、自动营销、计量营销、大数据营销、自媒体营销、社交媒介营销等一大批营销传播的概念、技术和工具，如雨后春笋一般，纷纷涌现出来，陆续进入品牌管理者的视野，"顾客就是上帝"的理念开始深入人心。在此阶段，企业开始高度重视顾客满意度和忠诚度对企业利润的重要意义，整合营销传播理论开始广泛地应用到企业市场营销实践中。

（4）全面品牌管理阶段

2010年前后，随着市场营销实践的不断加强，随着品牌管理理论研究的不断深化，品牌管理工作的重要性日益凸显。行业领军企业对品牌的认识，已经上升到了经营战略的新高度，品牌管理的职能范围，开始超越了传统意义上的市场营销与整合传播。许多大公司纷纷设立独立的品牌管理机构，统筹市场部、销售部、公关部、设计部，全面系统地开展专业的品牌管理工作。此时，品牌战略的制定、品牌定位的确立、品牌识别的设计、品牌形象的展示、品牌心理的研究、品牌营销的开展、品牌传播的推进、品牌服务的强化、品牌体验的管理、品牌关系的维护、品牌文化的建立、品牌创新的开展、品牌危机的管理、品牌延伸的研究、品牌生态的建立、品牌资产的管理、品牌价值的提升、品牌专利的保护等工作，都成为非常具体、非常细致、非常专业的管理工作内容。

（5）精准决策管理阶段

2015年前后，中国经济进入"新常态"，产品供给严重过剩，市场竞争非常激烈，企业市场营销工作日益复杂和艰难。随着计量方法、数据技术、智能软件在社会中的广泛运用，计量营销和计量广告的理论研究不断地取得新的突破，由技术和数据共同驱动的计量决策，将品牌管理工作推向了更加科学的新阶段。在此过程中，中国互联网巨头发挥了非常突出的引领推动作用。百度的搜索营销系统、腾讯的效果营销系统、阿里巴巴的全域营销系统，都在通过大数据、云计算和人工智能的新技术，为企业提供程序化购买和精准推送的广告服务，以及精确计量的营销服务。与此同时，企业自身的品牌管理工作也在与时俱进，不断地追求精准分析、精准定位、精准决策、精准传播、精准营销、精准评估。

2.5.3 品牌管理的发展趋势

在过去的二三十年间，企业的市场营销环境发生了日新月异、翻天覆地的巨大变化。产品的供给越来越多，顾客的选择空间越来越大，消费者的主体地位越来越高，电子商务的冲击力越来越强，企业间的市场竞争越来越激烈，信息传播的渠道越来越多样化，社会化媒体的影响力越来越大，数字营销技术不断推陈出新。在以"移动互联、颠覆创新、跨界融合、平台协作、数据驱动、分享共赢"为核心特点的现代商业环境中，企业的品牌管理工作面临着前所未有的机遇和挑战。全面认识新时代品牌管理的发展趋势，是巩固企业品牌地位，把握机遇，应对挑战的重要内容。具体而言，新时代的品牌管理趋势包括以下几个方面。

1. 强化品牌关系，实现无缝连接

消费者才是品牌真正的主人，这是品牌管理的最高原则。移动互联网与社会化媒体赋予了消费者强大的信息获取与口碑传播能力，品牌的所有决策都必须时刻关注受众群体的结构更新和顾客关系的强弱变化，广泛而坚固的顾客关系，是企业获得稳定利润的关键所在。品牌管理人员要竭尽所能，在各种可能的品牌接触点上，鼓励顾客通过各种社交媒介和交流工具，与企业进行即时性的无缝连接和互动沟通。只有当品牌牢牢地占据顾客的心智空间，使其进入信任、共鸣、链接、依赖和上瘾的状态，顾客的黏性不断增强、品牌转换成本极高时，品牌才会基业长青。

2. 优化品牌体验，场景驾驭感官

无数的事实都充分地证明，顾客的非理性购买行为，才是品牌获得巨大溢价空间的主要原因。紧紧围绕不同细分人群的内在需求与价值追求，通过契合顾客个性品位的场景要素的精确设计，营造出以特定文化引领的消费氛围和特殊情感导向的联想空间，给顾客提供有趣、好玩、新奇、快乐、尊贵、怀旧等各种不同主题的购买体验，形成视觉、听觉、味觉、嗅觉、触觉的立体刺激，给顾客留下独特的心理体验与无穷回味，才能确保品牌的生命活力永不衰竭。

3. 突出品牌优势，创造最佳生态

在复杂多变的市场环境中，企业必须时刻关注消费者内在需求和行为特征的变化动向，创造出个性鲜明、与众不同、功能独特、有别于竞争对手的品类组合，形成领先的品牌概念、特定的技术门槛、卓越的商业模式、迅捷的渠道通路和持续的竞争优势。同时，企业要围绕行业价值链，迅速开展并购重组与品牌延伸工作，在一定区域、一定时段、一定品类上建立行业垄断地位，建立极具活力的品牌生态，最大限度地发挥品牌资产的巨大作用。

4. 坚持品牌创新，科技赢得未来

创新，永远是企业发展的主旋律。品牌管理工作，需要不断加强战略创新、组织创新、制度创新、流程创新、文化创新、产品创新、服务创新，尤其是要加强技术创新。科学技术是推动社会发展的关键因素，人类社会和行业发展的每一次巨大的历史演进，都是科学技术创新发展的结果。在神经科学、云端计算、人工智能、增强现实、虚拟现实等新技术不断发展的新时代，企业必须开阔视野，不断创新，主动关注、研究、采用前沿的科学技术。只有当品牌管理工作与信息技术、数学方法高度结合，能够进行精准决策和智能运营的时候，品牌管理才会成为一门真正的科学，才能让企业的经营处于不败之地。

2.6 小结

　　本章以物流、品牌、强势品牌、强势品牌创建、品牌管理理论的概念内涵、发展过程、重要作用、未来趋势为核心，进行了系统的理论归纳和梳理，为创建中国物流企业强势品牌打下了坚实的理论基础。

　　品牌是消费者将一种商品或服务与竞争对手相互区别的标识，对于企业经营与竞争力形成，具有重要意义。强势品牌是适应了经营环境，在市场竞争中处于强势地位的品牌。强势品牌具有区隔力、吸引力、扩展力、渗透力、激发力、适应力、联想力和溢价能力等特征，其核心是拥有较强的品牌竞争力。现有的研究表明，强势品牌的创建需要经历制定品牌战略、明确定位、开展品牌营销、进行品牌传播等四个阶段。

第3章 国内外物流业及其品牌的发展状况

近年来，中国物流业的发展取得了举世瞩目的成就，但是依然面临不少问题和困境。本章将在梳理国外物流业的发展现状的基础上，总结出中国物流企业可以借鉴的发展经验。同时，通过评估中国物流业的发展现状，找出其在品牌建设中存在的问题，进一步指出中国物流企业创建强势品牌的重要意义。

3.1 国外物流业的发展状况

3.1.1 美国物流业的发展状况

1. 美国物流业的发展历程

美国是世界上物流业创立最早的国家，尽管物流在美国的出现起因于战争军方后勤的需要，但是美国经济的不断繁荣是美国物流业不断发展的具体原因。从物流这一概念出现到现在，物流在美国已经有100多年的发展历史。

（1）物流观念的萌芽和产生阶段（20世纪初至40年代）

早在1901年，J. F. Growell就在美国政府报告《关于农产品的配送》中，第一次论述了对农产品配送成本产生影响的各种因素，揭开了人们对物流认识的序幕。1916年A.W.Shaw在他的《商业问题的对策》中，论述了物流在现代流通战略中的作用。同年，L.Weld在《农场产品的市场营销》中论述了市场营销的效用，包括时间效用、场所效用、所有权效用和营销渠道的概念，从而肯定了物流在创造产品的市场价值中的时间价值及场所性价值中的重要作用。1922年，F.H. Clark在《市场营销原理》中，将市场营销定义为影响商品所有权转移的活动和包括物流的活动。今天广泛用于称呼物流的"Logistics"一词，则是1927年R.Borsodi在《流通时代》一文中首次使用的，这为后来的物流概念奠定了基础。

在实践领域，第二次世界大战期间，美国军事后勤活动的组织为人们对物流的认识提供了重要的实证依据,推动了战后对物流活动的研究以及实业界对物流的重视。1946年,美国正式成立了全美输送物流协会（American Society of Traffic Logistics）,这是美国第一个关于对专业输送者进行考察和认证的组织。这一时期是美国物流发展的萌芽和初级阶段。

(2)物流管理的实践与推广阶段(20世纪50年代至70年代末)

这一时期物流管理的发展,是与市场营销观念的形成密切相关的。市场营销观念使企业意识到,顾客满意是实现企业利润的唯一手段,而物流则起了为顾客提供服务的重要作用。

在20世纪50年代,有关物流管理的理念主要体现在对物流总费用认识的深化。1954年在美国波士顿商业委员会所召开的第26届流通会议上,P.D.Corwerse作了《市场营销的另一半》的演讲,指出教育界和实业界都需要研究和重视市场营销中物流的重要作用。1956年,H. T. Lewis、J. W. Culliton和J.D.Steel等人出版的《物流中航空货运的作用》一书首次介绍了物流总费用分析的概念,指出物流总费用由多个环节的费用组成,它们是相互影响的。

20世纪60年代,美国现代市场营销的观念逐步形成,顾客服务成为企业经营管理的核心要素。由于配送物流在为顾客提供服务上具有重要作用,因而得到了快速的发展。1960年,美国的Raytheon公司建立了最早的配送中心,结合航空运输系统提供物流服务。

同时,密歇根州立大学及俄亥俄州立大学等高等教育机构中开始为本科生及研究生设置了物流课程,开始了正式针对物流从业者和教育人员的专业教学计划。1963年,美国成立了国家事务配送管理委员会,集中了物流实业界和教育界的专家,通过不断的对话和研究,促进了对物流过程的研究和理解,推动了物流管理理论的发展,密切了物流界和其他组织之间的联系与合作。这一时期,最重要的研究成果之一,是物流总成本分析概念的形成。

20世纪60年代后期至80年代,关于物流管理的研究和讨论相当活跃,大量的物流管理教材、杂志、论文得以出版和发表,大量的物流管理会议得以召开。1972年,M.Schiff出版了专著《物流管理中的会计管理和控制》,

首次把会计学和物流学联系起来，说明了会计财务资讯对于物流活动的重要影响作用。1976 年，B.J.Lalonde 和 P.H.Zinszer 发表了他们的最新研究成果《客户服务的定义和评估》，首次详细地论述了客户服务的含义、对企业服务水平的评价，以及如何真正满足客户对物流服务的需求。

（3）物流管理逐步走向现代化（20 世纪 70 年代末至 80 年代中期）

这一时期，政府在物流业的相关法规建设上不断完善，促进了美国物流业的现代化。其法规包括经济法规和安全法规两方面内容。20 世纪 70 年代末，政府对一系列运输的经济法规进行了修订，以鼓励承运人在市场上自由竞争。《航空规制缓和条款》（1977—1978 年）、有关铁路和汽车运输的条款（1980 年）、航运条款（1984 年）分别去除或修改了在航空、铁路、公路及远洋运输中以往经济法规不利于市场竞争的因素，在市场准入、运价、运输路线等方面给运输企业以更大的自主权。货主有了更多的选择机会，使其从承运方面得到的物流效率及服务水平都得到了提高。

电子信息技术的运用，是 20 世纪 70 年代到 80 年代中期的突出特点。这些技术为企业提供了有效的辅助管理手段，使生产调度、存量控制和订单处理等一系列活动的效率得以提升，推动了物流活动一体化的进程。同时，随着电脑技术、系统分析方法、定量分析技术的发展，物流总费用分析概念的逐步形成及其在企业中的应用，物流的作用在社会及企业中进一步得到确认。许多公司的管理实践也表明，在企业的制造、市场及物流三个重要方面，能为公司提高利润的最有效手段是降低物流成本。因此，物流一体化管理是公司保持持续发展的最有效的途径。

（4）物流国际化、资讯化及迅速发展的阶段（20 世纪 80 年代中期至今）

在这一时期，供应链整合的观念不断深化，物流业的发展也体现出新的特征。进入 20 世纪 80 年代以后，物流管理的内容已经由企业内部延伸到外部，战略层面的意义逐渐凸显。物流管理的核心逐渐体现为企业应用先进技术来对供应链上下游的供货商、销售商关系加以综合管理。

20 世纪 90 年代，电子商务在美国快速发展，给现代物流业带来了快速增长。就第三方物流（TPL）而言，全美物流行业收入从 1994 年的约 160 万元，增长到 1995 年的 250 亿美元。目前的发展表明，电子商务交易额中80%是商家对商家（B2B）的交易。据统计，1999年美国物流电子商务的营业额达到了80亿美元以上。电子商务的出现，促进了物流向信息化、网络化方向发展。此外，专家系统和决策系统的推广，使美国的物流管理更加趋向智能化。

近年来，随着美国服务经济的发展，物流对国民经济和企业的发展起了更重大的作用。产品有序流动的组织和管理，成为物流服务的发展重点。同时，服务工厂（Service Factory）概念的产生，企业柔性制造、小批量、多品种的生产方式，以及顾客对物流业快速反应的要求，也对物流业的服务水平提出了更高的要求。这些都促使了物流业向资讯化、自动化及决策智慧化方向发展。在这一过程中，技术手段的创新与应用，为物流产业的提升奠定了基础。物流资讯系统、电子资料交换（EDI）技术、Internet、条形码、卫星定位系统（GPS）以及无线电射频技术，在物流领域得到了越来越广泛的运用。

目前，全球物流产业规模约为3.43万亿美元，而美国物流产业规模约为9000亿美元，是高新技术产业的2倍多，占美国国内生产总值的10%以上。

2. 美国物流业的发展特点

美国是世界上物流业起步最早、技术领先的国家，与其他国家相比具有绝对的优势。从目前来看，美国物流业的发展现状和特点可以概括为以下几点。

一是物流基础设施完善。美国具有世界上最发达的交通基础设施，无论是空运、陆运还是航运都排在世界前列。截至2011年，美国已形成644万多千米的公路网络，其中高速公路里程到达26.4万千米。与此同时，美国收费公路仅占全部公路总里程的0.1%，占高速公路的8.8%，较低的收费率减轻了美国货物运输的成本，降低了运输人的负担。美国铁路营业里程列世界首位，运营的铁路里程达到26万千米，其中一级铁路里程达到21万千米，轨道延长里程达35万千米。美国铁路运输营运收入为公路运输的一倍左右，且主要运输商品是原材料、消费品等。除公路和铁路外，美国航空运输是世界航空运输的"老大"。据统计，美国拥有机场2万多个，通过飞机可以快速、安全、方便地到达美国的各个城市。全球最大的两家航空物流集团为美国的 Fedex 和 UPS，且这两家物流公司有货运飞机1000多架，是其他物流公司所无法比拟的。

二是政府管理适度，行业协会作用突出。美国政府对物流业的管理主要体现在，建立科学有效的物流管理机制，制订合理的规划，营造自由竞争的物流环境，打造通畅的国际物流运作平台，从政策的层面引导和支持本国物流业的健康发展，不断提升国际竞争力，但美国政府对物流业发展的行政性的干预较少，出台的物流政策不是固化和统一的，而是根据每个州的具体经济发展情况、自然环境、基础设施等实施不同的物流政策，从而使其政策更具灵活性、针对性、开放性及实用性。同时，美国物流发展中重视发挥行业协会组织的作用，使其功能、作用得到最大的发挥。物流协会是政府与物流企业之间、企业与企业之间相互联系及沟通的桥梁，信息交换、人才培养等重要平台，所以美国物流协会的作用发挥得非常突出，一直是促进其物流业发展的不可缺少的重要力量。

三是物流科技水平发达。物流业的基础设施完善不仅包括硬件基础设施，还包括软件基础设施，这主要是物流技术的广泛使用和物流作业的不断标准化。美国物流企业的物流设备大部分都实现了高度的机械化和计算机化，正在向信息化、自动化、智能化、集成化方向发展。美国物流技术的应用还体现为效率性、安全性、绿色性。例如，在储存和制冷货车运输业，经营者投资使用电子稳定控制系统来防止倾翻，有效控制制动系统和发动机转速等。

四是物流企业注重规模化、专业化和品牌化的发展方向。美国第三方物流十分发达，大大小小的专业物流公司满足着不同种类的需求。与此同时，在美国涌现出 UPS、Fedex、DHL 等家喻户晓的国际化物流企业集团，其品牌影响力巨大，在国际货运和快递领域起了举足轻重的作用。

五是注重物流专业人才培养。在美国的物流产业发展过程中，非常重视专业人才的培养和使用。政府及相关企业均投入了较大的精力及财力，培养所需的物流人才，储备了大批的人力资源。在美国，从事物流业的人员中普遍具有较高学历，他们不仅熟悉本行业知识，懂管理会运作，而且实际工作能力较强，成为推动物流行业发展的中坚力量。美国大型物流企业都设有自己的培训机构，负责对管理人和新员工进行物流知识和技能的培训。如美国联邦快递公司对新招聘员工要进行一个星期的业务培训，入职后还有很多不定期的培训。一些规模较小的物流企业也会选择选派员工到大学深造，或以与大学联合办学的形式来培养物流人才。无论是大学的物流专业课程还是企业的技能培训，都为美国的物流行业输送了大量的行业管理人才和专业技能人才。

3.1.2 日本物流业的发展状况

1. 日本物流业的发展历程

日本物流业的发展，在亚洲地区起步较早。自从 1956 年从美国全面引进"现代物流"的理念后，日本就开始着手大力加强本国的现代物流产业建设，将物流产业改革作为国民经济中最为重要的核心课题进行研究，并制定了一系列的物流产业发展政策。在很短的时间内，日本的物流产业就达到了世界领先水平。无论是物流的发展速度、政府对物流的重视程度、企业对物流的管理，还是物流基础设施、现代化物流发展水平，均不亚于美国。

日本的物流产业主要有五大体系，分别是企业物流体系、配送中心体系、专业物流体系、流通业自身的物流体系、个体运输户和中小物流企业体系，在配送中心、物流中心、流通加工以及物流信息等方面都独具特色。日本的物流业发展可分为以下六个阶段。

（1）物流业萌芽时期

1945 年到 1953 年是日本第二次世界大战失败后的经济恢复期，也是物流的萌芽时期。这一阶段，日本以重化学工业为主导，采取"倾斜生产方式"，重点发展煤炭、钢铁、化学工业。粮食、食品供给不足，短缺商品曾实行配给制，市场供应紧张。国家重生产、轻流通，物流作为流通技术，只被看作销售过程中的辅助手段，不受重视，仍存在肩背人扛、野蛮装卸，包装简陋等现象。1950年日本成立了装卸研究所，开始使用传送带、起重设备和叉车。

(2) 物流业发展初期

这一阶段是日本经济恢复到二战前水平以后开始高速增长的起步时期，也是物流发展初期。日本经济仍以生产为主导，流通处于配角地位。尽管进行了大量设备投资，技术革新，推行机械化生产，机械、化工、钢铁、电力等工业迅速发展，产量不断扩大，物资逐渐丰富，但市场仍然供不应求。人们解决了"吃"的问题，开始注重"穿"的问题。生产是"主角"的地位并没有改变，物流作为销售活动的辅助地位也没有真正改变。不过，在这一物流发展初期阶段也发生了一些变化。

首先，1956年日本经济经过十年的恢复期后，生产效率有了很大提高，已经意识到与生产效率相对，流通效率不匹配，于是刚刚成立不久的日本生产性本部决定向美国派出代表团，考察流通。

其次，企业对物流问题引起了注意，开始感觉到搞好物流的重要性。日本三共株式会社、株学习研究社、花王石硷株式会社、三菱电机株式会社等企业率先注重物流，采用各种手段提高流通效率。

再次，在物流技术方面，1955年日本开始在仓库和运输车辆管理中简单使用计算机，1957年日本国铁国营铁路托盘货物装载试车，1959年日本国铁集装箱专列投入运营。

(3) 物流业快速发展时期

这一阶段正是日本经济高速增长、物流也开始受到重视的时期，也是流通由"配角"上升到"主角"的阶段。日本市场商品变得饱和，货物流通量猛然骤增，流通成为经济发展的障碍，到了不解决物流整体经济就无法推进的地步。从20世纪60年代初起，由于经济飞速发展，货物量急速膨胀，日本全国出现了交通拥挤、汽车废气、震动、噪声公害日益严重的现象。尽管生产发展、商品堆积，但物价不见降低，成本居高不下，究其原因，是流通中的物流问题。生产企业尽管长期扩大设备投资，增加生产数量，降低生产成本，却始终摆脱不了经营窘境。企业自己在运输、保管、包装、装卸以及信息等物流环节下了很大功夫，付出了不少代价，还是迟迟不见明显成效。单靠企业搞物流，没有政府的参与和支持，解决不了根本问题。日本学术界、理论界开始不断地宣传物流，积极向日本通产省、运输省等政府相关部门提出重视物流的建议，后来终于使日本政府认识到物流的重要性，开始研究和解决物流问题。

在这一物流发展阶段，日本的高速公路、铁路、港湾建设投资大幅度增长，大型流通中心、物流基地、物流园区、卡车终端、配送中心建设如雨后春笋，遍地开花。立体自动化仓库、冷冻仓库、集装箱运输船、管道输送、托盘联营、专用货物码头大量涌现了各种自动化物流机械和设备数量增多，计算机在仓库、配送中心、卡车终端等各个物流领域得到普遍应用，发挥越来越大的作用。此外，这一时期的日本也在积极推行物流联网系统，开发配车系统等物流软件。

(4) 物流业提升与完善时期

这一阶段正遇1973年第一次世界石油危机，日本经济从此由高速增长转为稳步增长，强调节约能源和资源，工业生产由"量"的扩大转为"质"的提高，市场饱和，商品供大于求，流通主导经济发展，物流在经济舞台上唱"主角"。

在这个时期里，日本经济因受石油危机的严重冲击，不得不调整产业结构，向节约资源和能源方向发展。由于经济长年高速成长，国民的生活水平迅速提高，对商品的选择和要求越来越讲究和挑剔，不仅要求质量好、价格低，还要求功能多、款式新、售后服务周到。运输物资由原来的重、厚、长、大、少批次、大批量、低频度，转为轻、薄、短、小、多批次、小批量、高频度。企业为了适应新经济形势下消费者的新要求，不得不一方面提高服务质量和水平，另一方面压降成本，出现了种种新的矛盾。

日本政府为使经济持续稳步发展，进一步重视流通环节，加大物流合理化的力度，增加物流基础设施投资，注重企业物流发展。1974年，日本总理本府在物价调查会中设立流通部会，对消费资料的流通现状进行调查研究，运输省修改港口运费、国铁运费、卡车运费。1976年，经济企划厅流通问题研究会发表"流通效率化"研究报告；1977年，运输省流通对策本部制定"物流成本计算统一标准"。1979年，运输省流通对策本部发表城市物流合理化调查报告。1983年，日本物流学会正式成立。

在这一阶段里，日本的物流产业在发展中得到提高，在调整中不断完善。物流中的运输、保管、装卸、包装、流通加工和信息等各环节开始协调和统一，综合功能加强，系统整合性提高，物流成本计算标准趋于一致，运输网络、信息网络、条形码技术应用初见成效，机器人堆码、无人控制叉车、搬运小车、自动分类、分拣装置、自动化立体仓库在物流中大显身手，机械化、电子化、自动化的物流呈现在世人面前。

(5) 物流业创新与飞跃时期

在这一发展阶段，消费主导日本经济，"消费者是上帝"的说法被世人公认。企业由原来的注重生产转为注重销售，又由注重销售转向注重消费者。用户第一，客户至上，消费者的多样化需求和个性化消费，给物流又增添了新的难度。日本经济由前年的稳步增长转为缓慢增长，物流产业更加受到政府与企业上下一致的重视。作为经济的重要支柱，物流业在这一时期里备受青睐。随着经济全球化的进展，跨国投资，异地生产，物流也随之向国外延伸和发展，国际物流成了新的课题。

这一阶段，除了范围扩大到原材料供应、废弃物回收、再生、处理以及工厂生产领域外，物流还与商流、资金流和信息流结合到一起考虑，物流研究的重点由原来的单纯物流管理，上升到企业经营战略的高度来认识，把物流作为决定企业胜负的重要因素来对待。这一根本性的转变，是物流划时代的飞跃。在这一阶段里，企业在竞争激化的经营环境中，在提高服务质量和水平的同时，努力降低成本，加强物流管理，调整物流体系，追求综合效益；共同运输、共同配送、协同组合的做法得到推崇；计算机联网络、信息共享、跨国运作进一步铺开；条形码技术、托盘联营、单元化装载搬运、门到门配送等提升了企业物流运作的水平，使系统化、智能化物流有了长足发展。

(6) 物流业的新发展

在这一阶段，国际政治经济环境发生了很大变化，在全球经济一体化明显，环境问题越来越受到关注。在世界市场竞争激烈的新形势下，日本泡沫经济破裂，出现了历史上最长时期的景气低迷，国际化和环保型经济成为日本的主流。从物流中找出路，把物流问题置于首要地位，加强国际竞争力，建立环保型、资源再生循环型经济社会，成为日本政府新的政策取向。

在长期经济不振的时期，金融业被呆坏账困扰，出口数量减少，企业找不到其他利益突破口，国家拿不出有效的经济增长对策。而另一个侧面是，人口老龄化和少儿化问题、环境噪声、汽车废气、废弃物公害、消费者需求苛刻化、特殊服务化等问题成堆。面临这种状况，日本政府倍加重视物流，调整物流政策，加大物流投入，采取种种积极举措，立志创建国际一流的物流产业。

与此同时，企业也开始重新审视自己的经营理念。长期以来。一直是以生产为出发点考虑物流，后来又以市场营销为出发点考虑物流，在新的时代，科技进步日新月异，人类进入了信息化社会，经济跨国界发展，环境被置于重要地位，消费者才是企业的生命。为此，企业生产、定价、计算利润，先从消费者开始考虑，再一步步往上想，即零售商利润、批发商利润、物流企业利润和自身利润。在整个过程中，必须各环节综合设计，根据实际需要减少、取消其中的某个环节的利益，充分发挥自身核心竞争力，有效利用社会专业企业资源，充分发挥第三方物流作用，实现供应链物流管理和整合。

2. 日本物流业的发展特点

日本是亚洲国家中物流业发展较早也是最先进的国家之一，其物流的发展现状和特征可以概括为如下几点。

（1）物流基础设施设备先进、布局合理

日本是最早提出和发展物流园区的国家，物流园区产生的最重要的关联因素是城市的建设和发展。也许是由于国土面积过于狭小和城市化问题日益严重，日本最先颁布了与物流园区有关的法规。日本政府从1965年起便着手在东京的东南西北部分别建设了葛西、和平岛、板桥和立足四个物流园区。时至今日，日本已经在全国范围内实现了布局合理、设施良好的物流基地的物流园区体系，集中了多个现代化水平较高的物流企业。

(2) 几十年来物流总成本的不断下降，提高了日本的国际竞争力和综合国力

经济学家认为，剔除其他因素，一个国家的物流成本占的比重越低，就越有竞争力。在物流总成本与国内生产总值的比率方面，日本长年位于9%~10%的相对较低水平，基本与美国持平，领先于世界其他国家。与日本相比，中国的物流总成本虽然处于不断降低的趋势之中，但依然维持在每年18%左右的较高水平。

(3) 物流社会化程度高

与美国的情形不同，日本的生产企业一般不直接参与购销活动，他们的原材料由专门的流通部门即商社承担。商社负责产销，可以集中订货，解决用户资金周转上的困难，可以发挥信息功能和市场预测功能，协调不同厂家、不同运距的产品价格。生产厂家倚重商社，生产与流通专业化分工明确，物资流通高度社会化。日本物流的共同化、混载化特点使其物流的社会化具有一定特殊性。所谓共同化、混载化，即物流企业作为协调者，聚集多家货主企业的货物，按照各货主的配送指示，在广大地区进行配送。共同化、混载化的商品配送使原来按照不同生产厂家、不同商品种类划分开来的分散的商品物流转变为将不同厂家的产品和不同种类的商品混合起来运送的聚合的商品物流，从而得以发挥商品物流的批量效益，大大提高了运货车辆的装载率。进入21世纪，日本物流共同化、混载化进程中出现了一个引人注目的新动向，即相互竞争的大企业把物流领域作为企业竞争的"休战场"，它们把削减物流成本当作头等大事，在产品方面搞竞争，而不在物流方面竞争，形成了竞争企业共同的物流网络。

(4) 拥有健全的物流管理体制

日本政府高度重视物流，政府不干涉企业具体的物流业务，但注意在宏观上为物流的发展创造有利的环境，引导物流发展。日本的通产省、运输省负责制定物流政策和法令，政府统一规划大型物流中心，制定方案，积极扶持。如在填海造地的平和岛上，由政府规划、私人集资，建设了规模巨大的仓库团地和物流中心。经过多年的努力，政府和物流主管部门、货主企业和交通运输部门共同建立健全了一套物流管理体制。

3.1.3 德国物流业的发展状况

1. 德国物流业的发展阶段

德国物流发展的鲜明特点是服务和覆盖范围的不断扩大，形成不同的物流发展阶段，分别是20世纪50至60年代的单个工厂物流阶段、70年代多个工厂或集团的综合物流阶段、80年代的供应链物流阶段、90年代的全球物流阶段以及21世纪的电子物流和协作式物流的发展阶段。

（1）工厂物流阶段

这一时期，欧洲各国特别是德国为了降低产品成本，开始重视工厂范围内的物流过程中的信息传递，对传统的物料搬运进行变革，对厂内的物流进行必要的规划，以寻求物流合理化的途径。当时供应链经济的主要特点是从订单中获取需求信息，着眼于抓住信息中所提供的机会，供应链管理和运输是从上到下的垂直式一体化，组织机构是典型的"烟囱管"结构。制造业工厂还处于加工车间模式、工厂内的物资由工厂内设的仓库提供。工厂产品客户的期望是同月供货服务，信息交换通过邮件，产品跟踪采用贴标签的方式，信息处理的软硬件平台是纸带穿孔式的计算机及相应的软件，这一阶段储存与运输分离各自独立经营，是物流的初级阶段。

（2）综合物流阶段

20世纪70年代是德国经济快速发展、商品生产和销售进一步扩大的时期，出现了由多个工厂联合的企业集团或大公司，工厂内部的物流已不能满足企业集团对物流的要求，因此出现了综合物流，即基于工厂集成的物流。这时的供应链经济和供应链管理，采用具有竞争机制的分布式模式，组织机构从"烟囱管"式向"矩阵式"变革。这时的制造业已广泛采用成组技术，对物流服务的需求增多，要求也更高。客户的期望已变成同一周供货或服务。服务节奏明显加快，因此仓库已不再是静止封闭的储存式模式，而是动态的物流配送中心；需求信息不光是看订单，主要是从配送中心的装运情况获取需求信息。供应链经济主要着眼于防止生产和物流的延误而造成经济上的损失。这个时期信息交换采用电话方式，通过产品本身的标记实现产品的跟踪。进行信息处理的硬件是小型计算机，由于当时还没有功能比较强大的商品化软件问世，所以一般都是企业工厂自己开发软件。同时，基于工厂集成的物流和工厂内部物流相比，服务面要大得多，因此物流的来源出现了由承运人提供的新模式，从而为物流成本的降低探索了一条新的途径。

(3) 供应链物流阶段

随着经济和流通的发展，不同的企业厂商、批发业者、零售业者都在进行各自的物流革新，建立相应的物流系统，其目的是在追求物流系统集成化的过程中实现物流服务的差别化，发挥各自的优势与特色。由于流通渠道中各经济主体都拥有不同的物流系统，必然会在经济主体的联结点处产生矛盾。为了解决这个问题，20世纪80年代欧洲各国开始应用物流供应链的概念。发展联盟型或合作型的物流新体系，供应链物流强调的是在商品的流通过程中企业间加强合作，改变原来各企业分散的物流管理方式，通过供应链物流这种合作型或称共生型的物流体系来提高物流效率，创造的成果由参与企业共同分享。为此，欧洲各国出现半官方的组织协作物流委员会以推动供应链物流的发展。这一时期制造业已采用准时生产模式，客户的物流服务需求已发展到可同一天供货或服务，因此供应链的管理进一步得到加强，以实现供应的合理化。这一时期物流需求信息可直接从仓库出货点获取，通过传真方式进行信息交换，产品跟踪采用条形码扫描，信息处理的软硬件平台是客户服务器模式和购买商品化的软件包，第三方物流开始兴起。

(4) 全球物流时代

20世纪90年代以来，全球经济一体化的发展趋势十分强劲，德国企业纷纷在国外，特别是在劳动力比较低廉的亚洲地区建立生产基地，生产零部件，甚至根据市场的预测和区位的优势分析，在国外建立总装厂。由于从国外生产基地直接向需求国发送的商品增加迅速，这一趋势大大增加了国与国之间的商品流通量。又由于国际贸易的快速增长，全球物流应运而生。全球物流就是全球消费者，一般指国家和全球供货源之间的物流和信息流。这一时期德国的供应链着眼于整体提供产品和物流服务的能力。同时，制造业已发展到精益制造，客户的物流服务要求同一工班供货。因此，这一时期物流中心的建设迅速发展，并形成了一批规模很大的物流中心。在供应链管理上，采用供应链集成的模式，供应方、运输方通过交易寻求合作伙伴。

由于主导者和主导权是供应链管理的前提条件，主导权模糊不清，就无法维系整个供应链的运转。因此，德国提出设首席物流主管，作为供应链管理的主导者。这一时期物流的需求信息直接从顾客消费点获取，信息交换采用产品跟踪应用射频标识技术，信息处理广泛应用物流服务方提供的软件，这一时期是德国实现物流现代化的重要阶段。

（5）电子物流时期

目前，基于互联网和电子商务的电子物流已经成熟，以满足客户越来越苛刻的物流需求。物流的来源由电子商务服务供应方提供，并实现供应运输交易的最优化供应链管理进一步扩展，实现物流的协同规划、预测和供应。组织机构采用横向供应链管理模式，需求信息直接从顾客消费点获取，采用在运输链上实现组装的方式，使库存量实现极小化。

2. 德国物流业的发展特点

德国位于欧洲中部，境内的多瑙河、莱茵河、易北河、威悉河和运河组成了德国发达的内河航运网，得天独厚的地理位置奠定了德国在欧洲的交通枢纽的地位。德国是欧洲大陆物流业最发达的国家，其发展特点可以归纳为以下几个方面。

一是物流基础设施和物流装备先进，物流布局较合理。德国位于欧洲中心，拥有欧洲最长的水运网络和世界第三大高速公路网络，及全球最现代化的集装箱船队，高速铁路网四通八达，交通十分便利。先进的交通基础设施和自动化、信息化及智能化物流装备为德国发展现代物流经济奠定了坚实的基础。德国政府在广泛进行经济结构、货物种类、流量与流向调查的基础上，根据各种运输方式衔接的可能，确定物流园区的布局和发展规模，形成物流中心网络，从而确保物流经济的高效益、低消耗和可持续发展。

二是城市物流经营集中，集约化运输程度高。德国合理的物流规划，使物流园区形成网络，各州政府和地方政府围绕着规划中的物流园区积极做好选址、征地工作，并负责物流园区地面以下的基础设施建设以及道路、铁路的建设。物流园区依托一定的经济区域，以可供选择的多种运输方式、快捷的运输网络和周到的服务，将传统分散经营的众多运输及运输服务企业吸引到一起，各方货物经过货运中心进行分拨、配载，选择适宜的运输工具迅速运往目的地。实践证明，城市物流与货运中心模式不仅能达到物流经济快捷高效的目的，而且能缓解对城市交通和环境的压力，为地区经济的繁荣发展注入新的活力。

三是物流产业社会化和综合服务水平高。德国物流业社会化的动力来自企业非核心业务的外包。为降低生产和经营成本，非核心业务外包已成为工业企业的发展趋势。德国物流企业注重物流技术研究和专业化、规模化经营，基本实现了以运输合理化、仓储标准化、装卸机械化、加工配送一体化和信息管理网络化为标志的现代综合物流管理与服务。

3.1.4 国外物流业的发展经验

美国、日本、德国等发达国家的物流业发展现状和特点，为中国物流业的进一步发展提供了借鉴。中国物流业虽然处于快速发展阶段，但在许多方面依然存在着各种各样的问题。因此，特别需要学习和借鉴世界上发达国家的物流业在发展过程中积累的先进经验。具体而言，这些经验包括以下几个方面。

1. 不断完善基础设施建设，形成布局合理、相辅相成的物流业发展格局

各国的经验表明，物流基础设施是关系物流水平的重要因素。日本政府就十分注重物流基础设施及物流配送基地的建设，考虑到其国土面积较小、国内资源和市场有限、商品进出口量大，因此各级政府对物流的发展都很重视。在大中城市、港口和主要公路枢纽都对物流设施用地进行了规划，形成了大大小小的比较集中的物流基地。这些物流基地集中了多个物流企业，它们积极致力于港口、码头、机场、铁路、高速公路和仓库等建设，建立起铁路、公路、水路、空运和管道的综合运输体系，成为日本现代物流发展的基础，而不断完善的物流产业的立法与相关政策又为物流业的快速发展提供了法律上的保障。

中国与世界发达国家在基础设施方面的差距尤为明显。尽管经过多年的建设，中国货物运输发展迅速且已经取得一定成就，甚至很多都达到了世界先进水平，但是综合来看，巨大的国土面积和庞大的人口，使中国物流基础设施相对还是很落后。除铁路、公路、航空等物流通道建设外，中国还要重视全国性和区域性的物流节点建设，做好全方位的统筹布置和规划工作，实现物流基础设施资源的有效配置和整合。当然，物流基础设施建设也包括一些软件方面的技术问题。我们需要积极研发和引进先进的物流技术，将之应用到中国物流的发展过程中来，不断加强国内物流的标准化建设。

2. 加快物流专业人才培养

日本物流产业的迅速发展，是与物流人才培养密不可分的。近年来，日本物流企业与大学、科研机构的合作越来越多，合作范围越来越广。例如，三菱电机物流公司与东京商船大学建立了见习制合作关系，每年接收学生在公司物流部门培训，还从公司技术部门派出人员，承担大学的物流课程教学工作。

现代社会的竞争是人才的竞争，人才培养工作尤为重要。中国物流发展迅速，但物流专业人才极度缺乏，与美国等物流发达国家相比仍有很大差距，掌握物流专业的综合型人才更是少之又少。因此，对中国来说，培养适应现代物流要求的专业人才是非常迫切的任务。物流人才的培养是一项新的任务，政府应当引导各高等院校，按照市场对物流人才的需求，进行相关的专业设置，同时加大审批力度，避免各高校因盲目跟风而重复设置专业。

另外，从国外的物流人才培训经验可以看出，企业对物流从业人员的再培训极为重要。参照美国联邦快递、UPS等物流公司培养人才的经验，引导和鼓励校企办学，通过及时了解社会需求，调整人才培养模式。同时，应发挥行业协会对人才培养规划的重要作用，建立从业资格考试及认证制度，通过相应的考试及职业培训获取从业资格，并颁发职业证书。行业协会同时应组织物流人员相互交流，达到物流教育专题研究、分享前沿物流信息等作用。

3.着力提升物流企业规模化、品牌化、集约化水平

物流企业的规模化、品牌化和集约化，是评价一国物流业发展水平的重要指标。目前，美国第三方物流企业承担了客户大约1/5的供应链服务。随着客户需求在地域范围和服务内容等维度上的增长，行业并购成为美国物流业的发展主题。只有拥有规模化发展基础、在较大范围内具有品牌效应、能够实现集约化经营的企业，才能满足顾客不断提升的服务要求，在市场竞争中处于领先地位。

就中国而言，应从以下几个方面提升物流企业规模化、品牌化和集约化水平。

一是鼓励物流企业通过参股控股、兼并重组、协作联盟等方式做大做强，形成一批技术水平先进、主营业务突出、核心竞争力强、具有品牌效应的大型现代物流企业集团。通过规模化经营，提高物流服务的一体化、网络化水平，形成大小物流企业共同发展的良好态势。

二是鼓励运输、仓储等传统物流企业，向上下游延伸服务，推进物流业与其他产业互动融合、协同发展。鼓励物流企业与制造企业深化战略合作，建立与新型工业化发展相适应的制造业物流服务体系，形成一批具有全球采购、全球配送能力的供应链服务商。

三是鼓励商贸物流企业提高配送的规模化和协同化水平，加快电子商务物流发展，建立快速便捷的城乡配送物流体系。

四是支持快递业整合资源，与民航、铁路、公路等运输行业联动发展，加快形成一批具有国际竞争力的大型快递物流企业，创建覆盖城乡的快递物流服务体系。

五是支持航空货运企业兼并重组、做强做大，提高物流综合服务能力。

4. 完善物流市场体系与物流管理体制

建立统一、开放、规范、有序的物流市场体系，是激发物流业发展活力的必要条件。美国物流产业经过长时间的发展，已经形成了由第三方物流服务商、专业运输、仓储服务商以及区域性配送服务商分工合作的产业形态，市场细分之后的行业生态环境日渐成熟。在这一过程中，政府放松管制，取消运输公司市场进入、经营路线、联合承运等方面的审批与限制，对促进市场竞争、降低运输费用、提高服务水平均具有积极作用。

在物流领域中，市场机制能发挥作用的，应让市场机制起作用。政府的工作重点是维护公平竞争的市场环境，加强对物流市场的监管，特别是社会性管制；从保护产业公平竞争和国家经济安全出发，研究制定物流产业安全的相关规则。对物流领域中存在的垄断性环节，要通过加快改革，促进竞争格局的形成。优惠政策要用于处于成长期、市场潜力大但国际竞争力不强的部分，特别是物流技术和物流装备制造等关键环节，造业与物流业联动发展等薄弱领域，注重对物流基础设施、城乡物流一体化等进行政策倾斜，着力创建符合物流行业特点和阶段发展特征的政策体系，强化政策实施机制，促使各项政策得以有效落实。

此外，要充分重视物流行业协会的桥梁与纽带作用，发挥其在行业自律、技术推广、产业重组等方面的积极作用。

3.2 中国物流产业的外部环境

本部分主要讨论中国自改革开放以来的主要经济发展成就，同时研究现阶段中国新的经济特征，包括买方市场的确立、品牌经济时代的来临以及"新发展"格局等。对整体宏观环境的深入研究，目的在于明确物流业的发展方向以及物流业在国民经济中地位的变化，从宏观层次理解中国物流企业创建强势品牌的重要意义。

3.2.1 国民经济大幅增长，消费地位不断提升

改革开放前中国长期实行计划经济，市场在资源配置中的作用得不到有效发挥，国民经济发展虽然取得了一些成就，但这些成就都是以民生经济发展落后为代价的。改革开放以来，中国经过一系列措施，充分发挥市场在经济资源配置中的主体作用，经济发展取得一系列重大成就，消费在经济发展中的地位显著提升。

1. 经济增长的成就

改革开放40多年来，中国在现代化建设过程中，取得了举世瞩目的辉煌成就，实现了人民生活迈向总体小康的历史性跨越，国际影响力迅速提升，经济社会的面貌发生了巨大变化。

（1）国民经济综合实力实现由弱到强、由小到大的巨变

改革开放初期的1978年，中国国内生产总值仅为3650.2亿元人民币，人均国内生产总值仅为382元，在全世界范围内属于低收入国家行列。此后，改革开放使社会生产力获得极大解放，经济总量得以迅速扩张，年均增长速度远超世界同期平均水平。中国国内生产总值于1986年超过1万亿元，1991年超过2万亿元，2001年超过10万亿元，2014年已超过60万亿元，2020年，中国国内生产总值达101.5986万亿元，是仅次于美国的世界第二大经济体。

（2）经济结构实现大幅调整，发展方向和增长方式逐步优化

改革开放后，中国第二、第三产业实现快速发展，产业结构基本实现以工农业为主向三次产业协同发展的转变，中国各产业内部结构也发生了显著变化，工业结构基本实现了由技术含量低、劳动密集程度高、门类单一的结构向劳动密集、技术密集、门类齐全的发展格局转变。电子信息、生物工程、航空航天、医药制造等高新技术工业从无到有，蓬勃发展。与此同时，以现代流通业、金融业、保险业、公共服务业等为代表的第三产业迅猛发展，已经成为支撑中国经济增长的关键性力量，在提高综合国力、增强国民经济素质、扩大就业、提高人民生活水平等方面发挥了重要作用。

(3) 商品和服务供给实现由严重短缺到丰富充裕的转变

短缺曾是新中国成立以来经济运行的基本特征，改革开放以来，国民经济快速发展，门类齐全、布局合理的产业体系逐步建立，商品和服务的供给能力显著增强，长期困扰中国的商品短缺问题逐渐成为历史。

(4) 人民生活水平和质量大幅提高，实现从贫困向总体小康的跨越

最大限度地提高广大人民群众的物质文化水平，一直是中国重要的发展目标。中国已于2000年实现总体小康，正继续向全面小康社会迈进。

2.消费地位的变化

长期以来，中国的经济增长主要依靠投资和出口两驾马车拉动。这一现象是有其深层次的原因的，即很长一段时间以来，中国就业的增长有限，居民可支配收入有限，推动GDP增长的总需求增长中，就只能以投资和出口为主。此外，对未来预期的不确定以及居民投资渠道单一，导致中国居民储蓄不断增长，这些储蓄需要进一步转化为投资。2008年世界性的金融危机爆发后，投资与出口这两驾马车的拉动力明显下降，进一步以投资和出口作为经济增长动力难以为继，其主要原因在于：一是过去40多年支持高储蓄的"人口红利"正在消失；二是投资拉动的实质是为生产而生产，由此产生的产能过剩必将导致增长效益下降；三是世界各国经济复苏缓慢，对中国出口需求带来极大的负面影响，拉动经济增长的能力持续减弱。除以上因素外，中国经济发展水平由短缺经济转向相对过剩经济、居民消费意识和消费水平的逐年提高也构成了消费拉动经济增长的内在动力。

在这样的背景下，党的十八大明确提出，转变经济发展方式的一个重要方面，是使经济更多依靠内需特别是消费需求拉动，为此需要加快建设扩大消费需求增长的长效机制，释放居民消费潜力。目前，社会各界普遍认为，要从扩大消费求和发展消费经济两个方面来扩大内需。扩大消费需求的着力点是培育消费力，动员居民的即时消费。发展消费经济是解决消费拉动经济增长的供给问题，需要生产和服务企业的创新，引导和创造消费者，推动消费方式的多样化、消费业态的扩展和消费模式的调整。

3.2.2 买方市场逐渐形成，物流作用不断凸显

20世纪90年代中期，中国进入买方市场。在买方市场条件下，物流业的发展重点逐渐从侧重生产物流向生产物流与消费物流并重转变，这对物流业的发展提出了新的要求。

1. 中国买方市场的形成

（1）市场态势不断发生变化

市场态势，指的是市场中买卖双方的力量对比关系和竞争态势，即谁在市场交换中处于主导和支配地位。市场态势一般可以分为三种类型，分别是市场相对均衡、卖方市场和买方市场。

市场相对均衡，是指市场产品和服务供给基本平衡，生产者和消费者的力量基本相当。卖方市场，是指社会产品和服务普遍处于供不应求的状态，在这种状态下，买主之间激烈竞争，生产者具有市场的支配地位。买方市场，是指社会产品和服务普遍处于供大于求的状态，在这种情况下，卖方之间激烈竞争，消费者具有市场的支配地位。从社会经济运行的角度来讲，买方市场不仅仅表现在商品和服务的供给大于需求，也表现在经济运行已经形成了由买方引发的市场机制对资源配置的过程，即市场经济运行的起点和终点都取决于消费者的需求。

（2）中国已基本实现由卖方市场向买方市场的转变

改革开放40多年来，中国从卖方市场向买方市场的转变，是伴随着经济模式变化和制度变迁发生的，是长期性的和根本性的变化。从现在学者的研究成果来看，这些体制机制的变化主要包括商品和服务的价格决定权，由政府专项市场形成了生产的激励机制，形成了约束企业生产和投资行为的机制。在这些转变下，中国买方市场形成的条件逐步具备，市场经济成熟度和商品经济的发达程度不断提高，企业生产和居民消费迅速增长，最终促使中国进入买方市场态势，其主要表现在：①市场供不应求的商品基本消失，供过于求的商品大幅增长，一大部分商品已经处于供求基本平衡的状态；②企业之间的竞争日益激烈，绝大部分消费品的价格处于下降

趋势，除价格战以外的竞争手段层出不穷；③消费者在市场上的地位明显提升，消费者权益得到有效保护，消费者的需求和意愿在经济资源分配中的作用日益突出，成为引导企业生产经营的"指挥棒"。

2. 买方市场条件下的竞争是品牌的竞争

在卖方市场条件下，竞争主要发生在买方，如果说这时卖方也存在竞争的话，那么这种竞争只发生在诸如产量、成本、质量、价格等单项要素上，表现为"抢占地盘"的竞争。而在买方市场条件下，发生在卖方的竞争就不再是要素层次的、"抢占地盘"的竞争，而是表现为以品牌竞争为焦点的系统竞争，是一种以侵蚀和掠夺竞争者地盘并将其挤出市场而后快的事关自身存亡的竞争。这是因为：

一是科技的传播、知识资源的共享，使企业市场进入的技术壁垒大大降低，竞争者大量增加。近十几年来，中国彩色电视机、电冰箱、全自动洗衣机、空调器、摩托车、VCD影碟机等有代表性的热门产品从初步形成规模到走向全行业过剩的时间越来越短，正是技术传播与知识资源共享的结果。在供给全面过剩的市场里，能够生存下来的，只有那些优秀的品牌。因此，对品牌的培育和保护就成为重要的战略。

二是产品和服务同质化程度提高，产品和产业换代速度加快。产品和服务同质化程度的提高，使消费者在行业竞争结构中的讨价还价的能力得到增强，选择余地扩大；产品和产业换代速度加快，使得那些不具声名的企业，很难参与短周期的产品换代和产业升级过程，而在中途夭折。这就迫使企业不得不把竞争的焦点放在创造品牌、增强品牌强度上，以求建立起其在消费者心目中的突出地位与独特形象。产品可以换代，产业可以升级，只要品牌不倒，新的产品和产业就能在品牌这个载体上得到延伸与提升。

三是市场多元化、国际化及媒体多元化的发展。这里的市场多元化发展，主要是指产品多元化，同类产品多档化，因技术进步和技术差异而导致的替代品的多样化，产品功能的可分拆性与可组合性的增强等。市场国际化表现为以一国领土疆域为界限的市场分野已被彻底打破，不同国家市场的相互融合度提高，世界市场作为一个大系统其均质性增强，一国企业的竞争对手不再限于本国的同行，而是全球的同行。媒体的多元化发展，使企业信息传播具有更为广阔的空间或领域，而无数企业在信息传播上对多元媒体的高频率使用，使得作为信息受众的消费者的选择难度空前增大，媒体传播对消费者的边际影响力有递减趋势。上述种种趋势，加重了行业竞争结构中消费者和竞争者的砝码。这一切都要求企业必须着力于品牌的建立与强化，通过增强品牌强度来适应市场多元化、国际化和媒体多元化发展的要求。

四是消费者成熟度的提高和忠诚度的下降。教育水平的提高极大地提高了消费者的判断力水平，信息传播的充分性极大地增强了消费者行为的理性色彩，社会法制的引导则使得当今的消费者比以往任何时候都更加珍视和注重维护自己的权益，这一切都极大地改变了消费者与厂商之间的相对地位，消费者越来越精明，越来越主动，越来越成熟。他们作为一个整体，其综合素质的提高，判断力的增强，使得他们不再盲从，不再勉强自己迁就企业，也不再无条件地忠诚于任何企业。在这种情况下，企业唯有建立起自己牢靠的高强度的品牌，才可能在消费者成熟度不断提高和忠诚度不断下降的今天，去把握和拥有消费者。

3. 买方市场环境对物流业的影响

买方市场的形成，对中国整体经济运行产生了深刻的影响，必将进一步给物流业带来巨大变化和挑战。买方市场的到来必将导致消费对经济的贡献增大，消费需求将成为物流业发展的主要推动力。在这样的条件下，以终端消费者为对象，满足个性化、多样化需求的消费物流将成为消费者的核心诉求，其中最重要的就是快递服务。

快递是消费品物流的典型代表，其小批量、多品种、高频率、季节波动频繁，对质量和速度的要求高，物流管理的环节多且复杂性高的特点对物流企业和物流行业的发展提出了全新的、更高的要求。与此同时，消费物流服务与人民群众的刚性生活需求，在消费快速增长的今天，它必将成为全社会的基础型物流和长盛不衰的发展热点。

面对消费物流的发展趋势以及多元化的市场环境,中国物流企业应提前做好应对措施,为全新的市场和发展机会积累经验、储备人才,实现特色化经营和品牌化经营,在激烈的市场竞争中立于不败之地。

3.2.3 经济结构转型升级,发展方向不断调整

自20世纪80年代中后期至美国次贷危机爆发的约20年间,世界经历了一个被称为"大稳定"的时期。在此期间,中国经济的高速增长使之逐渐成为世界经济增长的强有力引擎,但这一繁荣景象被2007—2008年爆发的国际金融危机打断。尽管如此,直到2010年,绝大多数人仍然认为国际金融危机所导致的经济下滑,只是一个周期性现象,只要采取适当的刺激政策,就可以遏制下滑并使经济重新回到高速增长的轨道。2011年前后,中国政府及经济学界开始认识到,中国经济增长由过去两位数的增长下降到7%~8%的增长速度,并非周期性因素所致,而是一种结构性减速,中国经济的基本面已经发生了实质性变化,即进入经济发展的"新常态"。在这个新阶段中,将发生一系列全局性、长期性的新现象和新变化,对物流产业的发展必将产生全新的、更深层次的影响。

1. 经济发展"新常态"与"旧常态"

2014年11月10日,习近平主席在亚太经合组织(APEC)工商领导人峰会上所做的题为《谋求持久发展,共筑亚太梦想》的主旨演讲中,较系统地阐述了中国经济"新常态"问题,指出中国经济呈现出新常态的主要特点是从高速增长转为中高速增长,经济结构不断优化升级,从要素驱动、投资驱动转向创新驱动。"新常态"将给中国带来新的发展机遇和挑战,经济增速虽然放缓,但无论是速度还是体量,在全球仍然是名列前茅的;经济增长更趋平稳,增长动力更为多元;经济结构优化升级,发展前景更加稳定;政府大力简政放权,市场活力进一步释放。

从某种意义上讲,中国经济发展的"新常态"代表着一个相对意义上的时空状态和发展特征。"新"是指它在中国经济发展历程中刚刚出现,

与过去的发展特征有所差异。"常态"是指它会在中国经济发展新阶段形成相对的稳态，不同于经济周期中的阶段性状态或经济波动中的临时性状态。可以说，"新常态"是相对于"旧常态"而言的，我们可以从理解"旧常态"的角度加深对"新常态"的理解。具体而言，"旧常态"时期的中国经济呈现出以下特点。

一是经济高速增长。1978 年至 2012 年，中国经济保持了年均 9.8%左右的高速增长，2003 年至 2007 年更是达到了年均 11.6%以上的增长速度。这在世界经济增长史上并不多见，被形象地称为"中国奇迹"。

二是经济增长模式比较粗放。在此时期，中国经济主要依靠大规模资源能源投入来拉动增长，以致积累了比较严重的资源环境问题。经济增长主要依靠要素投入推动，据有关专家估计，1979 年至 2009 年全要素生产率对中国经济增长的贡献率仅为 28%，资本投入对经济增长的贡献率达到 63.24%，要素投入仍是经济增长的主要推动力。同时，投资效率较低，相关研究显示 1978 年至 2010 年，中国的资本产出比为 3.92，美国 1965 年至 2010 年的资本产出比为 5.29，日本 1980 年至 2010 年的资本产出比为 14.69。

三是产业结构以工业为主。1978 年以来，中国工业化快速推进，2000 年以来重化工业更是快速发展，工业特别是重化工业成为推动经济增长的主要力量，形成了以工业为主的产业结构，直至 2013 年第三产业占 GDP 的比重才刚刚开始超过第二产业的占比。大规模建设工业园区、增加工业产值，成为各地的主要追求目标。

四是政府主导型经济体制。虽然经过 30 多年的改革开放，市场化改革取得了明显进展，经济的市场化程度大幅度提高，但政府主导经济的体制始终没有发生根本的变化，各级地方政府直接地参与了经济建设，中央政府对经济的干预也很频繁，政府与市场的关系一直没有完全理顺。

"旧常态"时期中国经济发展形成的以上特征，在新时期将会得到改善和调整，以适应新的经济发展潮流。

2. 经济发展"新常态"的趋势及政策取向

目前中国经济并非已处于新常态，而是处于向新常态过渡的过程中，或者说，目前中国经济正处于过渡性时期。目前更准确的阶段判断是处于经济增速换挡期、结构调整阵痛期、前期刺激政策消化期"三期叠加"的阶段。只有度过这一时期后，经济才真正进入"新常态"时期。经济增速大换挡、结构调整大变动，都不是一种稳定的常态。只有当"三期叠加"结束，新的经济制度环境形成后，经济才进入较稳定的新常态。真正进入经济"新常态"后，中国经济转型升级的步伐将会加快，经济发展稳中有进、稳中有为，这其中有几个方面的趋势值得关注。

（1）经济增速完成由高速增长转向中高速增长的转变

中国经济进入"新常态"的显著标志就是经济增速开始放缓，经济发展由过去的高速增长转向中高速增长，这是一个国家或地区经济发展到一定阶段后的普遍规律。耶鲁大学高级研究员、摩根士丹利前亚洲主席史蒂芬·罗奇曾表示，对中国来说，要回到过去30年两位数增长的模式，既无必要，也不现实。事实上，备受期待的中国经济再平衡已经开始，增速放缓是这一进程的自然结果。

（2）经济结构优化调整步伐加快

伴随着全球性结构调整趋势的形成以及中国经济发展进入"新常态"，中国经济结构优化调整进入全面机遇期。这主要表现在：一是产业结构的高端化发展，表现为传统产业比重下降，高附加值比重上升，第三产业逐步成为经济发展的主导产业；二是投资结构重点领域的调整，表现为投资领域按照产业结构调整领域倾斜，民间投资逐步活跃并日趋理性，政府投资向民生、环保等领域定向倾斜；三是需求结构向内外需协同方向发展；四是区域结构失衡态势得到有效缓解，中西部地区的工业生产增速将超过东部地区，东部沿海地区的服务业增速明显增加，固定资产投资逐步向中西部地区倾斜。

（3）增长方式由数量扩张转向质量提升

"新常态"下，经济减速其实只是表面现象，背后反映的则是增长方式的转变问题。经济增长方式，本质上是指各种生产要素的投入及相互作用方式。因此，从要素配置的角度来看，经济增长可以衍生出两种不同的增长方式：一是以增加投入和扩大规模为基础，强调增长速度的增长方式；二是以提高效率为基础，强调结构优化和质量提高的经济增长方式。质量型增长包含了更为广泛和复杂的因素，内涵更加全面，不仅关注经济增长数量，更涉及经济效率、经济结构、社会福利分配及生态环境等内容，是对整体经济增长过程优劣的价值评判，是一种更为科学的发展方式。在经济增长方式由数量扩张转向质量提升的过程中，增长速度可能会有所下降，但发展的质量会更高、效益会更好、可持续性会更强。

（4）发展动力由投资驱动转向创新驱动

与增长方式转变相伴而行的是发展动力的转变。数量型增长主要依靠要素和资本投入去驱动，而质量型增长则需要创新去驱动。增长方式的转变，也在倒逼中国经济由投资驱动转向创新驱动。一般来说，经济增长主要受四大要素影响，即人力资源、自然资源、资本投入、创新与技术进步。通常情况下，随着资本、劳动、资源等投入要素的增加，产出也会随之而增加。但随着要素投入的不断增加，达到一定程度或者临界点后，收益递减规律就会发生作用，产出不但不会增加，反而会减少。这个时候，就必须以创新和技术进步来提高要素生产率，从而减缓或阻止收益递减现象，使相同的投入获得更多的产出。

（5）政府职能转变，宏观政策由刺激增长转向宏观调控

在中高速增长已经成为常态、经济发展以质量和效益为中心、发展动力转向创新驱动的背景下，中国政府职能转变和宏观政策的转型势在必行。政府职能转变主要表现在：①由政府主导型经济体制转变为市场主导型经济体制，政府则由权力型政府转为服务型政府、由经济型政府转为社会型政府，真正发挥市场在资源配置中的决定性作用，更好地发挥政府的作用；②按照依宪治国、依法执政的要求，由人治转向法治。过去，一遇到经济增速下滑，政府就会动用一切手段来刺激经济增长。这种以"保增长"为中心的宏观经济政策，虽说在短期内可以把经济增速拉起来，但政策变化过于频繁，往往会打断经济发展的正常节奏，引起经济的大起大落。因此，

在新的时期,"宏观政策要稳住,微观政策要放活,社会政策要托底",这意味着宏观调控将由过去的以"保增长"为中心转向以"调结构"为中心。正是在这样的宏观调控思路下,党中央陆续提出供给侧改革等新时期的宏观经济发展思路,保证国民经济在"新常态"下的顺利运行。

所有的物流业政策的制定部门、专家学者和从业者,都应该充分理解经济发展"新常态"的实践内涵,充分认识到在新的时期面临的产业发展速度放缓、转型升级压力增大、发展动力转变等实践问题,把握新趋势,通过深化物流业改革,寻找物流业持续发展新动力等手段,为新时期物流业的健康发展积蓄力量。

3.2.4 消费需求不断升级,品牌经济正式到来

当今世界经济已经从产品竞争、技术竞争发展到品牌竞争时期,品牌经济的新时代已经来临。所谓的品牌经济,是社会生产力和市场经济发展到一定阶段的必然产物,是以品牌为核心整合各种经济要素,带动经济整体运营的一种市场经济的高级形态。要想在品牌经济的新时代继续高速、健康发展,获得世界范围内的经济话语权,中国必须拥有自己的核心竞争力,拥有自己的民族品牌。

1. 品牌经济是生产力与市场经济形态发展到一定阶段的产物

人类社会经济形态经历了由自给自足的自然经济形态,到半自给型自然经济形态,到小商品市场经济形态,再到大商品市场经济形态的发展过程。在自然经济与小商品市场经济状态下,由于交易规模、种类有限,交易频率低,尤其是持续交易很少,交易规则与价值度量微弱,品牌问题不突出。自工业革命开始,人类社会进入大商品市场经济社会,出现了四种情况:①大企业、大批量、多种类、多规格、标准化的产品日益增多,市场交易规模、边界空前扩大;②竞争的制度约束、规则、契约提上议事日程,且要求越来越高;③价值要素(创造产品价值的内在要素)发生差异,溢价收益因素增多,谁能在交易性、生产规模、工艺、技术分工、标准化、

产业化、企业化、差别化、生命周期等价值要素中创造出较多的要素，达到较高的水平，谁就能获得较高的溢价性；④用户关系、文化使命、社会责任提上议事日程，并同创利能力发生一体互动。由于这四个原因，企业为了在竞争中获胜，自觉、不自觉地强化了区别性，并在区别性的内涵上附加信守规则、契约、忠于用户、忠于社会的内容，寻求尽可能多与尽可能高水平的价值要素与溢价性。强化区别性的品牌与围绕品牌集中文化要素与价值要素的品牌经济应运而生。

2. 品牌经济的性质

在较为成熟的市场经济中，可以说大多数的企业都采取并融入品牌经济模式，只有少数、非主流的经济仍然是非品牌经济。因此，可以说品牌经济是成熟的市场经济的主体与核心的经济模式，也是企业参与市场竞争乃至控制市场的主导形式。在后发区域经济中，或者说在不成熟的市场环境中，品牌经济形态是一种局部经济形态，更是一种先导形态、精英形态、优势形态，也是一种跨越形态。

中国的市场经济形态应当说是不成熟的，品牌经济可以说还未成为主体的、核心的形态。在这样的市场经济中，谁首先推出品牌化运营，谁就会成为先锋，形成优势乃至领导地位。后发国家面临的一个共同课题是跨越式发展问题，一方面要经历工业化阶段的循序渐进，另一方面要直接切入现代化前沿。在不成熟的市场经济中，跨越式地推进品牌经济，可以说就是一个旨在领导潮流、后来居上的远见卓识的举措。

3. 发展品牌经济的重要意义

在全球经济下行和互联网新商业模式的双重打击下，市场约束变得越来越突出，继续使用已有商业模式所能带来的利润增值空间已很小。主要原因有四个：一是分销系统效率低下，参与人太多，中间环节较多，产品的利润大部分留在这个环节，例如农产品供应从田头到桌头，将产生好几倍价格甚至超过了产品本身的价格，巨大成本消耗了生产企业的积极性；二是市场竞争性不充分，消费者得到的实惠较少；三是企业管理能力较弱，产品质量难以保证；四是企业品牌意识不强，产品价值难以实现，解决这类问题必须加强对产品本身进行深度开发，打造好品牌的软实力，关键是创新、技术、资本、人力等的融合，这是全球知名品牌成功的经验之道，也是中国企业转型的目标。

由此可见，大力发展品牌经济是企业、市场和消费者的共识。当前环境因素影响了品牌经济发展。环境因素主要包含政策制度、法制、市场体系等。主管部门对品牌管理存在多头多元，政出多门使企业难以招架。品牌经济发展更需要创造环境，支持中国实施企业走出国门的策略。国际市场企业通行证是品牌而不是中国制造，贴牌生产阶段应成为过去，代之而起的一定是品牌，这是全球市场的通行规则。

具体而言，中国在新时期大力发展品牌经济具有以下几个方面的重要意义。

(1) 发展品牌经济是建设创新型国家的客观要求

品牌是核心竞争力，是创新的重要体现。国际经验表明，品牌经济搞得好的国家，综合创新指数会明显升高。当今世界公认的创新型国家，如美国、日本、芬兰、韩国等国家，品牌经济已经发展到了比较成熟的阶段，并且与国家创新形成了良性的互动循环：一方面，品牌经济为创新提供了经济基础和利益动力；另一方面，国家创新体系又为发展品牌经济提供了良好的外部条件，如美国、日本都有一整套完善的支持企业创新的服务体系。

(2) 发展品牌经济是参与经济全球化的战略需要

品牌是软实力，是提高国际竞争力的抓手。当前，经济全球化趋势下的国际竞争层次不断提升。从供给方面来看，企业竞争正从价格竞争发展到品牌竞争；从需求方面来看，消费需求也从产品需求、质量需求发展到品牌需求。品牌经济的发展程度，已经成为衡量一个国家、一个地区、一个企业国际竞争力的重要指标。中国在参与经济全球化的进程中，尚处在国际分工的底端，在附加值高的研发设计与品牌、营销环节没有发言权。在国际竞争舞台上，中国贸易企业中拥有自有商标和品牌的比重偏低，世界性的著名品牌几乎没有。现在中国是世界性的制造业大国，但是伴随着劳动力成本优势的逐渐消失，中国的各个产业和大量企业必将面临向高端化和品牌化的转型。

(3) 发展品牌经济是扩大内需的必然选择

品牌是影响力，是消费者信得过的标志。消费者都希望购买质量过硬、服务到位、声誉良好的品牌产品。品牌产品消费的增长，标志着人民群众消费质量和生活水平的提高。据测算，近年来国内市场品牌商品销售额增幅，高于全社会消费品零售总额10个百分点以上。中国居民生活水平正在迅速提高，农村消费处在向千元级、万元级产品升级的阶段，城市消费处在向万元级、十万元级产品升级的阶段，对品牌的需求日趋强烈。只要我们顺势而为，努力培育自主品牌、扩大品牌产品销售，就能有力地促进国内消费增长，使品牌消费成为扩大内需的一个重要抓手。

(4) 发展品牌经济是促进区域协调发展的有力措施

品牌是赶超力，是缩小区域间发展差距的重要途径。中国地区差距的一个突出表现是品牌上的差距。东部地区品牌意识强、品牌数量多、品牌效益大；而中西部地区品牌意识弱、品牌数量少、品牌效益小。尽管品牌在地区之间分布不均衡，但广大中西部地区在地方产品和"老字号"上具有特殊优势，也有诸多成长性很好的区域品牌，如河南的食品、云南的烟草、四川的电子等。支持中西部发展品牌经济，帮助中西部"造血"而不是"输血"，可以增强中西部经济的自生能力。现在，国家应该加大力度制定优惠政策，充分挖掘、推广、保护和提升中西部地区现有品牌，激发中西部地区以特色创品牌的积极性，营造良好的品牌经济发展环境。同时，支持中西部充分利用已经形成的品牌产业延伸产业链条，做大做强现有品牌，帮助中西部培育和发展品牌经济，还将推动当地开放型经济的发展。

4. 中国大力发展品牌经济的现实途径

对中国而言，应从宏观和微观两个层面着手品牌经济建设，大力发展自主品牌。

在宏观层面，要建立多层次、全方位的品牌发展支持体系，包括建立健全品牌保护和推广制度、制定品牌培育和宣传政策、开展品牌评比、发挥中介组织作用等。政府要成为推动自主品牌培育的倡导者，要营造良好的品牌建设环境，创建公平、公正、公开的市场规则，鼓励企业通过市场竞争锻造知名品牌，重点要做好以下三个方面的工作：一是依法整顿市场秩序，建立健全保护知识产权的法律体系，依法保护企业和自主品牌创立者的合法权益；二是政府通过财政、税收等手段，鼓励和支持企业创建自主品牌，维护企业的合法权益；三是搭建为自主品牌建设服务的各种平台，充分发挥行业协会的作用，加强行业的自律和对市场的监管。

在微观层面，经营者要更新观念，实现从商标→名牌→品牌的转变；要从注重商品的外在质量转变到注重产品的感知质量和品牌体验；要从注重短期利益转变到注重长远利益，建立稳固的企业和客户关系；要从注重广告宣传转变到超越广告，延伸企业文化的品牌价值；要从注重竞争转变到注重合作；要从注重本土化转变到注重国际化；要从一次性创新转变到持续创新。在品牌经济时代，企业是自主品牌创建的主力军，企业品牌的灿烂之时，也就是中国"品牌国家队"规模和实力强大的辉煌之日。

3.3 中国物流产业的发展状况

近年来，中国物流业有了较大的发展与进步，但从总体上说，中国的物流业尚处于快速发展的初级阶段，处于传统物流向现代物流的过渡时期。在这一阶段，分析中国物流业发展的现状，指出中国物流业发展过程中的问题，探究促进物流业发展的对策，对促进中国物流业健康、快速发展具有十分重要的意义。

3.3.1 中国物流产业的发展历程

改革开放以前，中国实行的是高度集中的计划经济，几乎所有的生产资料和消费资料都由政府按部门、按区域、按计划进行分配供应，虽有物流的客观形态存在，但基本没有"物流"的概念。1979年，中国派代表团到日本参加国际物流会议,从而将物流概念引入中国。虽然中国真正意义上的物流企业起步较晚,但是物流活动在中国已有很多年的历史,诸如运输、报关、包装、装卸、流通加工等活动,其中主要是存储运输即储运活动,目前中国的多数物流企业都是由传统的储运企业转型而来的。从新中国成立以来,中国物流业的发展大体可以分为以下几个时期。

1. 初期发展阶段(1949—1979年)

在这一阶段,中国国民经济尚处在恢复时期,工农业生产水平较低,经济基础较薄弱,并且出现了重生产、轻流通的倾向。物流的发展刚刚起步,只是在一些生产和流通部门开始建立数量不多的储运公司和功能单一的仓库;运输业无论是铁路、公路、水路、航空等,都处于恢复和初步发展时期,搬运和仓储环节比较落后,物流业远远不能适应工农业生产和人民生活水平发展的需要。在这一时期随着生产的发展,初步建立了物资流通网络系统。在物流管理方面也采取了一些新的措施,如组织定点供应、试行按经济区域统一组织市场供应等。

2. 较快发展阶段(1979—1990年)

这一阶段是中国经济从计划经济向市场经济过渡的时期。随着中国开始实行改革开放,经济建设的步伐明显加快,国内商品流通和国际贸易不断扩大,资源分配组织供应逐渐打破了部门和地区的界限而转向社会化、专业化方向发展。物流活动开始考虑整体的经济效益,运输、仓储、包装、装卸、流通加工的系统化和全过程优化的思想和实践活动已经开始,建设了大量的铁路、公路、港口、码头、仓库、机场等,不仅增加了物流设施,而且提高了物流技术装备水平。例如,水泥、粮食的散装运输、集装箱运输,并且开始建设立体自动化仓库等,人们开始在观念上逐步改变了孤立地对待包装、装卸、运输、保管、信息情报等功能的观念,转而开始以系统的观点对它们的作用进行考察。在物流基础设施建设中,以运输为例,截至1990年年底,中国陆、水、空运输网线总长度有了较大增长,其中四分之一以上是在这十余年间建成的。尤其是公路建设更为突出,已建成高速公路、汽车专用公路长达 4000 多千米。这十多年来新建和改建的高速汽车专用公路超过了前 30 年建设总和的 3 倍。

有关物流的学术团体在此期间相继成立,并积极有效地组织开展了国内国际物流学术交流活动,了解和学习国外先进的物流管理经验,促进了中国加快吸收国外先进的物流理念和技术。中国物流流通学会于 1989 年 5 月,在北京成功地承办了第八届国际物流会议,对中国的物流发展起了积极的促进作用,物流学研究已经被业内人士重视。

3. 高速发展和国际化阶段（1991 年至今）

1992 年,中国正式确立了建设社会主义市场经济的目标,随着一个相对自由、宽松的市场经济环境的建立,经济增长迅速,买方市场逐渐形成,市场竞争越来越激烈,零售企业连锁商业企业在市场中的主导地位逐步加强。外商大举进入中国日化家电等生产领域,并引进了现代物流观念和物流网络体系,越来越多的生产企业已经认清物流能力在市场竞争中的越来越重要的作用。与此同时,一批"三资"储运、物流企业应运而生,传统的储运企业开始向综合型物流企业发展,也产生了一批新的民族物流企业。在这种情况下,一些生产、零售企业开始退出物流领域,不再新建仓库,转向市场寻求合格的物流代理商,这标志着中国现代物流业已经开始起步。

"八五"期间,中国国民经济高速发展,1992 年国内生产总值增长 12.8%。国民经济的高速发展必然要求物流体系与之相适应。正因为如此,国家为高速发展物流业采取了一系列重要的措施。在"八五"计划中明确地把发展第三产业特别是物流业作为重点,在此期间动工兴建的 10 项特大型工程中,物流业就占了 5 项。

"九五"期间,虽然中国经济出现徘徊,但是中国物流总量还是持续快速增长,1997 年达到 12.55 亿吨,相应的货物周转量则达到了 23337 亿吨公里。在此期间,中国也加快了物流系统的建设,向标准化和国际化方向发展。由于引进了不少家用电器生产线和汽车生产线,国外先进的物流技术得到了传播,有力地推动了中国物流技术水平的提高。与此同时,中国航运界也开始全面关注物流业的发展,纷纷介入综合物流领域；多次影响较大的物流会议把整个航运界的注意力都吸引到了物流这个延伸领域。随着大型航运企业纷纷踏入物流业，中国综合物流业才终于真正地高速发展起来。这一切都表明中国物流业正稳步地走向现代化。

"十五"期间，第一次将物流列入发展的重点。在原国家经贸委公布的 2002 年 90 亿元技改国债贴息重点支持行业中，流通业首次成为大行业国债技改支持重点之一。2004 年年底，外资公司可以拥有提供卡车货运服务的公司，2005 年允许外资公司完全持股从事货运代理、第三方物流和客户中介服务的公司，2006 年后可以拥有提供铁路服务的公司。

"十一五"期间，中国物流业进入快速扩张发展的时期，中国首次在经济社会发展五年规划中确立了物流业的产业发展地位，提出了要"大力发展物流业"，物流业的发展受到政府和企业的高度重视。期间，中国物流总额实现翻番，年均增长 18.9%，大大快于同期 GDP 的增长速度，物流业发展需求较为旺盛。物流总费用由 33860 亿元增长到 66910 亿元，年均递增 14.6%。与物流总额对应，反映中国进入物流环节的物品价值在不断提升，产品结构得到调整。中国物流企业也展现出总体良好的发展态势，企业规模不断扩大，兼并重组力度加大。与此同时，物流业发展环境得到明显改善，这体现在物流发展规划不断完善、政策支持力度不断加大，涉及物流业发展的基础性工作得到加强。

"十二五"期间，物流业在经济下行压力增大的情况下依然保持了较快增长。"十二五"时期，中国已成为全球最具成长性的物流市场。2015 年，物流业总收入约为 7.5 万亿元，全国货运量预计达 457 亿吨。其中公路货运量、铁路货运量、港口货物吞吐量多年来均居世界第一位。快递业务量突破 200 亿件，冷链物流市场规模超过 1500 亿元，各类细分市场规模不断扩大。与此同时，作为加入 WTO 以来开放最早的服务行业，中国物流业实现了全面开放。开放的市场环境吸引了大批跨国企业全面进入国内市场。随着"走出去"战略实施，中外运、中远物流等国内企业积极拓展国际市场。阿里巴巴等电商和快递企业纷纷参股国际快递企业、投资海外仓储设施、打造物流通关渠道，支持跨境电商发展。2014 年，国家提出"一带一路"倡议，物流设施建设和网络布局加快落地。招商物流、远成物流等一批企业积极布局沿线国家。2011年，渝新欧班列首次全程运行。截至2015年10月底，中欧班列开行已超过1000列。上海、天津、福建、广东等自由贸易试验区陆续获批，对外开放新格局为物流业开辟了新的空间。

"十二五"时期也是中国物流技术大变革的时期，物联网、云计算、大数据等新兴技术在物流行业得到推广应用。嵌入物联网技术的物流设施设备快速发展，车联网技术从传统的车辆定位向车队管理、车辆维修、智能调度、金融服务延伸。云计算服务为广大中小企业信息化建设带来福音。大数据分析帮助快递企业预测运力需求，缓解了"双11"等高峰时期的"爆仓"问题。2015年，由菜鸟网络牵头，国内主流快递企业全部普及使用电子面单，快递基础业务的信息化管理水平进一步提升。

"十三五"期间，国家开始实施"互联网+"行动计划，提出了"互联网+高效物流"等11项重点行动。2016年7月，国务院总理李克强主持召开国务院常务会议，从国家层面部署推进"互联网+高效物流"。国家发展改革委随后印发了《"互联网+"高效物流实施意见》，提出构建物流信息互联共享体系，提升仓储配送智能化水平，发展高效便捷物流新模式，营造开放共赢的物流发展环境等四项主要任务。从产业层面，物流业作为支撑社会经济发展的基础性、战略性产业，正利用新一轮科技革命的机遇，借力"互联网+"，深化产业融合，焕发出蓬勃生机。

3.3.2 中国物流产业的发展成就

自国务院印发《物流业调整和振兴规划》以来，中国物流业保持较快增长，服务能力显著提升，基础设施条件和政策环境明显改善，现代产业体系初步形成，物流业已成为国民经济的重要组成部分。

一是产业规模快速增长。2016年，中国超过美国，成为全球最大的物流市场，全国货运量连续多年稳居世界第一位。2020年全国社会物流总额达300.1万亿元，同比增长3.5%；社会物流业总收入达10.5万亿元，同比增长2.2%；社会物流总费用达14.9万亿元，同比增长2.0%；社会物流总费用与GDP的比率约为14.7%，与上年基本持平。

二是市场集中度稳步提升。截至目前,中国A级物流企业近7000家,其中AAAAA级企业382家。快递、电商、零担、医药、物流地产等细分物流市场品牌集中、企业集聚、市场集约的趋势进一步显现。

三是产业联动融合走向深入。物流业与制造业、商贸业、金融业等多业联动,产业合作层次从运输、仓储、配送业务向集中采购、订单管理、流通加工、物流金融、售后维修、仓配一体化等高附加值增值业务以及个性化创新服务拓展延伸。

四是服务能力显著提升。物流企业资产重组和资源整合步伐进一步加快,形成了一批所有制多元化、服务网络化和管理现代化的物流企业。传统运输业、仓储业加速向现代物流业转型,制造业物流、商贸物流、电子商务物流和国际物流等领域专业化、社会化服务能力显著增强,服务水平不断提升,现代物流服务体系初步建立。

五是技术装备条件明显改善。信息技术广泛应用,大多数物流企业建立了管理信息系统,物流信息平台建设快速推进。物联网、云计算等现代信息技术开始应用,装卸搬运、分拣包装、加工配送等专用物流装备和智能标签、跟踪追溯、路径优化等技术迅速推广。

六是政策环境持续向好。党中央、国务院始终高度重视物流业发展。2014年9月,国务院出台《物流业发展中长期规划》,把物流业定位为支撑国民经济发展的基础性、战略性产业。有关部门出台了《促进物流业发展三年行动计划》。各部门从自身职能定位出发,密集出台支持物流业发展的政策措施。从2015年开始,全国现代物流工作部际联席会议形成新的运行机制,由国家发展改革委、商务部、交通运输部、工业和信息化部和中国物流与采购联合会轮流主持,坚持问题导向,着力解决制约物流业发展、亟待跨部门协调解决的重点问题,支持物流业发展的部门间合力逐步加强,行业政策环境持续改善。2016年7月,国家发展改革委印发了《"互联网+"高效物流实施意见》,物流业借助新的科学技术,不断焕发出新的生命力。

3.3.3 中国物流产业的发展问题

虽然物流业在中国发展迅速，获得到令人瞩目的成绩，但是，由于物流业在中国发展的时间相对短暂，整个行业的发展仍然存在不少问题，主要表现在以下几个方面。

1. 物流业发展总体滞后于经济社会发展要求，物流基础设施还相对薄弱

从铁路、公路、航空等运输网络的规模、结构、质量和密度等指标来看，中国物流网络整体上还不能适应国民经济和社会发展的需要。

2. 物流的社会化与专业化程度偏低

目前，不少企业主辅不分，流程重复、繁杂，分工不明确，部分企业自己承担物流职能，进行自营，而不外包，导致物流的社会化程度偏低。大部分物流企业配送、仓储、运输等服务水平不尽如人意，尤其是与大型的制造业、商贸业、农业合作不足，不能向专业的第三方物流企业转型，培养自己的专业品牌，一味希望做大，走向供、产、销、仓储与运输配送等一条龙服务，泛而不专，难以形成自己的核心竞争力。

3. 物流领域高素质人才缺乏

虽然中国物流从业人员群体数量具有较大规模，但是物流从业人员素质普遍较低。上海和北京是中国物流行业发展较快并且相对领先的地区，但大专以上学历的物流从业人员占第三方物流企业从业人员的比例均为20%左右，国内其他地区的比例更低，而其中具有物流专业教育背景的从业人员更是微乎其微。

4. 物流企业素质参差不齐，发展不平衡

作为一门新兴产业，物流企业的发展速度非常快，像雨后春笋般不断冒出，但仅有少数企业能与国际接轨。中国大部分物流企业是从单一的运输公司或仓储公司转型而来，工作和服务质量不高，服务内容有限，服务方式和手段比较原始和单一，服务项目、收费标准随意性较大。物流企业组织规模较小，缺乏必要的竞争实力，经营管理水平较低，物流服务质量有待进一步提高，绝大多数企业只能提供单项或分段的物流服务，不能形成完整的配套物流服务。

5. 物流业地域性和行业性不均衡态势明显

东部沿海地区的物流基础设施相对发达，现代物流发展水平相对较高，物流需求旺盛，而中西部地区特别是经济不发达地区物流运作水平则相对较低。东部地区物流率先发展的同时，中西部地区逐步出现一批物流功能集聚区。即使是在同一地区，城市与农村物流又有所差别。城市是物流的重要集聚区和节点，农村地区物流则相当落后。

3.3.4 中国物流产业的发展形势

当前，经济全球化趋势深入发展，网络信息技术革命带动新技术、新业态不断涌现，物流业发展面临的机遇与挑战并存。伴随着全面深化改革，工业化、信息化、新型城镇化和农业现代化进程持续推进，产业结构调整和居民消费升级步伐不断加快，中国物流业的发展空间越来越广阔。

1. 物流需求快速增长

农业现代化对大宗农产品物流和鲜活农产品冷链物流的需求不断增长，新型工业化要求加快建立规模化、现代化的制造业物流服务体系，居民消费升级以及新型城镇化步伐加快，迫切需要建立更加完善、便捷、高效、安全的消费品物流配送体系。此外，电子商务、网络消费等新兴业态快速发展，快递物流等需求也将继续快速增长。

2. 新技术、新管理不断出现

信息技术和供应链管理不断发展并在物流业得到广泛运用，为广大生产企业提供了越来越低成本、高效率、多样化、精益化的物流服务，推动制造业专注核心业务和商贸业优化内部分工，以新技术、新管理为核心的现代物流体系日益形成。随着城乡居民消费能力的增强和消费方式的逐步转变，全社会物流服务能力和效率持续提升，物流成本进一步降低、物流效率明显提高，物流业市场竞争加剧。

3. 资源环境约束日益加强

随着社会物流规模的快速扩大、能源消耗和环境污染形势的加重、城市交通压力的加大，传统的物流运作模式已难以为继。按照建设生态文明的要求，必须加快运用先进运营管理理念，不断提高信息化、标准化和自动化水平，促进一体化运作和网络化经营，大力发展绿色物流，推动节能减排，切实降低能耗、减少排放、缓解交通压力。

4. 物流业全面开放格局逐步形成，国内、国际竞争日趋激烈

早在20世纪80年代，跨国物流企业就开始进入中国。2001年中国加入世界贸易组织后，物流业进一步扩大了对外开放，加速与国际市场接轨。从2006年起，外资企业可以在中国自行设立分销网络，独立经营物流业务。中国巨大的物流市场和开放的格局促使跨国物流公司加快了在中国的布局，其借助资金、技术和管理等优势，从原先主要以合资为主逐步走向独资，从单一业务走向综合物流业务，从集中于中心城市物流业务向构筑全国性物流网络全方位展开。迄今为止，国外著名物流企业大都进入了国内物流市场，不仅在快递、航空物流等高端市场占据重要地位，而且向传统物流领域渗透和扩张。与此同时，随着国际产业转移步伐不断加快和服务贸易快速发展，全球采购、全球生产和全球销售的物流发展模式正在日益形成，迫切要求中国形成一批深入参与国际分工、具有国际竞争力的跨国物流企业，畅通与主要贸易伙伴、周边国家便捷高效的国际物流大通道，形成具有全球影响力的国际物流中心，以应对日益激烈的全球物流企业竞争。

3.4 中国物流企业的市场环境

前面的内容分别从宏观经济层面和中观产业层面分析了中国物流产业的发展情况。这一节，我们将深入微观企业层面的情况，考察中国物流企业发展现状及其品牌建设现状。微观企业层面的研究，是宏观和中观层面研究的延伸，此外，结合宏观、中观、微观三个层次的研究，可以更好地理解现阶段创建中国物流企业强势品牌的迫切性和重要意义。

3.4.1 外资物流企业加速渗透

伴随着国际产业向中国的转移，Fedex、TNT、UPS、DHL、马士基、商船三井等国际物流企业迅速进入中国。可以说，外资物流企业及服务主要是配合全球跨国公司进入中国的。随着全球产业的转移，中国成为世界制造业中心，外资物流也随着制造业的转移进入中国。外资的冲击引发了业界对中国物流网络是否会受到威胁、国内物流企业生存环境是否会恶化等问题的激烈讨论。下面，结合部分学者的研究成果，对外资物流企业进入中国的方式、现状等进行阐述。

1. 外资物流企业在华的主要领域

快递业是外资最早涉足的领域，也是著名跨国企业较为集中的领域，其中 Fedex、TNT、UPS、DHL 占有中国快递市场较高的份额。除快递业务，国际货运代理业和第三方物流也是外资进入的主要领域。数据显示，中国取得货运代理业《批准证书》的企业超过 5000 家。全球著名的 SchenKer、KUEHNE &NAGEL、PANALPINA、SDV 等跨国货代企业均已通过在中国设立独资子公司或办事处、建立合资公司或签订代理协议等方式进入中国市场。从第三方物流业来看，目前进入中国市场的第三方外资物流企业有日通、山九、伯灵顿、英运、夏晖等。

2. 外资物流企业进入中国市场的主要方式

一是购买航线。Fedex 自 1996 年起已经独家拥有每周直飞中国的 10 趟航班，而 UPS 则拿到了直飞北京和上海的航班。

二是投资物流设施。2002 年年底，新加坡港务集团加盟广州港，双方合资 8 亿元组建广州集装箱码头有限公司，通过投资物流设施成功进入中国市场。随后，新加坡港务集团又与广州港务局合资组建了广州鼎盛物流有限公司，建设现代物流中心。

三是设立分公司。20 世纪 90 年代，全球最大的 4 家速递公司 DHL、TNT、UPS、Fedex 就在中国设立了分公司。

四是成立中外合资物流公司。TNT 与中外运合资建立了中外运—天地快件有限公司，开拓中国业务；联邦快递与大田集团合资组建了大田—联邦快递有限公司，双方各占 50% 的股份。

五是设立独资物流企业。如美国物流巨头伯灵顿公司落户广州，成立了独资子公司——伯灵顿货运代理（广州）有限公司。

3. 区域分布以沿海发达地区为主

由于中国经济发展不平衡，所以外资物流企业在进入中国市场初期，主要集中在沿海经济发达城市。随着中国经济的发展和物流市场的逐步放开，其开发力度逐渐加大，在形成珠三角、长三角、环渤海三地重点城市的网络布局后，投资地域开始从沿海港口城市向内地延伸。

4. 大型外资物流企业独资倾向明显

按照中国加入 WTO 的协定，到 2005 年年底，中国已取消对外商在中国投资物流企业所有权上的限制，外资正在从中外合资向独资过渡，不断加大投资，实施全国性布局。如国际快递业四大巨头 UPS、TNT、DHL、Fedex 分别投入巨资在上海、北京、香港、广州建立了亚太快运中心。随着外资物流企业业务扩张和本土化程度的加深以及中国市场的全面放开，外资物流企业的独资趋势日益明显。如 2004 年 12 月，联邦快递宣布在上海成立中国业务分区总部，统筹中国区所有业务的发展。在 2005 年年底之前，UPS 获得了在中国 23 个区域内国际快递业务的直接控制权。

5. 客户服务方式灵活

柔性化管理、量身定制的物流服务是外资物流企业在中国物流市场上获得竞争优势的重要原因。无论是需要供应链管理将原料从供应商运送到制造工厂，还是需要直销服务来挖掘客户，无论是收取或递送货物，还是服务渠道的零部件库存高效管理，外资物流企业都能通过量身定制的全面解决方案，来为客户创造提高竞争效率的成本及服务优势。为了让在中国开展业务的企业享受到更为可靠的限时快递服务，以联通中国与全球范围内的商业活动，Fedex 早在 2007 年 3 月 20 日就宣布，从 2007 年 5 月 28 日起，结合其业内领先的国际快递服务，在中国为国内 19 个城市推出次日送达国内快递服务并提供"准时送达保证"以及为全国 200 多个城市提供次日和隔日送达服务。

3.4.2 外资物流企业对中国物流企业的影响

1. 加快了中国物流业升级

虽然中国的基础设施建设如道路、桥梁、车站、码头、机场等已基本完善，但离现代物流的需要还有一段距离，尤其是中国的中西部地区，一些大型的基础设施项目还有待开发。外资物流企业在中国的资金和技术投入，加强了中国物流基础设施建设。如日本三井与宝钢、鞍钢、武钢合作，初步建成了全国范围内的钢材加工配送网络。此外，外资对汽车物流、能源物流、港口物流投入也很大，港口物流与集装箱运输已成为外商直接投资增长势头最为强劲的领域。

2. 对本土物流企业的发展有很强的示范作用

和本土物流企业相比，外资物流企业运作模式具有以下特点：一是外资物流企业的服务对象 98% 是外商独资或中外合资企业等全球大客户，主要提供中高端服务，国内物流供应商更多地关注国内的物流商机，大多提供中低端物流服务；二是相对于本土物流企业，外资物流企业的优势并非规模和资本优势，而是多年来积累起来的知识、方案和人力资本，即使是没有实物资产的外资物流企业，借助联盟和自身的知识优势，同样可以凭借服务能力赢得客户；三是外资物流企业通过应用物流信息技术为基础的服务提高了竞争能力，他们认为物流信息化最主要的驱动因素是提高操作效率，其次是改进客户服务和引导客户需求。相比之下，中国的物流企业信息化水平仍处于初级阶段。

3. 抢占了国际产业链中的高端服务领域

从总体来看，目前外资进入中国物流产业的重点领域，是涉及国际物流或国内市场中技术含量高、附加值高、市场潜力大的采购、供应链管理等业务项目，以及物流管理信息技术、快递、集装箱多式联运等，而本土物流企业目前还没有能力进入国际产业链中的高端服务领域。尽管外资物流企业和本土物流企业在主要的服务对象和业务上存在很大不同，外资物流公司对内资物流企业还没有构成威胁，但中国社会科学院财经战略研究院研究员荆林波表示，必须从产业链的角度，才能认识外资进入物流业对中国整个产业链的影响，以及外资企业的潜在威胁性和真实威胁力。

4. 抢占了中国部分物流领域大量的市场与优秀人才

尽管2006年8月8日中国商务部颁布的《外国投资者并购境内企业规定（征求意见稿）》首次设立了"反垄断审查"等门槛，但就整体而言，中国物流业的市场集中度还不高，加上中国物流类优势资源主要集中在上市公司，估计跨国物流企业的并购热情不会因此受到太大打击。通过大规模并购，外资物流企业抢占了中国国际快递、航运物流的很大部分市场，甚至形成了短期内难以打破的垄断地位。外资物流企业通过高薪招揽中国优秀的专业技术人才，导致中国物流人才稀缺问题更加突出。目前，国内物流人才需求主要体现在物流政策研究人才、高级物流管理人才、物流运营管理人才和技术技能型物流一线操作人才四个层面。许多高素质人才已经被外资企业的高薪挖走。

5. 对中国中小物流企业的生存环境构成极大威胁

在国有大型物流企业与外资物流企业的夹缝中生存，对于规模小、服务内容比较单一、网络管理松散、融资困难的中小物流企业来说是严峻的挑战。依靠强大的市场力量，外资物流企业试图通过掠夺性定价来打压中小物流企业，争夺更多的市场份额。

6. 导致中国物流业地区发展进一步失衡

由于目前全球贸易中90%以上的货物是通过海上运输完成的，为了在竞争中取胜，外资物流企业为挤占"主航道"纷纷集中在对长三角、珠三角和环渤海地区的港口的占领和投入上。在外资的带动下，东部地区的物流业将会得到更大的发展，而中西部与东部地区物流发展水平的差距，将会随着外商在东部地区投资力度的增加而不断变大。

面对外资物流企业在中国业务布局进度的加快，国内物流企业亟须改变以往的经营模式，加快实现企业的规模化和专业化，形成核心竞争优势，走上品牌化发展之路。只有这样，中国物流企业才能更好地在日益复杂和激烈的竞争中生存并不断壮大。

3.5 中国物流企业的品牌现状及存在问题

从国内和国际两个市场的竞争情况来看，要提高物流企业的竞争力，必须走品牌化经营道路。因为从市场竞争的态势来看，无论是国内还是国外，物流企业之间的竞争已经由价格等方面的竞争上升到品牌竞争。现实情况是，中国物流企业规模普遍偏小、集中度偏低、物流效率不高、资源配置能力较弱的现状，使得物流企业建设现状不容乐观。

3.5.1 中国物流企业品牌的发展现状

1. 物流企业品牌较改革开放初期有了长足进步

随着中国物流业的发展，自主品牌也有了较大的发展，并出现了一些国内知名品牌，如中国远洋、中国外运、顺丰快运等，这些知名品牌已经通过自身的努力获得了消费者的广泛认可。由世界品牌实验室评选发布，基于财务分析、消费者行为分析和品牌强度分析而形成的中国500最具价值品牌排行榜中，以物流作为主营业务之一的中国邮政、民航快递等物流企业均榜上有名。

2. 物流企业自主品牌具有很强的区域性特征

物流企业主要集中在上海、浙江、北京等较发达地区，以上海市为例，已有数百家国家A级物流企业落户上海；许多大型中央企业以上海为基地组建了第三方物流公司；本地国有物流企业逐步转型，通过外包重组和整合资源延伸服务功能，逐渐成为现代物流企业；一批民营物流企业总部集聚上海，形成自身独特的管理理念和业务模式。

3. 物流业自主品牌竞争日趋激烈

从目前的情况来看，中国物流企业普遍规模较小，导致行业进入门槛相对较低，因此，竞争历来非常激烈。在中国物流业比较发达和对外开放比较早的地区，自主品牌竞争更加激烈。

3.5.2 中国物流企业品牌建设的主要问题

中国物流企业在自主品牌的发展过程中存在的最普遍问题主要表现在以下几个方面。

1. 缺少国际知名品牌

改革开放以来，中国物流业获得了较大的发展，涌现出了如顺丰快运等全国性知名品牌，但是总体来看，基本上没有在国际上有影响力的知名品牌。一方面表现在企业规模偏小，知名度不高；另一方面表现在品牌内涵不丰富，主要表现为品牌利益不明确、品牌文化缺乏内涵、品牌定位不准、品牌个性不够突出等。由此可见，中国物流业要打造国际知名品牌，还需付出更大的努力。

2. 企业对品牌的内涵和创建品牌的重要性缺乏足够的认识

长期以来，受多种因素的影响，中国物流业普遍缺乏品牌意识，对创建品牌的重要性也缺乏足够的认识。更有甚者，有的企业连最起码的诚信经营都没有，与品牌经营的要求相去甚远。不少企业认为，创建品牌就是做业务把企业做大；加强广告宣传，就是提高品牌的知名度等。殊不知，品牌具有丰富的内涵，创建品牌与经营企业虽然密切相关，但也有很多不同。创建和管理品牌是一个系统工程，需要方方面面的努力，需要树立品牌经营的思维，更需要掌握品牌经营和管理之道。除此以外，国内很多企业忽视品牌成长的规律性，不注重科技投入、人才培养和管理创新，只是一味地在广告上下功夫。他们没有意识到的是，真正的好品牌的前提必须具备高质量的产品和完善的服务体系

3. 企业品牌运营与管理水平普遍偏低

主要表现为以下几点：①缺乏品牌战略规划，大多数企业只追求短期利益，忽视对品牌的战略规划，容易造成同质化竞争，缺乏差异化定位；②品牌营销策略单一，品牌经营需要采取多种营销策略，需要不断吸收新的营销思想，从而采取不同的营销策略塑造品牌，相比之下，中国物流企业在创建品牌的过程中，基本上还停留在利用传统的营销策略创建品牌这一层次上；③品牌资产运作水平偏低，中国大多数物流企业缺乏利用品牌资产开展资本运作的意识，也缺乏品牌资产运作的能力，从而严重限制了

中国商贸服务业的发展。

4. 品牌影响力与经营规模不相称

物流企业有品无牌、有牌不响也是一个普遍性的问题，品牌影响力并没有伴随规模的增长而相应的扩大。目前中国还没有一家物流企业的品牌成为世界名牌。此外，目前中国物流企业除了少数几家企业实现全国布局外，大部分企业仍然是区域性的地方企业，品牌知名度有明显的地域限制，全国性品牌较少，国际上有影响力的品牌更少。

5. 政策支持体系尚不完善

改革开放以来，尤其是20世纪90年代以来，为了促进中国品牌的发展，中央和地方各级政府制定了一系列政策和品牌发展战略，但很少涉及物流业的内容。到目前为止，政府还没有出台一个专门针对物流业发展自主品牌的指导意见，这严重影响了中国物流业品牌的发展。与此同时，中国法律体系尚不健全，对产权缺乏明确的保护；地方保护主义和区域封锁长期存在；企业发展融资渠道不畅等多方面体制性的障碍也阻碍了物流企业的品牌化经营。

3.6 中国物流企业创建强势品牌的重要意义

创建中国物流企业强势品牌，是提升国家竞争优势的必然要求，是顺应产业发展方向的必然选择，是增强企业核心竞争力的必由之路。

3.6.1 提升国家竞争优势的必然要求

一个公认的观点是，物流品牌不仅仅是表示商品和服务来源的标志，而且是企业商品或服务的市场信誉、市场占有率和市场竞争力的集中体现，其发展水平是衡量一个国家、一个地区的经济科技水平的重要指标。世界级的物流品牌主要集中在美国、欧洲、日本等发达国家和地区，这一现象从侧面证明了以上观点。具体而言，创建中国物流企业强势品牌，可以从以下几个方面提升国家竞争优势。

1. 通过产业联动提高经济运行质量，对企业的创新和研发能力的提升有重大影响

以制造业为例，国际市场掌握在大型采购商手中，因而为了满足发达国家的技术标准和消费者需求，中国许多制造业企业往往直接从国外引进设备和技术，同时出于提升竞争力的需要，还要采取动态的技术跟随和引进战略，致使本土制造业企业失去了市场空间。也就是说，发达国家通过对流通环节的控制，制约了中国制造业企业的中高端化发展，大幅降低了国内企业技术创新的动力。创建中国的物流企业强势品牌，可以影响国际原材料的运输渠道，进而带动国内制造业的升级。

2. 可以促进国内产业结构调整和发展动力转型，提升国家竞争优势

从宏观上看，结构调整主要是指产业结构的调整，即产业结构的高级化或产业升级，具体是指产业结构的高附加值化、服务化和低碳化发展。对中国而言，结构调整的含义还包括由外需经济为主向内需经济为主调整；由区域经济不均衡发展向区域经济均衡发展调整；由城乡二元结构向城乡一体化调整等。大力发展物流企业品牌，提升产业实力，对结构调整包括增加GDP、促进就业、改善民生等具有直接贡献，同时可以促进生产与消费之间的有效对接，促进国内区域间分工和区际贸易。

3. 实现中国物流国际化战略

中国物流企业在满足中国经济高速增长下的物流服务需求的同时，还承担着实现中国物流国际化的战略任务。在国际化大生产、国际资本大流动、国际贸易大发展、全球经济一体化日益明显的新经济格局中，跨国物流企业都在角逐世界物流市场，以求与其供应链中的生产企业结伴进入各国物流领域。

3.6.2 顺应产业发展方向的必然选择

国家经济动力的转型、居民消费水平的提高和消费意识的崛起以及市场消费热点的不断转换，客观上都要求物流业不断转型，以适应新潮流的发展趋势。新时期，中国物流业的发展趋势包括国际化、一体化、高端化、规模化等，这些无不需要作为产业微观基础的物流企业实行品牌化战略。只有加强物流品牌建设，才能创造国际知名的中国物流品牌，并通过增强实力打通国际和国内两个市场，摆脱低端，走上高级化发展的道路。

与此同时，品牌建设有助于增强中国物流业整体竞争力。中国物流企业以中小企业为主，它们的品牌观念淡薄、品牌建设缺失，导致整体服务水平不高，阻碍了中国物流业的迅速发展，制约了物流业整体竞争力的提升。如今全球服务贸易迅猛发展，各国都在加快发展现代物流业，培育品牌物流服务企业，提高物流服务能力，以应对日益激烈的全球物流业竞争。

3.6.3 增强企业核心竞争力的必由之路

从物流企业层面来讲，创建强势品牌可以从以下几个方面增强企业核心竞争力。

一是品牌建设有助于物流企业发展壮大。中国尚处于现代企业制度发展的初级阶段，与成熟的国际大型企业相比，中国企业在品牌建设方面显得尤为不足，使得中国众多企业在日益激烈的竞争中处于十分不利地位。品牌是物流企业向客户展示实力的有力工具，也是客户认识物流企业的主要途径。随着消费者品牌意识加强，品牌认知提高，品牌在企业发展和竞争中的影响力越来越大。

二是提升市场占有率。具有强势品牌的物流企业，往往给消费者一种可靠可信的心理暗示，能够吸引更多消费者并培养消费者忠诚，同时冲破地域限制，形成遍及全国甚至世界的物流企业集团。当然，消费者忠诚的培养和市场占有率的提高，不仅仅是建立在品牌名义之下，其更重要的基础是强势品牌背后的高质量的服务。

三是提高行业门槛，摆脱低质价格竞争的恶性循环。中国现阶段绝大部分的物流企业呈现出小、散、乱的竞争格局，大部分企业没有核心竞争力，只能通过价格战的手段苦苦支撑。创建强势品牌，有利于物流企业之间的兼并重组和特色化经营，从而提高行业门槛和竞争格局，使低质的价格竞争转向以商品和服务质量为基础的现代化竞争。

四是增加企业利润。创建物流企业强势品牌，可以提升市场占有率，提高行业门槛，这些在无形当中都会增加企业的利润。企业利润增加，就会有更多的资金投入到技术革新、管理改进和服务的质量提高当中，并起了强化企业品牌知名度的作用。这样就形成了一个良性循环，拥有强势品牌的物流企业将会持续健康发展。

3.7 小结

本章结合国外物流业的发展现状和经验，分析了中国物流企业发展的宏观环境及中观、微观层面的现状及问题。总的来看，理论研究和国际经验均表明，物流本身的发展对于国民经济具有重要意义；西方发达国家的物流产业发展都经历了若干阶段，其重点逐渐由早先的基础设施建设与硬件投入转向企业内部管理优化与经营效率提升，其中，物流专业人才的培养与市场机制的创建发挥了重要作用，而企业的规模化、集约化、国际化、信息化、标准化、品牌化经营是必然趋势和要求。对于中国而言，随着经济形势的变化，物流产业一方面迎来了重要的发展契机，另一方面迫切需要通过品牌创建来摆脱低水平竞争的局面。当前，创建中国物流企业的强势品牌，不论是对于增强产业发展后劲、提升国家竞争力，还是对于物流行业与物流企业自身的长远发展而言，都具有十分重要的意义。

第4章 中国物流企业强势品牌创建的机理分析

物流企业不同于一般的制造业企业，其服务型企业的特殊性赋予了其内在的特殊性。因此，有必要从服务企业和物流企业两个更为具体的角度，进行深入研究。本章将介绍服务业创建强势品牌的机理，然后进一步聚焦，考察物流企业强势品牌建设的特殊性。

4.1 服务与服务品牌

4.1.1 服务的内涵

1. 服务的概念

服务在我们周围无处不在，随着服务业的飞速发展，服务的种类不断增多，服务的体验日益丰富，对服务概念的界定也在不断地深入和发展。

从20世纪60年代到80年代，许多学者在服务概念方面不断地进行探讨，他们分别从服务经济、服务管理、服务营销等方面，对服务的概念进行了界定，但鲜有大家普遍接受的定义。

学者Regan认为，服务就是直接提供满足，或者与有形商品或者其他服务一起提供的不可感知活动。Stanton认为，服务是一种特殊的无形活动，它向顾客或者工业用户提供所需的满足感，它与其他产品销售和其他服务并无必然联系。丹麦学者安德森认为，服务是直接或者间接付费后所获得的任何无形好处，服务通常包括或大或小的物理和技术性的构成要素。芬兰学者Lehtinen认为，服务是一项或一系列活动，它发生于与相关人员或物态机器的相互作用之中，它能够向消费者提供满足。Qulnn认为，服务是包括所有产出，为非有形产品或创建品的全部经济活动，通常在生产时被消费，并以便捷、愉悦、省时、舒适或健康的形式提供附加价值。中国学者叶万春认为，服务是具有无形特征却可以给人带来某种利益或满足感的可供有偿转让的一种或一系列活动。徐章一认为，服务的本义是以知识和技术为供应链提供重大的增值利益和为顾客创造增值价值。陈祝平等认为，服务是指用以交易并满足他人需要，本身无形和不发生所有权转移的活动。

可以看出，国内外学者对服务的定义具有很大的差异性。本书比较认同学者 Regan 对服务的定义，即服务是直接提供满足或者与有形商品或者其他服务一起提供的一系列经济活动，它可以与实物商品相联系。

2. **服务的特性**

人们普遍认为，服务和商品之间存在一种内在的区别，与商品相比，服务更加无形、异质、更难做出评估，了解这些特性对于管理者来说至关重要。服务和有形商品的区别可以归纳如表 4-1 所示。

表 4-1 有形商品与服务的区别

有形商品	服务
有形	无形
同质	异质
生产、传递与消费过程分离	生产、传递与消费过程同时发生
一种物体	一种活动或过程
核心价值在工厂中生产	核心价值在交易过程中实现
通常顾客不参与生产过程	顾客参与生产
可以存储	无法存储
牵涉所有权的转移	不牵涉所有权的转移

对绝大多数服务来说，最重要的特性主要有以下三点。

第一，服务是由活动或一系列活动（而不是有形物）所构成的过程。服务最重要的特性就是其过程性。这个过程是由一系列活动所组成的，这些活动消耗各种资源，包括人力资源和其他资源，通过服务提供者与顾客的互动，资源消耗的结果是消费者与企业一起寻找到消费者问题的解决方案。在服务过程中，消费者亲自参与。这种参与构成了服务过程的重要组成部分。服务的其他特性，都源自这种过程特性。

第二，服务至少在一定程度上具有生产与消费的同步性。服务不是一种有形的物体，而是一组由一系列活动所组成的过程，在这个过程中生产和消费同步进行，按照传统的方式营销和管理质量是非常困难的，因为在服务被售出和消费之前，没有提前生产出的质量可以控制。当然，不同的服务情况会有所不同。当一个顾客来到理发店并接受服务时，理发师的服务随之完成；但当运输货物时，顾客所接受和消费的只是其中的一部分服务，大部分的服务过程是无形的。从上面的论述，我们可以知道，只有服务过程中的有形部分才对顾客有影响。至于其他部分，顾客所体验的只是结果，而对有形的活动则不但要体验，还要进行详细的评估。所以，企业对服务质量的控制必须具有实时性，即在生产和服务过程中进行质量控制；如果企业利用传统的质量控制和营销方法，那么，消费者亲自参与的那部分服务就会游离于企业控制范围之外，就有可能削弱企业的营销能力。

第三，顾客或多或少地参与服务的生产过程。这说明，顾客不仅仅是服务的接受者，也作为一种资源要素亲自参与服务的生产。这一特性和前面提到的无形性特征，决定了服务无法像有形产品一样存储。如果一架飞机上只坐了一个乘客，那些剩余的座位是没有办法在第二天销售的。对于企业来说，这无疑是一种损失。正是由于这个原因，计划服务能力对于服务企业来说是至关重要的。虽然服务无法存储，但企业可以设法"存储顾客"。例如，如果饭店内顾客已满，企业通常会让顾客在别的地方等候，直到有座位腾出来为止。

4.1.2 服务品牌与产品品牌

传统的品牌理论研究主要是基于制造业的产品品牌研究，很多服务性企业往往直接运用传统产品品牌理论创建和管理服务品牌。近十年来，这一做法受到了越来越多理论界和实践界的质疑，于是有部分学者专门对服务业创建服务品牌与制造业创建产品品牌存在的差异以及如何创建和管理服务品牌进行研究，并取得了部分研究成果。

研究表明，服务品牌与产品品牌在品牌要素、品牌沟通、消费者品牌感知及评价、品牌管理四个主要方面存在较大差异（见表4-2）。

表4-2　产品品牌与服务品牌之间的差异

比较内容	产品品牌	服务品牌
品牌要素	产品核心功能、价格、包装、用途、使用者形象等	无形服务、服务环境、员工形象、品牌名称、价格和情感等
品牌沟通	广告、促销等基本营销活动	基本营销活动、员工形象、服务环境等的有形展示
消费者品牌感知及评价	产品具体的功能和情感、象征价值；产品质量控制以保证品牌感知的一致性	服务体验过程和服务结果；员工和顾客都影响品牌感知的一致性
品牌管理	品牌经理	企业服务品牌管理

第一，服务品牌涉及的品牌要素比产品品牌更多、更复杂。影响产品品牌的要素主要包括产品相关因素（如核心功能）和非产品相关因素（如价格、包装、使用者形象和用途等）两大类。相比之下，影响服务品牌的要素更加丰富，员工形象、服务环境和情感等都会影响服务品牌的形象。

第二，相对于产品品牌而言，服务品牌与顾客之间的沟通接触点更多。除了广告、促销等基本营销活动之外，服务环境、员工形象和服务设施等有形展示都是服务品牌与顾客的接触点，如何在不同的品牌接触点有效地与顾客进行沟通，并保证服务品牌沟通的一致性是服务企业创建服务品牌的关键。

第三，在消费者对品牌的感知和评价方面，服务品牌与产品品牌也存在差异。产品品牌的感知和评价可贯穿于消费者购买前、购买使用过程中和使用之后等阶段，而服务的无形性使消费者很难在购买之前对其做出评价。消费者对服务质量的感知主要来自他们在接受服务时的过程和结果，员工的态度和行为、顾客的情绪、服务环境和氛围等都会影响服务消费过程中的顾客体验，从而影响服务品牌感知和评价。因此，对服务体验过程的管理是服务品牌不同于产品品牌的一个显著特点。

第四，在品牌管理上，服务品牌应该实施企业统一管理下的服务品牌战略，由高层管理者进行管理，协调营销和人力资源管理等部门共同实施企业整体品牌战略。而产品品牌通常由品牌经理来管理。另外，产品品牌管理主要是管理产品的基本营销活动，而服务品牌管理还强调员工管理，建立顾客导向型企业文化和品牌价值观，招聘认同品牌价值观的员工或对员工进行品牌价值观培训，激励他们采取与品牌价值观相一致的行为，才能确保顾客对服务品牌的认同。

4.2 服务企业品牌建设的基本理论

4.2.1 服务企业品牌建设的研究视角

总结目前专家和学者的研究成果，对于服务品牌的研究可以归结为消费者外部视角和企业内部视角。它们各自从不同的角度提出了服务品牌建设和管理的不同侧重点。

1. 消费者外部视角

服务品牌是一种消费者感知，要以消费者为导向，只有真正了解消费者对服务品牌的品牌联想、品牌态度和品牌选择等，企业才能有效地进行服务品牌的建设与管理。在这一前提下，主流观点着重研究消费者的服务品牌感知和评价，主张通过积极的品牌沟通来塑造服务品牌形象，以丰富的顾客体验来增加服务品牌价值。从消费者外部视角研究服务品牌的主要观点如下。

（1）树立良好的服务品牌形象，让无形服务有形化

加强对品牌有形属性的管理，使无形的服务更加有形化，这对于服务企业的品牌建设十分重要。基于环境心理学的研究成果，部分学者提出了"服务场景"这个概念，并且讨论了服务场景对于消费者在服务过程中的认知反应、情感反应和生理反应的重要影响。因此，西方学者在服务品牌

形象的树立上都一致强调品牌沟通。

首先，服务品牌沟通应该尽可能采用有形的实体（如服务环境）、服务象征性标志、员工形象、服务流程系统等来展示无形的服务。同时，服务品牌沟通要注重与顾客建立情感联系。一些研究已经表明，企业员工和服务的象征性标志经常出现在服务业的广告中，服务业的广告比制造业的广告有更多的情感诉求，广告的标题更加人性化。

其次，在品牌沟通方式上，不仅要充分运用企业可控制的沟通方式（如广告、促销等），还要重视外部不可控制的沟通方式（如口碑、公共关系等）。企业展示的品牌（主要是可控制的品牌沟通方式，如广告促销等）与外部品牌沟通（如口碑和公共关系等）都是驱动服务品牌资产的重要因素，它们能够提高服务品牌的认知度和品牌意义，从而增加服务品牌的资产价值。

再次，在品牌沟通的具体内容上要突出强调服务体验过程，可以采用能够描述服务体验过程的叙述性广告进行服务品牌沟通，树立积极的服务品牌形象。当然，进行差异化的服务品牌沟通也很关键，可以通过员工形象媒体宣传和广告等差异化手段来塑造独特的服务品牌形象。另外，除了品牌沟通之外，还可以通过准确的服务品牌定位来树立鲜明的服务品牌形象。

（2）强调顾客体验对服务品牌的重要性

由于服务的无形性、生产和消费的同时性等特征，服务业比制造业有更多的体验和信任要素。体验对服务品牌的评估具有重要的作用。服务体验能够让顾客在服务消费过程中产生与行为、思想和情感相关的品牌联想和品牌意义，从而加强顾客对服务品牌形象的感知。

实际上，顾客体验是服务品牌联想的核心内容。服务品牌联想是由核心服务、员工服务和情感等要素构成的，其中核心服务是指服务传递过程，员工服务是指服务传递过程中的员工表现，情感是指顾客在服务消费过程中激发的情感。实际上，这三者就构成了顾客与员工互动的服务体验过程。

2. 企业内部视角

除上述消费者视角外，还有一批学者主要从企业内部视角来研究服务品牌的建立和管理问题。他们的基本假设是，对于服务性企业来说，企业内部管理（尤其是员工管理）比对外品牌沟通更加重要。由于服务的无形性，消费者无法在购买前对服务作出评价，服务品牌更多是一种承诺。履行品牌承诺，就是要让顾客感知的服务与期望的服务相一致，而服务品牌的对外沟通只是单纯地提高顾客的服务期望，要保证顾客感知的服务质量才是服务品牌管理的关键。因此，对一线员工的品牌沟通和有效的员工管理是支持服务品牌的重点。从企业内部视角研究服务品牌的学者其主要观点有以下几种。

（1）重视员工在建立和管理服务品牌方面的重要作用

不同的学者从关系营销、内部营销、人力资源管理等角度提出了自己的观点。首先，从关系营销的角度来看，服务品牌不仅要与顾客建立关系，也要与员工建立良好的关系。只有满意的员工才有满意的顾客。其次，从内部营销的角度来看，服务品牌管理应该进行品牌内部化。品牌内部化包括向员工解释和宣传品牌，与员工一起实施品牌战略和分享品牌价值，激励员工维护品牌，对员工进行品牌意识和品牌行为培训，充分发挥员工在服务品牌培育和管理方面的作用。再者，从人力资源管理的角度来看，服务品牌管理必须以有效的员工管理为前提。在成功的服务性企业中，人力资源管理部门发挥着关键的作用，因为它们要负责员工招聘、培训与激励等工作。

（2）强调企业文化和品牌价值观的作用

确立服务品牌价值观不仅有利于服务性企业树立鲜明的服务品牌形象，而且有利于企业内部的员工管理。当员工认同品牌价值观并且受到品牌价值观的激励时，不仅能够自觉地提高服务质量，为顾客提供满意的服务，而且能通过本身的优质服务和有意识的品牌宣传，让消费者更好地感知和评价服务品牌。另外，服务企业员工拥有一致的价值观，容易产生融洽的工作氛围，促进团队合作，优化服务流程，同时便于突出能够降低员工流动率，保证服务质量的一致性和稳定性。

（3）服务品牌应该采用企业品牌战略

在品牌形象上，服务品牌应建立企业品牌识别系统。在单个产品线品牌与企业品牌策略的选择上，服务品牌以采用企业品牌策略为宜。企业品牌便于突出服务品牌定位的战略重点，加强品牌沟通的一致性，促进员工对企业的了解和认同，有利于保证员工为顾客提供一致性的服务。在品牌组织管理上，企业高层管理者进行服务品牌管理，统一协调销售部、人力资源管理部和客户服务部等职能部门之间的分工协作，调动企业所有员工积极参与服务品牌的培育和管理。

总之，服务品牌的不同研究视角存在着差异。首先，研究的出发点和内容不同，外部视角主要是研究消费者对服务品牌的感知和评价，而内部视角则重点研究服务品牌的企业内部管理。其次，研究所依据的理论也有所不同，消费者视角研究主要基于服务营销学、品牌学、消费者心理行为学等理论，而企业视角研究则主要基于管理学、服务营销学等学科理论。再者，研究方法也不同，前者主要通过消费者调查进行实证研究，而后者主要是对企业管理者、营销经理、品牌顾问等进行定性的深度访谈。最后，不同视角的研究创建了不同的代表性模型，同时研究结论更是各有侧重点。消费者视角提出了服务品牌资产模型和服务品牌消费者选择模型等，强调品牌沟通和顾客体验在创造积极的服务品牌形象中的作用，企业视角则提出了服务品牌管理模型，强调通过建立企业文化和品牌价值观来对员工进行内部品牌沟通（品牌内部化）和有效的员工管理以保证品牌一致性。

4.2.2 服务企业品牌建设的主要理论模型

目前比较流行的服务企业品牌建设的理论模型主要包括服务品牌资产模型、服务品牌消费者选择模型、服务品牌管理模型、基于顾客价值的服务品牌模型。

1. 服务品牌资产模型

美国著名服务营销学家贝莉在1999年对美国不同服务行业、经营业绩优异的14家成熟服务企业进行了调查研究，主要探析这些服务性企业取得成功的原因。调查对象是服务企业包括CEO到一线服务人员在内的员工，大约有250人参加了这项调查。

调查结果显示，强有力的品牌是这14家企业成功的主要驱动因素。它们都以品牌为基石，与顾客建立了相互信任的密切关系。贝莉考察了服务品牌资产构成和驱动因素。

根据相关调查和研究结果，贝莉在2000年发表的《服务品牌资产的开发》一文中提出了服务品牌资产模型（Berry，2000）。她认为，服务品牌资产是由品牌认知和品牌意义两部分组成（见图4-1）。品牌认知是顾客识别和回忆品牌的能力，而品牌意义是指顾客对品牌的感知，即顾客对品牌及其联想的短暂印象。其中，品牌意义对品牌资产的影响作用比品牌认知要大一些。因此，对于培育服务品牌资产，提升品牌意义比提高品牌认知更重要。

企业展示的品牌和外部品牌沟通都会影响消费者的品牌认知。企业展示的品牌主要包括广告、服务场景、员工形象、企业名称及标识等；而外部品牌沟通则受企业无法控制的因素（如口碑、公共关系等）的影响。相对于外部品牌沟通，企业展示的品牌更有利于提高品牌认知。

另外，顾客体验对品牌意义产生重要的影响作用，而品牌意义是服务品牌资产的重要组成部分。因此，顾客体验是服务品牌资产的主要驱动因素。当然，企业展示的品牌与外部品牌沟通也在一定程度上影响品牌意义。

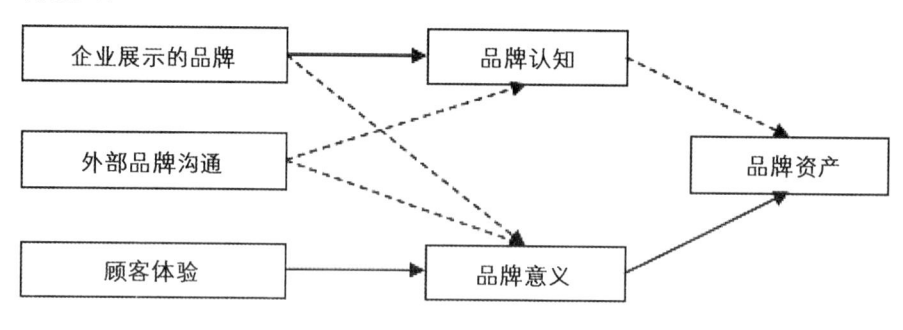

图4-1 服务品牌资产模型

以下这个模型主要基于14家经营业绩优异的成熟服务企业的调查结果，只能说是从服务营销者（或者说企业管理者或员工）的角度来估计和预测消费者对服务品牌的感知，还不是完全意义上的消费者视角的服务品牌研究。另外，这个模型并没有进行实证检验，模型的信度和效度仍有待验证。但是，值得肯定的是，这个模型为服务品牌资产研究奠定了良好的基础。

2. 服务品牌消费者选择模型

澳大利亚的两位学者格雷斯和奥卡斯综合前人的研究成果，再经过消费者初步访谈列出了服务品牌要素，创建了服务品牌消费者选择模型。通过店头拦截式消费者访问调查，他们收集了消费者对于银行品牌或零售品牌的品牌联想、品牌沟通、品牌态度、品牌购买意愿等方面的数据，最后根据实际数据分析结果验证了模型（见图4-2）。

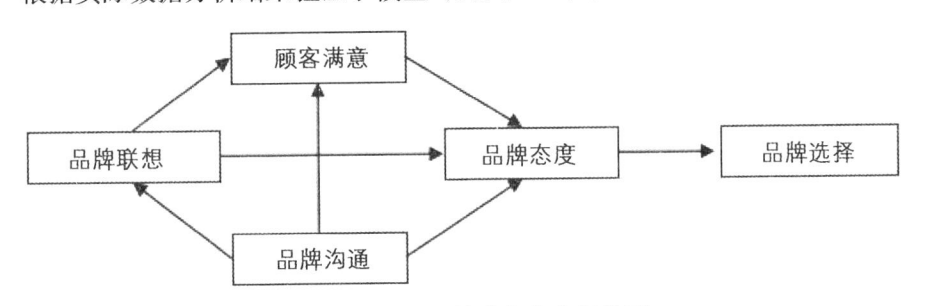

图4-2 服务品牌消费者选择模型

在服务品牌消费者选择模型中，服务品牌联想和服务品牌沟通都影响顾客满意度和服务品牌态度。其中，服务品牌联想包括品牌名称、价格/货币价值、服务环境、核心服务、员工服务、情感、自我形象一致性；而品牌沟通则包括可控制的沟通（如广告和促销）和不可控制的沟通（如口碑和公共关系等）。同时，品牌沟通对品牌联想产生一定的影响作用。

品牌态度是消费者对品牌作出的积极或消极反应，它主要产生于消费者对品牌的感知和满意度。品牌选择是指消费者对品牌的最终决策和行为反应。品牌态度是影响消费者选择服务品牌的重要因素。

以上学者在定性研究（主要是文献回顾和消费者访谈）的基础上提出了假设模型，运用消费者调查收集的数据来进行定量研究并验证模型。相对于服务品牌资产模型，它在研究方法上显得更为科学。

但是，通过消费者的实证研究却发现口碑和公共关系等不可控制的沟通对服务品牌选择影响不大。另外，被调查服务品牌所涉及的行业很少，只选择了澳大利亚四个全国性银行品牌和六个知名零售品牌，让顾客挑选其中一个自己亲身经历的品牌并进行问卷填写。这可能导致这个模型存在一定的行业适用性限制，模型在不同服务行业的普适性需要进一步验证。

3. 服务品牌管理模型

该模型由 De Chernatony 和 Segal-Horn 两位英国学者共同提出。这是一个循环模型，起点是服务企业建立企业文化和界定品牌价值观，然后确定品牌承诺，接着分别对外部顾客和内部员工进行品牌沟通。

品牌的内部沟通主要是向员工解释品牌远景、品牌承诺，并提供顾客信息，对员工进行培训，形成一致的价值观。通过服务传递系统的协调支持，保证员工与顾客的每一次接触都能提供一致的服务。

另外，企业通过外部品牌沟通向消费者传达品牌承诺。消费者基于品牌承诺形成服务期望，对服务期望与实际感知的服务进行比较来评价服务品牌。顾客对服务品牌的积极评价能在顾客心中形成良好的服务品牌形象，而良好的服务品牌形象则是建立服务品牌与顾客关系的基础。

同时，服务品牌与顾客之间长期持久的信任关系则会进一步巩固服务企业文化和品牌价值观（见图4-3）。

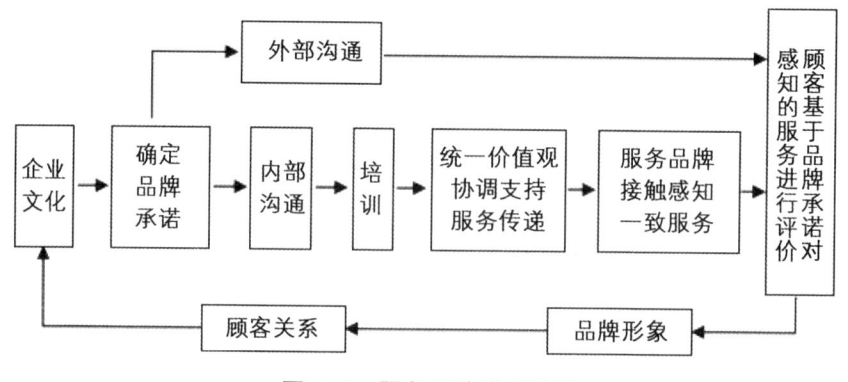

图4-3 服务品牌管理模型

这个模型将服务品牌的外部顾客沟通、内部员工管理、员工与顾客的互动过程整合在一起，形成了一个完整的循环系统，为服务企业的品牌培育与管理提供了一个具有操作性的流程模型。但是，它只是基于文献回顾和对 28 个资深顾问的定性深度访谈，并没有经过服务企业实践的验证。由于访谈对象既不是企业管理者或员工，也不是消费者，因此外部顾客沟通、内部员工管理、员工与顾客互动等具体要素和相互关系等问题仍需进一步的研究探讨。

4. 基于顾客价值的服务品牌创建

中国学者韩梅（2007）认为，顾客价值需求是服务品牌创建的源点，在对服务品牌、顾客价值等相关理论树立的基础上，根据顾客价值需求规律，她提出了一个基于顾客价值的服务品牌创建模型（见图 4-4）。

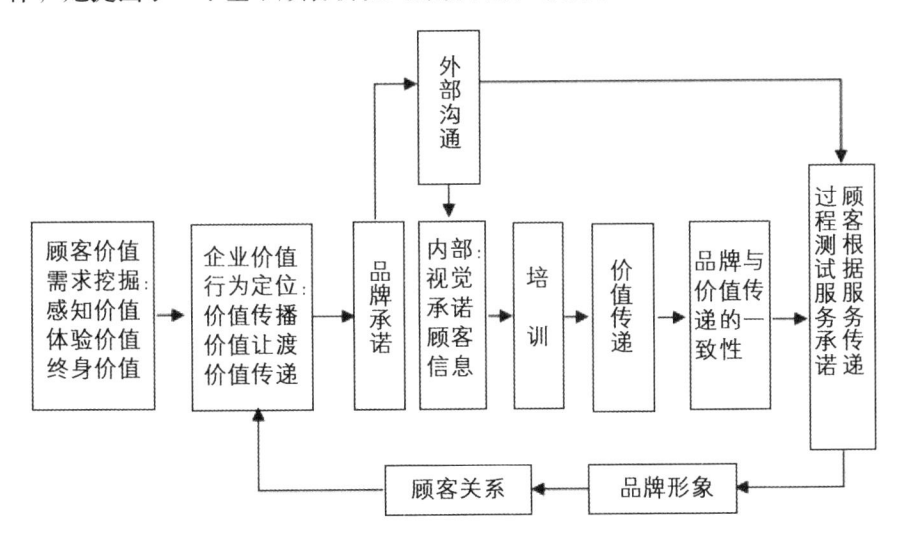

图 4-4 基于顾客价值的服务品牌创建

在该模型中，服务品牌的创建首先需要从挖掘顾客价值需求开始，因为顾客的需求是一切服务产品设计的原点。感知价值是顾客感知成本和感知收益之差，感知价值受顾客服务消费经验、消费偏好和消费预期的影响。在服务产品中，感知价值决定着顾客服务感知质量；体验价值是顾客在接受服务消费过程中对服务质量的一种评价，体验价值决定着顾客对服务过程质量的一种评价；终身价值是顾客对服务所带来的未来收益的一种评价，如体育产品对人们健康的贡献，知识产品对人们智慧的提升等。

在确定顾客价值需求后，服务企业需要根据顾客的价值需求设计具体的服务产品，确定品牌的价值定位。价值传播是服务企业把产品的价值通过合适的渠道传播给目标客户，价值让渡是服务企业在服务过程中真正地把产品的价值让渡其目标客户。价值传递是指服务企业在服务过程中把就价值要素展现给目标客户。

服务产品价值的传播、让渡和传递是服务品牌创建中的一个有机整体，任何环节的不足都会影响服务品牌的感知质量。服务产品的承诺是服务企业对目标客户服务质量的一种要约。这种要约不仅决定着顾客对于该服务产品价值的认可与接受程度，也是顾客对该服务质量评价的一项重要内容。沟通则是服务企业把服务产品质量的承诺传递给目标客户。由于无形性以及生产和消费的同时性，顾客在接受服务产品前，很难对产品的服务质量予以判断，因此，服务承诺则成为顾客服务质量评价的一项重要依据。

一般来说，如服务质量超出承诺内容，顾客则表现为一种惊喜和满意；如服务质量满足承诺内容，顾客表现为一种满意；如服务质量低于承诺内容，顾客则表现出不满意，甚至失望的情绪。据此，服务承诺在一定程度上决定着服务品牌的感知质量。管理者应根据服务品牌及其个性的功能和情感价值相结合的方式，对服务品牌的承诺作出详细说明。

通过对服务的视觉效果、品牌承诺和顾客期望信息的沟通，一方面使顾客了解服务产品的价值所在，另一方面使员工更好地理解他们作为品牌建设者的角色。在此，服务培训则成为服务质量保证的关键。服务企业在开展服务、进行价值传递过程中，一定要把价值传递与企业的品牌定位有机地结合起来，价值传递和服务质量保证是品牌创建的支撑，品牌提升则反过来提升顾客对服务的感知质量。

对顾客来说，服务企业品牌的培育过程是企业对服务企业价值承诺和价值传递不断测试的过程，服务过程质量决定着顾客对于服务情节的感知质量，而情节感知质量决定着顾客对于整体服务质量的评价，评价结果则形成了顾客对该服务品牌的形象感知，这种感知质量不仅影响着顾客关系的进一步建立，更影响着服务品牌的感知质量。因此，服务品牌的创建与服务价值的传递程度成正比关系，服务价值传递得越充分，则服务品牌的感知质量越高；反之亦然。

综上所述，品牌是一种信息的载体，它凝聚了各种各样的信息。一方面企业通过品牌向消费者传递诸如属性、功能、名称、标识、服务、历史、信誉、文化、价值等信息，这些信息构成企业品牌资本的基础；另一方面，消费者与品牌接触，通过自身的感受与体验，产生一系列品牌联想，这些联想构筑了品牌形象，即顾客对品牌的感知，而这种品牌感知又会影响企业品牌资本。相对于产品品牌而言，由于服务的过程性特点，服务品牌与顾客之间的沟通接触点更多，除了广告、促销之外，服务环境、员工形象和服务设施等都是顾客的品牌接触点。

同时，由于服务的无形性和异质性，在购买之前消费者无法感知和评价服务质量，因此服务品牌所包含的信息就更多，更复杂，企业的品牌培育工作难度也更大。现有的关于服务企业品牌的研究主要分为外部视角和内部视角两种，外部视角主要是研究消费者对服务品牌的感知和评价，而内部视角则重点研究服务品牌的企业内部管理。不同视角的研究创建了不同的代表性模型，同时研究结论也是各有侧重点。但是要想建立成功的服务企业品牌，必须把这两个角度结合起来，只有把企业内部管理做好了，外部的消费者感知和体验才会满意。同时，外部的消费者感知和反应也会促使企业进一步改善内部的管理工作，不断提升服务质量，两者是相辅相成的。

4.2.3 服务企业强势品牌的核心竞争力

前文已述，强势品牌主要应该从其品牌竞争力角度考察。因此，服务企业创建强势品牌也应该从提升品牌竞争力角度着手，而服务企业品牌竞争力的核心来源是服务质量。

1. 服务的质量

服务的无形性、异质性、生产与消费同时进行、易逝性等特点使得企业提供的服务质量难以完全相同，造成顾客感知的服务质量不太稳定，影响顾客对服务品牌的良好感知。因此，对于服务企业来说，质量控制是关键，这也是建立一个强势品牌的核心与基本保证。

很多著名品牌都有着对服务质量追求极致的执着。例如1955年，在建造加州迪士尼乐园时，为了做到尽善尽美，迪士尼乐园的预算突破了原来的700万美元，达到了1100万美元。一经推出，马上成为全美最受欢迎的娱乐公园。而在1964年动工，1971年推出的奥兰多迪士尼世界更是耗资7.66亿美元，占地面积109平方千米。之后的东京、巴黎迪士尼乐园的轰动效应莫不如此。1934年，迪士尼制作童话电影《白雪公主》时，原计划成本为25万美元，但是由于追求真实感，又雇用舞蹈演员穿上戏服拍成影片，再根据影片画出卡通底稿，使摄制成本一再攀高，最终达到了最终耗资达200多万美元，几乎使他倾家荡产，被称为"迪士尼蠢事"。但这部片子大获成功，首次发行收入800多万美元，且获得奥斯卡金像奖。迪士尼公司所带给人们的娱乐越出美国，走向世界。而所有这些成果的取得都是和迪士尼坚持做精品、追求完美和高质量的企业精神分不开的。但同时，服务质量的管理必须围绕企业的品牌文化和品牌个性，体现品牌文化和品牌个性，如迪士尼通过可爱的卡通形象，高品质、完美的迪士尼主题公园的表演，完善、周到的员工服务体现了其传达快乐的品牌文化和品牌个性。而星巴克则通过现场精湛的钢琴演奏、欧美经典的音乐背景、流行时尚的报纸杂志、精美的欧式饰品等配套设施，给消费者营造了高贵、时尚、浪漫的文化氛围，从各个角度诠释其咖啡体验的品牌文化和品牌个性。只有让消费者感受到高质量的服务，能够体现其品牌文化的服务，才能真正体会到品牌的价值。

那么究竟什么是服务质量呢？针对服务质量概念的研究由来已久，最早始于20世纪70年代。著名学者Sasser在论述服务质量时明确地指出：服务质量不仅包括最后的结果，还包括提供服务的方式。学者Rohrbaugh

更是将服务质量划分为人员质量、过程质量和结果质量三部分。第一次提出顾客感知服务质量并对其内涵进行科学界定的是 Gronroos 教授。他于 1982 年提出了顾客感知服务质量的概念和总的感知服务质量模型。这种方法建立在对顾客行为和与顾客消费后评价相关的顾客期望的影响进行研究的基础上。Gronroos 创建的感知服务质量评价方法与顾客差异结构至今仍然是服务质量管理研究最为重要的理论基础。

学者 Parasuraman 的研究指出，服务质量相似于态度，是顾客对于事物所作的整体评价。Gronroos 则提出顾客感知服务质量包含：①功能上的品质，又称为过程品质，是指顾客在服务过程中所感受的服务水准；②技术上的品质，又称为结果品质，是指顾客对所接受的服务所作出的衡量。Kotler 提出将服务质量定义为相对于顾客的期望值而言，所提供的服务处在一个较高的水平上。这一定义说明了两个关键问题：第一，提供的服务的质量水平必须高于顾客的期望值；第二，顾客对于服务质量的感受才是与顾客期望值直接相关的因素。

透过以上学者的研究我们不难发现，服务质量的概念是逐步发展和完善起来的。尽管学者们对服务质量还有不同的看法，但归纳上面的有关观点，我们可以得出服务质量的以下基本特性：①服务质量是一种主观质量，即使是同一个顾客，在不同的阶段，对质量的感知也可能会产生变化；②服务质量是一种互动质量，服务具有生产与消费的同步性，服务质量也是在服务提供者与顾客互动的过程中形成的；③过程质量在服务质量构成中占有极其重要的地位，因为服务质量是一种互动质量，所以，服务过程在服务质量形成过程中起着非重要的作用。

2. 服务企业品牌竞争力的其他来源

通过上述分析可知，服务企业的服务质量最终要体现在顾客感知上。除上述的服务质量这一核心竞争力来源外，服务企业的品牌竞争力还来源于与其他企业的差别优势。服务品牌差别优势是形成服务品牌竞争力的必要条件，任何服务企业创建强势品牌都必须建立在与其他企业的差别优势之上。在市场机制下，只有真正被消费者所感知的品牌差别优势才会影响并决定消费者的最终消费选择，才能转化为品牌竞争力，消费者无法感知的优势不会产生品牌竞争力。因此，品牌差别优势以及消费者对这种差别的认知共同决定了品牌竞争力的产生。

具体来说，服务品牌差别优势的来源要素除服务质量外，还可以归纳为三个方面：服务沟通优势要素、抽象品牌优势要素以及品牌创新优秀要素。

服务沟通优势要素是指服务品牌企业在与顾客进行品牌信息沟通、促进员工与顾客之间的互动沟通以及促进顾客之间的口传沟通方面的策略要素优势。抽象品牌优势要素是指服务品牌企业在服务理念、品牌价值观、品牌文化等意识和精神要素方面的优势。品牌创新优势要素是指服务品牌企业在服务质量、服务沟通要素、抽象品牌要素以及综合三个方面要素创新的优势。

服务企业的服务质量与服务沟通优势要素、抽象品牌优势要素、品牌创新优势要素一同影响消费者的感知，最终形成了品牌竞争力，并通过市场竞争成为强势品牌，在市场表现力、品牌知名度、品牌满意度、品牌忠诚度等多个方面领先竞争对手。

4.3 物流企业强势品牌的服务属性

诸多的研究结果显示，企业的服务质量是其品牌建设的关键，其原因在于服务质量与消费者忠诚之间拥有着密切的关系，服务质量的好坏决定了消费者的最终决定，若服务型企业可以提供卓越的服务，则将导致消费者产生正向的行为意向从而形成对企业的忠诚，有效提升企业的竞争力。

改革开放 40 多年来，中国商品流通领域发生了巨大的变化，从根本上改变了计划经济条件下传统流通体制阻碍商品流通的僵化状态。作为社会流通重要组成部分的物流，同样在这一过程中发挥着重要作用。以往的研究往往关注物流的概念、功能和技术层次，很少有学者关注对于物流服务的研究。本部分将结合现有的少量研究成果进行分析。

4.3.1 物流服务的本质特性

　　物流服务是企业为了满足顾客的物流需求，开展一系列物流活动的结果。日本物流学者阿保荣司教授用"到达理论"论述了物流服务的本质，他认为物流服务的本质是将商品送达到用户手中，使其获得"商品的利用可能性"。该理论也揭示了现代物流服务是将合适的产品，以适当的数量、合适的价格、在合适的时间送达到合适的地点。

　　可见，物流服务的本质是提供全面优质的服务以达到顾客满意。物流企业能否有稳定的顾客群，主要取决于其服务质量的好坏。物流服务质量是顾客对物流服务过程的一种"感知"，是物流服务活动满足顾客需求的程度。如果顾客对物流企业所提供的服务感知与其服务期望接近，则其满意程度就会较高，对物流企业的服务质量评价就高，反之，其对该物流企业的服务质量的评价就会很差。

　　虽然物流服务质量的内容因不同顾客而要求各异，但一般应包含对物流服务质量的保持及提高程度；批量及数量的满足程度；配送货品精确度、配送间隔期及交货期的保证程度；配送、运输等服务方式的满足程度；成本水平及物流费用的满足程度；服务过程的程序、手续的简易程度；服务人员沟通、服务态度、服务规范的满足程度；口碑、形象信息提供、索赔及纠纷处理等相关服务的满足程度等。此外，物流服务的构成成分及其质量是不断变化发展的，随着物流领域绿色物流、柔性物流等新的服务概念的提出，物流服务也会形成相应的新的服务质量要求。

　　由于物流业与一般制造业和销售业不同，它具有运输、仓储等公共职能，是为生产、销售提供物流服务的产业，所以物流服务就是为他人的物流需要提供的一切物流活动，它是以顾客的委托为基础，按照货主的要求，为克服货物在空间和时间上的间隔而进行的物流业务活动。物流服务的内容是满足货主需求，保障供给，即在适量性、多批次、广泛性上满足货主的数量要求，在安全、准确、迅速、经济上满足货主的数量要求。按照服务经济理论，物流服务除了具有服务的基本性质（服务是非实体的，服务是一种或一系列行为，服务在某种程度上生产与消费同时发生，顾客在一定程度上参与生产）之外，还具有以下特性。

一是从属性。由于货主企业的物流需求是以商流为基础的，伴随商流的发生而发生，所以物流服务必须从属于货主企业物流系统，表现在流通货物的种类、流通时间、流通方式、提货配送方式都是由货主选择决定的，物流企业只是按照货主的需求，站在被动的地位来提供物流服务。

二是即时性。物流服务是属于非物质形态的劳动，它生产的不是有形的产品，而是一种伴随着销售和消费同时发展的即时服务。

三是移动性和分散性。物流服务是以分布广泛、大多数是不固定的客户为对象，所以，具有移动性、面广、分散的特性，它的移动性和分散性会使产业局部的供需不平衡，也会给经营管理带来一定的难度。

四是较强的需求波动性。由于物流服务是以数量多而又不固定的顾客为对象，它们的需求在方式上和数量上是多变的，有较强的波动性，因此容易造成供需失衡，成为在经营上劳动效率低、费用高的重要原因。

五是可替代性。一般企业都可能具有自营运输、保管等自营物流的能力，这使得物流服务从供给力方面来看富于替代性，这种自营物流的普遍性，使物流经营者从量和质上调整物流服务的供给力变得相当困难。

正是物流服务特性对物流业经营管理的影响，要求企业经营者的管理思维和决策必须以服务为导向，把物流服务作为一个产品，关注物流服务质量。

4.3.2 物流服务的产品构成

当我们将物流服务作为一种产品来研究时，就把物流服务看作可以生产、营销、消费的对象，通过对物流服务产品的全面分析，将会有助于物流服务供给的扩大，服务功能的增加和质量提升。

1. 物流核心服务、便利性服务和支持性服务

当服务为一种产品时，这种产品是各种有形和无形服务的集合。它包括核心服务、便利性服务和支持性服务。核心服务是企业存在于市场的原因，物流核心服务是围绕存储、输送、保管、装卸搬运、包装及相关信息活动进行的，也就是按货主的要求通过物流活动向顾客提供及时而又准确的产品递送服务。为了让用户更好地使用核心服务，需要附加一些服务，用来方便核心服务使用的附加的服务称便利服务，用来提高服务价值或者使服务与其他竞争对手区别的服务称支持性服务。

将物流服务作为一种产品来研究时，流通业服务领域的扩大，服务功能的增加应当围绕核心服务，增加便利性服务和支持性服务。例如，在包装箱上标明条形码，使物流过程中的各方都便于搬运和点数；建立方便的订货动态系统，使物流链中有关各方能够迅速获得有关订货执行情况的准确信息；一体化的配送中心的配货、配送和各种提高附加值的流通加工服务，会使物流功能向协作化方向发展；提供产品与信息从原料到最终消费者之间增值服务，提供长距离的物流服务，在研究货主企业的生产经营发展流程设计的基础上提供全方位、优质的物流系统服务，会使物流企业更具竞争实力。其实，围绕核心服务所增加的便利性服务和支持性服务就是实现顾客定制化，所以还包括向买卖双方提供利用第三方专业人员来配送产品、销售点广告宣传和促销材料的物流支持、实现准时化物流等。针对顾客的特定需求，更多更好地提供便利性服务和支持性服务将成为今后物流企业物流服务供给的扩大，服务功能的增加，提高竞争力的主要方向。

2. **顾客感知的物流服务**

由于物流服务从属于货主企业物流，是伴随销售和消费同时发展的即时服务，将物流服务作为一种产品分析的同时，不能忘记物流服务必须以顾客为导向，即物流服务产品还是顾客感知的物流服务集合。为此，对物流服务产品的分析还必须注重顾客的感知，要分析核心服务及其他服务是如何被顾客接受的，买卖双方的相互作用是如何形成的，以及顾客在服务过程中是如何准备参与的。因为只有注重顾客的感知，才能使服务具有可接近性，使各种物流服务的使用感到便利。只有考虑了服务的可接近性、相互作用围绕核心服务，增加便利性服务和支持性服务和顾客的参与，新的便利性服务和支持性服务才能够真正成为企业的竞争优势。

4.4 小结

　　物流企业属于服务业企业的范畴,因而其强势品牌的含义与创建路径不同于生产类企业或其他企业;进一步地,作为服务型企业,物流企业强势品牌创建的核心是竞争力的提升,其竞争力的最基本要素是物流企业提供的物流服务。强势品牌战略的制定、品牌的营销传播、品牌的管理等内容都要紧紧围绕竞争力提升这一核心要素。下一章将采用定量分析方法,考察物流强势品牌的重点特征及创建物流强势品牌的关键举措。

第5章 中国物流企业强势品牌突出特征与关键举措的定量分析

本章将着重分析强势物流服务品牌的突出特征与创建要素。首先，通过层次分析法来寻找强势物流服务品牌的突出特征，即回答"创建强势物流服务品牌的目标方向是什么"的问题；然后，采用结构方程模型与回归分析方法，研究物流经营及品牌管理的主要做法，对于强势品牌核心特征的影响，即回答"哪些举措对于创建强势物流服务品牌具有关键意义"的问题。

5.1 物流企业强势品牌突出特征的确定：基于层次分析法

5.1.1 层次分析法（AHP）的基本原理

层次分析法（Analytic Hierarchy Process，AHP）是美国运筹学家、匹兹堡大学数学家萨蒂提出的一种实用多目标决策分析方法（Saaty，1980）。其特点是将复杂问题分解成按支配关系分组而形成有序递阶层次结构中的不同因素，然后由人们通过两两比较的方式，确定层次结构中各因素的相对重要性，再通过矩阵运算得出综合比较判断的结果，从而确定各个因素相对重要性的总顺序。因而，利用层次分析法可以得到各个因素的权重。在多方案筛选过程中，还可进一步根据因素权重计算各候选方案的权值，从而为决策提供支撑。

层次分析法的应用过程，有五个主要的步骤，具体如下。

第一步：构建待解决问题的层次结构模型。在对问题进行剖析的基础上，构建层次结构模型，是使用层次分析法的基础。一般而言，层次结构模型分为三层，如图5-1所示。最上层为目标层（Goal），只有一个元素。第二层为因素层或准则层（Criteria），包含与目标相关的一系列构成因素或评价标准。当一个因素或标准可以细分为多个子因素或子标准时，因素层可以相应地包含多个层次。第三层为方案层（Alternative），该层包含了各种备选方案和措施，通常这些措施在各个准则或因素上的侧重有所不同，因而可以根据层次分析法的评价结果进行相互比较。除目标层以外，其他各个层次都可以有多个元素，其中满足计算要求的因素层至少包括三个因素。

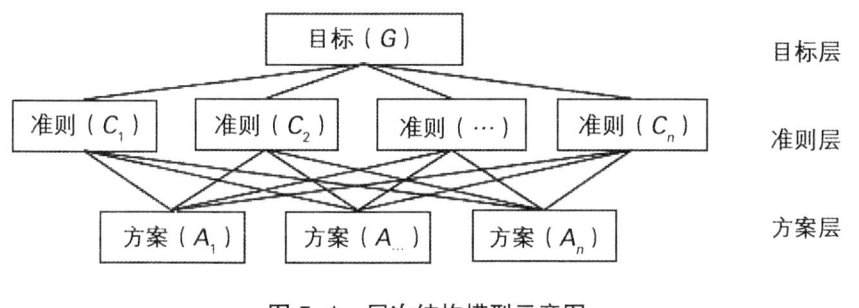

图 5-1　层次结构模型示意图

第二步：构造各层次的"两两对"比较判断矩阵。比较判断矩阵是指相对上一层某一准则而言，与该准则有关联的本层各要素之间的相对重要性。例如：准则层 C（c_1, c_2, …, c_n）相对上一层（目标 G）而言，其中各个元素的重要性可以进行比较。基于这种两两比较的结果，建立准则层中各个元素的配对判断矩阵如下。

$$M_{GC}=\begin{pmatrix} C_{11} & C_{12} & \cdots & C_{1n} \\ C_{21} & C_{22} & \cdots & C_{2n} \\ \vdots & \vdots & \ddots & \vdots \\ C_{n1} & C_{n2} & \cdots & C_{nn} \end{pmatrix}$$　　式 5-1

其中 C_{ij} 表示对于目标 G 而言，准则层 C 中的元素 c_i 与元素 c_j 进行比较得到的相对重要程度。这一取值可以是根据资料、历史统计数据、专家意见或者行业经验来确定。Satty（1980）采用了 1~9 的序数标度法，其中 1 表示两个元素几乎同等重要，9 表示 c_i 的重要性极大地高于 c_j。在逆向比较（c_j 与 c_i 比较）的取值计算过程中，以正向比较的倒数作为相应的结果，

即 $c_{ji}=\frac{1}{c_{ij}}$ 始终成立。

第三步：检验"两两对"比较判断矩阵的一致性。理论上，如果 M_{GC} 是完全一致的配对比较判断矩阵，则应该有 $c_{ij}=c_{ik}/c_j$（$\forall i,j,k$）成立。但实际上，由于评价者的主观意识总是无法达到完全理性，评价过程难免存在不完备性，因而构造出的配对比较判断矩阵很难满足所有上述关系。层次分析法允许配对比较判断矩阵存在一定程度的不一致性，但要对这种不一致的程度进行测度，必要时还应进行修改。

Satty（1980）采用的方法是，先计算一致性指标（λ_{max} 为矩阵 M_{GC} 的最大特征值），公式如下：

$$IC=\frac{\lambda_{max}-n}{n-1}$$ 式5-2

然后，根据随机一致性指标值表查找 RI 值（见表5-1）。

表5-1 平均随机一致指标值表（RI）

n	3	4	5	6	7	8	9	10
RI	0.52	0.90	1.12	1.26	1.36	1.41	1.46	1.49

最后，计算修正的一致性指标 CR，当 $CR\leq0.1$ 时，可以认为配对比较判断矩阵符合一致性检验的要求。如果发现配对比较判断矩阵明显不符合一致性要求，则要进行重新调整。

$$CR=\frac{CI}{RI}$$ 式5-3

根据 Alonson & Lamata（2006）的研究结论，按式5-4计算 CR 更为合理：

$$CR=\frac{\lambda_{max}-n}{2.7699n-4.3513-n}$$ 式5-4

同时，按式5-5计算几何一致性指标（CGI）：

$$CGI = \frac{2\sum_{i<j} \ln a_{ij} - \ln \frac{p_i}{p_j}}{(n-1)(n-2)} \quad \text{式5-5}$$

第四步：根据配对判断矩阵计算要素权重。

Saaty（1980）给出的计算思路如下。假定各因素的权重向量为$W=(w_1, w_2, \cdots, w_n)$，则理想状况下完全一致的配对判断矩阵可以表示为

$$M_{GC} = \begin{pmatrix} w_{11} & w_{12} & \cdots & w_{1n} \\ w_{21} & w_{22} & \cdots & w_{2n} \\ \vdots & \vdots & & \vdots \\ w_{n1} & w_{n2} & & w_{nn} \end{pmatrix} = \begin{pmatrix} 1 & w_1/w_2 & \cdots & w_1/w_n \\ w_2/w_1 & 1 & \cdots & w_2/w_n \\ \vdots & \vdots & & \vdots \\ w_n/w_1 & w_n/w_2 & & w_n/w_n \end{pmatrix} \quad \text{式5-6}$$

进而，可以通过求解下式来得到w：

$$M_{GC} \cdot w = \lambda \cdot w$$

由线性代数原理可知，n是矩阵M_{GC}的最大特征值（其余为0），w是对应的特征向量。通常情况下，利用专家问卷获得的矩阵M_{GC}难以满足完全一致的条件，但仍然可以寻找到一个略大于n的最大特征值λ_{max}；将λ_{max}对应的特征向量做标准化处理以后，可以得到配对判断矩阵不完全一致情况下的权重向量w。

第五步：计算综合多种比较判断观点的权重向量。可以按式5-7计算综合配对判断比较矩阵，其中各个元素是所有单个配对判断比较矩阵中相应元素的几何均值（k为多个配对判断比较矩阵的标序）。

$$C_{ij}^{综合} = e^{\sum_{k=1}^{k} \ln c_{ij(k)}} \quad \text{式5-7}$$

在得到综合配对判断比较矩阵以后，可以按照与前述单个矩阵相同的方式计算权重向量w。

上述过程涉及计算最大特征值 λ_{max} 和相应的特征向量 w，这一环节可以采用迭代法来完成，同时也可采用计算 M_{GC} 各行标准化几何均值的方式来求得 w 的近似结果：

$$w_{ij} = \left(\prod_{j=1}^{n} c_{ij} \right)^{\frac{1}{n}} \qquad \text{式 5-8}$$

最后，还可计算各个配对判断比较矩阵所代表的意见之间是否具有共识（Goepel，2013）。共识度 S^* 的计算公式为

$$S^* = (M - e^{H_{\alpha min}} / e^{H_{\gamma max}}) / (1 - e^{H_{\alpha min}} / e^{H_{\gamma max}}) \qquad \text{式 5-9}$$

其中 $M=1/e^{H\beta}$，H_α、H_β、H_γ 分别为所有 K 个判断比较矩阵的 α、β、γ 夏农熵（α、β & γ Shannon entropy）。S^* 越接近于 1，则表明不同问卷之间的共识度越高；反之越接近于 0，则表明各个单独结果之间的分歧越大。

5.1.2 应用 AHP 评价物流企业强势品牌的突出特征

1. 基本操作步骤

本节将应用 AHP 来评价强势物流服务品牌各个核心特征的重要性程度。基于 AHP 的基本原理，后文将采取如下步骤（见图 5-2）。

首先，通过总结归纳现有理论和主要观点，创建层次结构模型；接着，设计并发放专家问卷，并根据回答结果构造配对判断比较矩阵。其次，计算配对判断比较矩阵的一致性，同时结合其他条件筛选出有效问卷，并根据不同的发放渠道，确定是将 CR 值过大的问卷重新征求修改意见，还是重新发放新的问卷。再次，以有效问卷为基础，计算单份问卷的要素权重。最后，计算综合多位专家意见的权重结果，并通过多项指标判断综合结果的整体质量，继而决定是否采用。

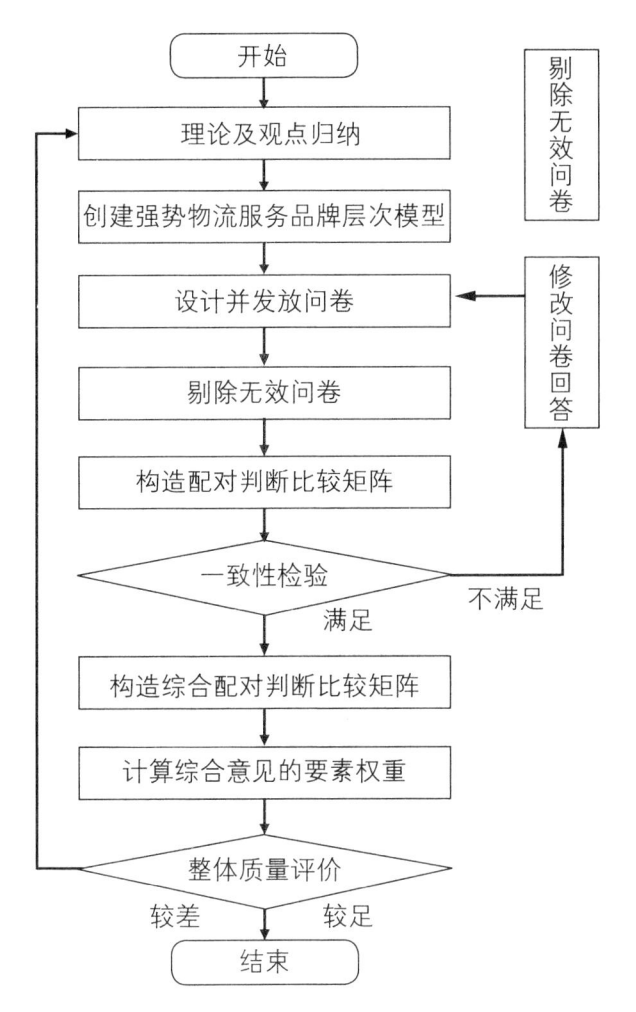

图 5-2 应用 AHP 评价强势物流服务品牌核心特征的流程图

2. 强势品牌的核心特征

如前所述，现有文献已经对强势品牌的内涵、特征及创建方式开展了研究。归纳典型文献中有关强势品牌核心特征的内容，可以作为创建评价权重模型的基础。

围绕一般企业创建强势品牌的问题，陈太春（2005）认为，强势品牌应当具有品牌的所有突出特点，尤其应具有丰满的品牌资产，它不仅要有很高的品牌知名度，而且要有鲜明的个性、丰富而美好的联想、高威望、高价值感、高美誉度与忠诚度，还要具有超强的抗风险能力。在考察强势品牌下的产品情境时，李扬丰（2008）指出，强势品牌应具有广泛的知名度、高品质的认知度、丰富的品牌联想以及高品牌忠实度。Interbrand 品牌咨询公司提出的品牌强度衡量方法则包含市场份额、稳定性、在同行业中的地位、发展趋势、品牌支撑、行销范围、品牌保护等方面。

还有一些文献围绕特定行业的强势品牌创建问题展开了讨论。这里以服务业为主加以考察。以零售企业创建强势服务品牌为研究对象，方芳（2008）认为，强势品牌应具有高品牌知名度和美誉度，具有丰富的品牌联想和鲜明的品牌个性，同时应具有高品牌忠诚度。在餐饮饭店创建强势服务品牌的问题时，赵英鸽（2008）认为，强势品牌对应于品牌所代表的产品或服务的高品质，对应于产品或服务的文化格调，对应于企业的经营理念和社会责任感，对应于企业与社会公众的良好沟通。基于银行业创建强势品牌的问题，谢治春（2010）认为强势品牌应确立差异性。

其他相关文献也有类似的观点，这里不再赘述。在综合上述内容概括强势品牌特征要素核心方面的过程中，应注意一方面区分有关强势品牌特征要素、创建过程与市场表现，因为后者是影响强势特征的因素或结果，另一方面结合有关各要素间相互关系的理论基础，从而得出最为直接、核心的方面。最终，梳理得到了知名度、认知度、美誉度、忠诚度、延伸度、区分度、内涵度和领先度八个方面，其含义与文献基础如表5-2所示。

表 5-2　强势品牌核心特征要素概括

要素	含义	代表学者或公司
知名度	品牌被公众知晓、了解的程度	陈太春（2005）、李扬丰（2008）、方芳（2008）等
认知度	指公众对品牌内涵及价值的理解程度	李扬丰（2008）、方芳（2008）、赵英鸽（2008）等
美誉度	指公众对某一品牌的好感和信任程度	陈太春（2005）、方芳（2008）等
忠诚度	指公众在多次购买中体现出的对特定品牌的偏爱程度	陈太春（2005）、方芳（2008）等

续 表

要素	含义	代表学者或公司
延伸度	品牌从一种原有产品拓展到其他新产品时的接受度	陈太春（2005）、李扬丰（2008）、方芳（2008）等
区分度	品牌的个性即与其他同类品牌间的区别或差距大小	陈太春（2005）、方芳（2008）、谢治春（2010）
内涵度	品牌在名称、历史、文化等方面含义的丰富性	赵英鸽（2008）等
领先度	指一个品牌在同类品牌中所处的发展前沿地位	赵英鸽（2008）、Interbrand 咨询公司等

3. 特征重要性评价问卷

基于表 5-2 归纳得到的 8 个要素设计 AHP 专家征询问卷。问卷包括三个部分：第一部简要介绍问卷调查的背景、目的以及核心概念的含义；第二部分将前述 8 个要素两两配对组合，询问专家对两者重要性的判断，包括何者更为重要，以及重要性差别大小，共有 56 个问题。Saaty（1980）采用了 9 级测度量表，但考虑到量度过多容易产生一致性问题，本书仅设置了 1、3、5、7、9 五个测度点。第三部分是回答者的基本信息甄别，包括年龄和职业两个问题。

4. 问卷发放与数据预处理

问卷通过线下、线上两个渠道发放。线下渠道主要通过参加行业会议、专业研讨会等获得与业内专家或品牌管理学者见面的机会，由专家现场填写。在填写完成并回收后，即使用事先准备的软件录入结果并进行一致性判断，随后将 CR 值小于 0.1 的问卷作为有效问卷；对于 CR 值处于 0.1~0.2 的问卷，请专家修订其中最不符合一致性要求的相关题项答案；将 CR 值处于 0.2 以上的问卷作为无效问卷。这一途径最终回收有效问卷 13 份。

线上渠道使用"问卷星"，在物流行业交流群、品牌及营销专家群中发布。在回收的线上问卷中，首先筛选出被试者年龄在 40 岁以上，行业不属于学生、人力资源、财务审计、文职办事等明显与物流无关选项，同时答题时间在 300 秒以上的问卷，然后根据 CR 值进行排序。最终有 6 份问卷的 CR 值小于 0.2。在此基础上，找出其中最不符合一致性要求的题项答案，然后根据组合计算结果进行修正，至 CR 值达到 0.1 后作为有效问卷使用。由此，共回收有效问卷 19 份，用于计算因素权重。

5.1.3 物流企业强势品牌突出特征的评价结果分析

基于前述 19 份修订后的有效专家问卷，按照前文所述的方法分别计算出 19 个配对判断比较矩阵，并采用计算标准化几何均值的方法得到相应的权重结果；同时，以 Alonson & Lamata（2006）的方法计算一致性判断指标 CR，结果如表 5-3 所示。

表 5-3　强势品牌核心特征权重（%）—细分问卷结果

	问卷1	问卷2	问卷3	问卷4	问卷5	问卷6	问卷7
知名度	5.58	2.04	1.39	12.93	9.77	4.10	2.18
认知度	2.70	12.65	3.16	2.98	17.87	9.78	2.78
美誉度	18.47	2.85	27.14	18.13	7.99	27.82	32.62
忠诚度	22.58	40.52	24.62	32.72	11.95	37.54	32.62
延伸度	1.76	5.49	5.15	7.82	17.87	2.81	2.15
区分度	6.63	2.37	21.67	3.63	7.99	9.57	6.91
领先度	37.50	14.95	6.65	17.72	14.61	6.63	11.97
内涵度	4.77	19.13	10.23	4.07	11.95	1.74	8.78
CR	0.10	0.10	0.09	0.10	0.10	0.10	0.10
	问卷8	问卷9	问卷10	问卷11	问卷12	问卷13	问卷14
知名度	23.07	16.76	1.95	2.54	6.62	6.17	3.09
认知度	6.84	8.24	15.90	6.86	3.82	6.92	3.64
美誉度	13.74	15.57	14.00	7.01	15.26	21.73	25.95

续表

	问卷8	问卷9	问卷10	问卷11	问卷12	问卷13	问卷14
忠诚度	25.65	39.09	28.56	30.49	25.10	20.21	5.10
延伸度	4.67	5.29	20.36	2.14	7.60	2.01	1.77
区分度	3.40	3.06	8.73	20.52	4.53	2.86	8.45
领先度	5.66	7.42	5.09	16.50	34.85	30.48	21.14
内涵度	16.97	4.57	5.42	13.92	2.23	9.62	30.86
CR	0.10	0.09	0.09	0.09	0.09	0.08	0.08
	问卷15	问卷16	问卷17	问卷18	问卷19		
知名度	36.20	6.58	11.19	5.38	4.65		
认知度	23.93	6.95	12.49	11.69	3.86		
美誉度	16.14	46.62	23.71	19.00	22.18		
忠诚度	3.60	11.67	2.75	13.24	29.19		
延伸度	2.91	4.75	3.18	8.77	8.06		
区分度	4.80	8.23	3.18	3.80	5.62		
领先度	8.12	10.30	40.32	31.86	17.96		
内涵度	4.30	4.90	3.18	6.25	8.48		
CR	0.09	0.07	0.09	0.08	0.08		

接着，计算19个配对判断比较矩阵中各元素的几何均值，得到综合配对判断比较矩阵中的相应元素如下。

使用迭代法，得到最大特征值 $\lambda_{max}=8.025$，相应的特征向量为

$E = [0.322，0.379，0.948，1.000，0.252，0.323，0.806，0.386]^T$

继而可得标准化以后的各要素权重[①]，如表5-4所示。忠诚度、美誉度和领先度被认为是强势品牌最为突出的核心特征，其权重都达到或接近20%；其次为内涵度、认知度、区分度和知名度，其权重均在7%~8%；权

---
① $W_i = e_i / \sum e_i$，其中 e_i 为特征向量中的相应元素。

重最低的为延伸度，仅为 5.71%。

$$C_{ij}^{综合} = \begin{bmatrix} 1 & 0.74 & 0.34 & 0.36 & 1.46 & 0.99 & 0.36 & 0.85 \\ 1.35 & 1 & 0.37 & 0.39 & 1.65 & 1.06 & 0.46 & 0.91 \\ 2.90 & 2.67 & 1 & 0.85 & 3.43 & 3.38 & 1.25 & 2.33 \\ 2.81 & 2.57 & 1.17 & 1 & 3.77 & 3.36 & 1.22 & 2.65 \\ 0.68 & 0.61 & 0.29 & 0.27 & 1 & 0.88 & 0.31 & 0.63 \\ 1.01 & 0.94 & 0.30 & 0.30 & 1.13 & 1 & 0.41 & 1.00 \\ 2.81 & 2.18 & 0.80 & 0.82 & 3.20 & 2.41 & 1 & 1.98 \\ 1.18 & 1.09 & 0.43 & 0.38 & 1.59 & 1.00 & 0.51 & 1 \end{bmatrix}$$

表 5-4　强势品牌核心特征权重（%）——综合结果

排序	1	2	3	4	5	6	7	8
要素	忠诚度	美誉度	领先度	内涵度	认知度	区分度	知名度	延伸度
权重	22.65	21.48	18.25	8.74	8.57	7.31	7.29	5.71

同时，经过计算可知，上述 19 份问卷反馈的综合一致度 CR 为 0.3%，GCI 为 0.01，共识度为 62.0%。总的来看，此项 AHP 分析结果取得了较好的效果。

根据上述分析结论，美誉度、忠诚度、领先度在强势物流服务品牌的特征中占据重要位置，其权重总和达到了 60% 以上。在后文的分析中，我们将把这三个特征作为重点特征加以着重考虑。

5.2 物流企业创建强势品牌的关键举措：基于结构方程模型

上一节的分析结果表明，美誉度、忠诚度、领先度在强势物流服务品牌的特征中占据重要位置。那么接下来的问题是，物流企业应当从哪些方面入手，通过相应的举措来提升自身品牌的美誉度、忠诚度和领先度呢？本节将进一步采用结构方程的方法，考察创建强势物流服务品牌的关键举措。

5.2.1 研究设计：结构方程模型方法

结构方程模型是基于统计分析技术的研究方法，可以用来处理复杂的多变量研究数据，尤其能够同时进行潜在变量的估计与复杂关系模型的参数估计。在本章所研究的内容中，不论是体现强势品牌特征的知名度、美誉度、领先度，还是代表企业经营重点的企业社会责任、营销传播、服务质量、危机应对与经营创新，都属于无法直接体现的"潜变量"，需要通过一系列可观测到的具体表现（"可观测变量"或"测量变量"）来衡量。结构方程模型正是用于考察这种潜变量间关系的专门研究方法。本节在使用结构方程模型时，将采取以下主要步骤。

第一步：基于理论提出潜变量间的关系假设。通过对现有理论研究和分析结论的梳理，为变量之间的因果关系或影响关系提出假设，并以路径图的形式加以表现。

第二步：设计用于测量潜变量的工具量表。首先，在借鉴现有文献开发的量表及相关理论的基础上，根据本书的目标，寻找能够反映潜变量的可观测变量，设计测量工具。其次，进行初步的数据采集并修正问卷。先在小范围内发放问卷，并根据得到的反馈结果，对问卷中的题项表述等进行修改。

第三步：大范围发放问卷并收集数据。这里将采用线上与线下相结合的方式，在公司管理者、物流专业从业者以及普通消费者等人群中发放问卷。

第四步：模型的拟合与检验。首先，测量模型的信度与效度检验。信度反映测量的可靠性，主要衡量围绕一个潜变量的测量题项是否在结果上具有一致性，即测量了同一项内容。Cronbach's α 是信度检验的主要指标。

效度反映测量的准确性,主要衡量有关题项是否真正测量了所要反映的内容,即有没有内容上的偏向。效度包括内容效度、收敛效度、区分效度等,这里将基于因子分析和结构方程的拟合结果进行效度检验。其次,结构模型的检验与修正。先对基于理论假设创建的模型进行拟合,考察其中各个影响路径的显著性以及模型评价指标的表现;然后根据情况对初始模型进行修正,观察各项指标的表现;最后根据修正模型得出关于研究假设的结论,并进行分析讨论。本节采用 SPSS 24.0 和 Amos 24.0 共同完成上述模型分析过程。

5.2.2 创建强势品牌的关键举措:理论与假设

这里开始创建结构方程模型的第一步,即基于现有理论和研究结论提出模型假设。强势物流服务品牌的核心特征与品牌资产、品牌影响力、品牌竞争力等有着密切关系。围绕这些内容,现有文献已经对有关的影响因素进行了探讨。其中有的研究并不专门针对物流行业,但能在一定程度上反映一般规律。这里将先对有关结论加以总结,进而提出创建强势物流服务品牌关键举措的理论假设,为后文的结构方程分析提供框架。

与品牌创建相关的举措纷繁复杂,既难以一一列举,也不可能全部纳入结构方程模型中加以考察,因此,需要先找出与品牌建设最为相关的管理举措。本书采用文献归纳法,先对 2012—2016 这 5 年来"中国知网"中收录的 CSSCI 期刊和"优秀硕士、博士论文数据库"中篇名包含"品牌"且属于社会科学或经济管理科学类的文献进行检索,由此得到的文献大致可分为两类:一类是针对特定行业的品牌建设研究,另一类是本书所关注的特定管理举措或经营行为对品牌建设的研究。针对后一类文献,本书进一步对其中的内容加以归纳。例如,"慈善""赞助""捐赠""社区关系"等归入"企业社会责任"范畴,"新媒体""广告""互联网"等归入"营销传播"的范畴。最后,从这些归纳以后的经营内容中选出出现频次最高的 5 个,代表近期品牌建设与管理中最受关注的内容。它们分别是企业社会责任、营销传播、服务质量、危机应对和经营创新。下面针对这些内容,分别提出它们与强势品牌核心特征之间的影响关系假设。

1. 企业社会责任

近年来，企业社会责任越来越受到人们的关注。利益相关者理论认为，消费者是企业的重要利益相关者，而企业的社会责任行为会通过直接或间接的方式影响消费者决策，进而对企业绩效、企业价值、客户忠诚等方面产生影响。刘威岩（2005）的研究表明，企业履行社会责任有助于提升企业公众形象和提高品牌知名度、美誉度。宋洪义（2012）的实证研究验证了企业社会责任对品牌竞争力的正向影响作用。董平（2012）的研究表明，消费者对企业社会责任行为的响应能直接影响着品牌资产的提升，其中内部响应能提升品牌的知名度、感知质量和联想度，进而对品牌产生忠诚；外部响应则会通过购买行为、体验形成品牌忠诚。辛杰（2013）考察了消费者对企业社会责任与品牌资产关系的看法，结果表明两者间存在显著的正向关系，其中品牌资产采用忠诚度、美誉度、支付溢价、满意度、品牌延伸、品牌关系来衡量。将上述结论与本书关于强势品牌的特征相结合，提出以下假设：

H1a：物流公司的企业社会责任行为有助于提升其品牌美誉度。

H1b：物流公司的企业社会责任行为有助于提升其品牌忠诚度。

2. 营销传播

企业营销策略也是影响其品牌的关键内容，而营销传播是其重要方面。Yoo 和 Donthu（2000）的研究表明，较高的广告投入、良好的店面形象以及较高的分销密集度能够对品牌资产产生正向影响。庞隽等（2007）考察了不同广告策略对消费者品牌喜爱度的影响，其中在服务领域，感性广告比理性广告更能促使消费者产生强烈的品牌喜爱度。孙晓强（2008）的研究验证了广告代言人对提升品牌资产的作用，并分析了这种作用的发生条件和影响机制。孙娟、李艳军（2015）考察了植入广告传播对品牌资产的影响，表明提高植入广告的关联度能够有助于改善广告对品牌意识、感知质量、品牌联想和品牌忠诚的影响。基于上述已有文献的分析结论，提出以下假设：

H2a：物流公司的营销传播有助于提升其品牌美誉度。

H2b：物流公司的营销传播有助于提升其品牌忠诚度。

3. 服务质量

消费者对服务质量的感知会直接影响其对品牌的看法。围绕服务行业，Cronin 和 Taylor（1992）对银行、除虫公司、干洗店与快餐店的服务质量与顾客满意度进行了研究，表明服务质量会首先影响满意度，进而影响重复购买意愿。进一步地，Cronin 等（2000）的研究发现了服务质量对行为意向存在显著直接影响的证据。汪纯孝等（2001）针对旅行社的消费者研究表明，服务质量对顾客的行为意向有非常显著的作用。侯兴起（2008）在详细区分服务质量不同维度的基础上，考察了星级酒店服务质量对顾客忠诚度的影响，并得出了总体上两者之间具有显著正向影响的结论。针对物流行业，韦家华、林西（2013）的研究表明，服务水平和服务补救能力会对满意度和忠诚度产生正向影响力。基于上述现有文献中得出的结论，提出以下假设：

H3a：物流公司的服务质量有助于提升其品牌美誉度。

H3b：物流公司的服务质量有助于提升其品牌忠诚度。

4. 危机应对

近年来，物流行业中出现的一些不规范经营行为常常受到媒体的关注。2016 年年底，央视"焦点访谈"就曾曝光快递公司野蛮分拣的做法。对于物流公司而言，这类负面曝光事件具有"危机"性质，必须加以妥善应对，否则便会对其品牌产生不利影响。Fajer 和 Schouten（1995）的研究就表明，媒体对于企业负面信息的曝光是消费者与品牌之间关系断裂的直接原因，其根本在于对于危机的处理不当，这对知名品牌而言尤其明显。Siomkos 和 Kurzbard（1994）的实证研究表明，声誉、外部效应以及应对危机事件的方式会影响消费者的感知风险和消费者对公司其他产品的购买意愿。崔金欢、符国群（2002）的研究表明，产品危机事件中企业的不同应对方式会对企业的品牌资产产生的不同影响，而消费者的先前预期在其中扮演着重要角色。侯兴军（2011）的研究表明，当发生可辩解型产品伤害危机时，企业应及时采取应对措施并争取主动权，与置之不理和对抗辩驳比较，积极澄清更能被顾客"买账"。总的来看，已有研究中的多数证据表明，合理的危机应对方式会直接影响消费者的再次购买意愿，即品牌忠诚度。由此，提出以下假设：

H4：物流公司的危机应对能力有助于提升其品牌忠诚度。

5.经营创新

经营创新对于物流企业创建强势品牌具有多项作用。一方面，企业创新活动被消费者感知以后，会影响其品牌资产。陈姝等（2015）针对科技企业创新活动与品牌资产关系的研究证实了这一点。吴国峰（2015）围绕老字号企业的案例研究则表明，企业适应市场环境的变化而作出主动创新行为能够实现品牌资产的撬动与增值。由于现有文献并没有考察物流行业的情况，对于经营创新影响品牌资产的具体方面也尚未过多涉及，这里结合强势品牌特征与品牌资产的有关内容，提出以下假设：

H5a：物流公司的经营创新有助于提升其品牌美誉度。

H5b：物流公司的经营创新有助于提升其品牌忠诚度。

另一方面，创新是一个企业获得领先地位的核心途径。采取技术领先战略、注重长期利益的企业会作出技术创新投入，尽管其结果是不确定的（张耀辉等，2008）。对于物流企业来说，创新也是提升服务品牌领先度的关键。Panayides等（2005）的实证分析说明，物流服务创新能够有效提高其服务效率。Richey等（2005）的研究结果则表明，物流服务创新可以提高一个企业的市场效益和内部成本效率。更为直接地，Persson（1991）围绕EDI技术创新与应用的研究表明，物流服务创新能够为企业带来领先于竞争对手的优势。基于上述分析结论，提出下面的假设：

H5c：物流公司的经营创新有助于提升其品牌领先度。

基于上述假设，可以得出如图5-3所示的模型结构。后文将通过结构方程模型来检验上述假设是否成立。还需要说明的是，企业开展的社会责任行为、营销传播活动、服务质量提升行为、危机应对行为以及经营创新行为之间会存在交叉影响，即这些自变量之间会存在两两相关。我们在利用结构方程模型考察自变量对因变量的影响时，需要将这种自变量间的两两相关考虑在内。使用 Amos 软件可以实现这一点。

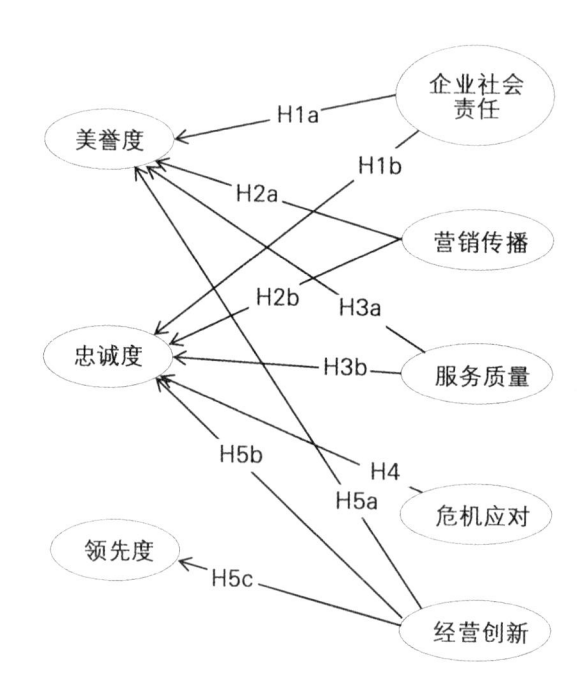

注：简化起见，省略了因变量间的两两关系，下同。

图 5-3　强势物流服务品牌特征与创建举措的关系假设

5.2.3 问卷设计与数据采集

1. 问卷设计

接下来设计用于测量潜变量的工具量表。本节的结构方程模型需要测量美誉度、忠诚度、领先度三个因变量，以及企业社会责任、营销传播、服务质量、危机应对、经营创新这五个自变量。这些内容中，有的已经有成型的量表工具可供使用，有的则需要在借鉴现有文献及相关理论的基础上自行设计。

在初始问卷设计完成以后，我们利用"微信好友"以及召开行业年会的契机，在线上及线下进行了小范围发放和意见征询，并对最终回收的68份有效问卷进行了初步分析。根据其结果，对问卷进行了部分修正，使有关题项的表述更加清晰，与被测量的内容更加贴近。最终具体采用的题项表述及相应的出处或参考文献分别如表5-5、表5-6所示。

正式发放的问卷包括四个部分（见附录）。第一部简要介绍问卷调查的背景、目的以及核心概念的含义。第二部分识别调查对象，请受访者选择最近使用过相关服务的物流企业，若受访者回答没有使用过物流服务，则不再回答后面的题目。该部分中列出了目前国内外知名的物流（含快递）企业近40家，基本涵盖了主要受访者的选择范围。第三部分为问卷主体部分，受访者针对第二部分中选择物流公司，对表5-5、表5-6中的题项做出判断。所有题项均采用5级李克特量表进行评测：1表示"完全同意"，2表示"同意"，3表示"不好说"，表示4"不同意"，5表示"完全不同意"。第四部分是回答者的基本信息甄别，包括年龄、性别、职业等。

表5-5 强势品牌特征的测量问卷

	题项	问题表述	出处或参考文献
美誉度	Y1_1	我对该物流公司的品牌有好感。	Biel（1992），严圣杰（2013）
	Y1_2	该品牌有着良好的口碑和声誉。	
	Y1_3	我认为这个品牌是值得信任的。	
忠诚度	Y2_1	我会一直继续使用该品牌的物流服务。	Aaker（1996），Yoo & Donthu（2000），Ganesh, Arnold & Reynolds（2000）
	Y2_2	我会向亲友同事推荐该物流服务的品牌。	
	Y2_3	我会在同类品牌中优先选择该物流公司。	
	Y2_4	如果该品牌提高服务价格，我仍然会使用。	

续表

题项		问题表述	出处或参考文献
领先度	Y3_1	该公司的品牌是在同类中脱颖而出的。	何晨等（2010），自行设计
	Y3_2	与其他品牌相比，该品牌能使我联想到更多的特点。	
	Y3_3	其他公司在许多方面的做法是该物流品牌的追随者。	

表 5-6　强势品牌核心特征权重（%）——综合结果

题项		问题表述	出处或参考文献
企业社会责任	X1_1	该品牌的物流公司积极采取环境保护措施。	KLD，RepuTex
	X1_2	该公司品牌为员工提供良好的工作保障。	
	X1_3	该品牌的物流公司积极支援社会公益项目。	
营销传播	X2_1	我经常见到该物流品牌的广告。	吴丹妮（2007），舒尔茨（2012），自行设计
	X2_2	该物流公司的品牌经常有优惠活动。	
	X2_3	该物流品牌有着完善的会员计划。	
	X2_4	该品牌经常出现在新闻报道当中。	
服务质量	X3_1	该物流品牌的服务网点覆盖面广。	郑兵（2007），黄斐、王佳（2011），张琼（2015），自行设计
	X3_2	该物流品牌能够提供高时效性的服务。	
	X3_3	该品牌的物流公司能够提供多样化的服务。	
	X3_4	该物流品牌能准确地满足客户的服务要求。	
	X3_5	该品牌的物流公司能够提供及时准确的进度追踪信息。	
	X3_6	该物流品牌的公司员工有着良好的服务态度。	
	X3_7	该物流品牌能保证货物安全、包装完好。	
危机应对	X4_1	该物流品牌在出现行业性的负面报道（如野蛮装运等）时能妥善处理。	侯兴军（2011），卜亚君（2013），自行设计
	X4_2	该品牌的物流公司采取了有效措施来防范危机。	

续　表

	题项	问题表述	出处或参考文献
危机应对	X4_3	一旦出现问题，我能够通过该物流品牌客户服务热线等有效地加以解决。	侯兴军（2011），卜亚君（2013），自行设计
	X4_4	如果出现货物遗失或毁损，该物流品牌能迅速给出合理的解决办法。	
经营创新	X6_1	该品牌的物流公司总是致力于研究开发新技术或新模式。	何晨等（2010），白元龙（2014）自行设计
	X6_2	该品牌的物流公司始终采用处于行业前沿的最新技术手段。	
	X6_3	该品牌的物流公司投入了许多精力来探求提升服务水平的途径。	
	X6_4	该品牌的物流公司能够促成先进技术手段或经营模式的实际运用。	

注："KLD"为 KLD 研究和分析公司（KLD Research & Analytics, Inc.）；RepuTex 是世界著名的企业社会责任评级公司。

2. 问卷发放与数据收集

正式问卷通过线下、线上两个渠道发放。线下渠道主要利用参加行业会议等机会分发并现场回收。这一途径共发放问卷 460 份，最终回收有效问卷 343 份。线上渠道使用"问卷星"，在物流行业交流、企业管理交流等用户超过 150 人的微信群中发布，并通过发放红包等方式提高参与度。这一途径共回收问卷 212 份，其中有效问卷 191 份。由此，最终用于结构方程分析的问卷总数为 534 份。

对回收问卷中的受访者信息甄别项进行分析。从受访者选择的最近一次使用物流服务的品牌来看，顺丰、德邦、中铁等物流公司的采用率较高，如表 5-7 所示。从受访者年龄结构来看，大部分集中在 31~50 岁这一范围内；从性别结构来看，有 314 份问卷的填写者为男性，占 58.8%。受访者的职业主要集中在销售、管理以及行政后勤等。总的来看，上述样本分布基本符合本项研究所要调查的目标群体特征。

表 5-7 样本结构分析——最近使用的物流品牌

物流品牌	频数	占比(%)	物流品牌	频数	占比(%)	物流品牌	频数	占比(%)
顺丰速运	85	15.92	申通快递	19	3.56	安能物流	9	1.69
中通快递	43	8.05	大田物流	18	3.37	DHL	8	1.50
天地华宇	37	6.93	南方物流	17	3.18	嘉里大通	7	1.31
中铁快运	36	6.74	万象物流	13	2.43	全峰快递	6	1.12
百世快递	29	5.43	中邮物流	13	2.43	Fedex	6	1.12
韵达速递	26	4.87	远成物流	12	2.25	UPS	4	0.75
宅急送	24	4.49	中国邮政EMS	12	2.25	中远物流	4	0.75
圆通速递	22	4.12	佳吉快运	11	2.06	其他	41	7.68
德邦物流	22	4.12	天天快递	10	1.87			

表 5-8 样本结构分析——受访者个人特征分布

年龄			职业		
18岁以下	1	0.19%	销售人员	144	26.97%
18~25岁	49	9.18%	管理人员	141	26.40%
26~30岁	78	14.61%	行政/后勤人员	110	20.60%
31~40岁	225	42.13%	教师/研究人员	45	8.43%
41~50岁	156	29.21%	生产人员	17	3.18%
51~60岁	18	3.37%	顾问/咨询	14	2.62%
60岁以上	7	1.31%	全日制学生	14	2.62%
			文职/办事人员	14	2.62%
性别			专业人士(医生、律师等)	13	2.43%
男性	314	58.80%	技术/研发人员	12	2.25%
女性	220	41.20%	其他	10	1.87%

5.2.4 正态性及信度、效度检验

1. 描述统计与正态性检验

在进行信度、效度分析以及运用结构方程模型进行假设检验之前，应当先对各测度题项进行描述性统计分析。使用 SPSS 软件计算各测度题项的均值、标准差、偏度和峰度，得到如表 5-9 所示的描述统计结果。由于本项问卷调查要求受访者根据最近使用过的物流品牌作答，因而部分题项的回答表现出一定的积极态度（均值<3）。一般认为，在使用极大似然法进行模型估计时，需要以正态分布来保证结果的可靠性。[①] 从表 5-9 中的结果可以看出，本书所使用的数据中，各个题项均满足偏度绝对值小于 3、峰度绝对值小于 8 的"38 经验法则"，可以认为满足极大似然法估计所要求的正态性。

表 5-9 描述统计结果表

	平均值	标准差	偏度	峰度		平均值	标准差	偏度	峰度
Y1_1	2.79	1.164	0.117	−0.880	X3_1	2.74	1.267	0.169	−1.043
Y1_2	2.85	1.164	0.101	−0.904	X3_2	2.62	1.296	0.330	−0.976
Y1_3	2.78	1.148	0.159	−0.821	X3_3	2.78	1.218	0.231	−0.870
Y2_1	2.85	1.283	0.122	−1.044	X3_4	2.78	1.262	0.250	−0.976
Y2_2	2.85	1.302	0.154	−1.076	X3_5	2.73	1.237	0.287	−0.920
Y2_3	2.84	1.307	0.199	−1.019	X3_6	2.71	1.211	0.291	−0.899
Y2_4	2.96	1.254	0.041	−0.965	X3_7	2.73	1.248	0.308	−0.966
Y3_1	2.73	1.050	0.004	−0.777	X4_1	2.96	0.880	−0.097	−0.364
Y3_2	2.74	1.036	−0.056	−0.756	X4_2	2.95	0.866	0.035	−0.380
Y3_3	2.81	1.030	−0.100	−0.676	X4_3	2.95	0.898	−0.081	−0.536

---

① 此外，侯杰泰等（2004）在总结多位学者的研究后指出，ML 估计在多数情况下是稳健的，即使变量不是正态分布，其估计结果依然可靠。

续表

	平均值	标准差	偏度	峰度		平均值	标准差	偏度	峰度
X1_1	2.93	0.811	−0.227	−0.278	X4_4	2.95	0.876	−0.045	−0.302
X1_2	2.97	0.839	−0.256	−0.335	X5_1	2.75	1.050	0.053	−0.751
X1_3	2.98	0.807	−0.178	−0.193	X5_2	2.77	1.021	−0.066	−0.641
X2_1	2.98	0.926	−0.379	−0.578	X5_3	2.77	1.097	0.056	−0.768
X2_2	3.05	0.858	−0.362	−0.361	X5_4	2.81	1.033	−0.039	−0.651
X2_3	3.01	0.850	−0.397	−0.166					
X2_4	2.93	0.890	−0.184	−0.595					

2. 信度检验

这里采用计算 Cronbach's α 系数的方法检验测量模型的信度。α 系数越大，表示该变量的各个题项的相关性越大，即内部一致性程度越高。一般认为，信度系数的最小可接受的范围为 0.65~0.70；达到 0.70~0.80 时信度良好，达到 0.80~0.90 则信度非常好。

表 5–10、表 5–11 分别为因变量和自变量的信度检验结果。可以看出，由于因变量的测量题项大多采用了成型的工具，其信度指标明显好于自变量。不过，自变量中基于标准化项的 Cronbach's α 系数都达到了 0.65 以上，表明期内部一致性在可以接受的范围内。同时，各个题项的删除后 Cronbach's α 系数没有明显提高，且 CITC 值均达到了 0.5 以上。由此可以认为，问卷题项设计总体达到信度要求。

表 5–10 信度检验结果——因变量

	题项	修正后的项与总计相关性（CITC）	删除项后的 Cronbach's α	基于标准化项的 Cronbach's α
美誉度	Y1_1	0.760	0.841	0.881
	Y1_2	0.776	0.827	
	Y1_3	0.774	0.828	

续 表

	题项	修正后的项与总计相关性（CITC）	删除项后的Cronbach's α	基于标准化项的Cronbach's α
忠诚度	Y2_1	0.853	0.910	0.934
	Y2_2	0.860	0.908	
	Y2_3	0.858	0.909	
	Y2_4	0.804	0.926	
领先度	Y3_1	0.669	0.745	0.816
	Y3_2	0.676	0.738	
	Y3_3	0.657	0.757	

表 5-11　信度检验结果——自变量

	题项	修正后的项与总计相关性（CITC）	删除项后的Cronbach's α	基于标准化项的Cronbach's α
企业社会责任	X1_1	0.510	0.576	0.698
	X1_2	0.501	0.613	
	X1_3	0.507	0.562	
营销传播	X2_1	0.528	0.660	0.727
	X2_2	0.503	0.691	
	X2_3	0.539	0.653	
	X2_4	0.527	0.660	
服务质量	X3_1	0.835	0.953	0.958
	X3_2	0.874	0.950	
	X3_3	0.823	0.954	
	X3_4	0.868	0.950	
	X3_5	0.864	0.950	

续 表

题项		修正后的项与总计相关性（CITC）	删除项后的Cronbach's α	基于标准化项的Cronbach's α
服务质量	X3_6	0.857	0.951	0.958
	X3_7	0.851	0.951	
危机应对	X4_1	0.522	0.651	0.720
	X4_2	0.506	0.661	
	X4_3	0.510	0.658	
	X4_4	0.502	0.667	
经营创新	X6_1	0.702	0.837	0.867
	X6_2	0.716	0.832	
	X6_3	0.762	0.813	
	X6_4	0.694	0.840	

3. 效度分析

采用因子分析法检验收敛效度。先利用 SPSS 对因变量的 10 个题项进行因子分析，KMO 系数为 0.833>0.5，Bartlett 球形检验表明，近似 χ^2=3349.494，$p<0.001$，适合进行因子分析。基于主成分分析和最大方差法旋转后的成分矩阵如表 5-12 所示。可以看到，共提取了 3 个因子，且因子聚类方式与题项设计相吻合。同时，这 3 个因子的累积解释度达到 79.963。上述结果表明，因变量题项具有较好的收敛效度。

表 5-12 因变量收敛效度检验结果

	成分		
	1	2	3
Y2_3	0.904	0.140	0.117
Y2_2	0.903	0.150	0.121

续表

	成分		
	1	2	3
Y2_1	0.901	0.180	0.049
Y2_4	0.895	0.029	0.052
Y1_2	0.116	0.886	0.105
Y1_1	0.120	0.880	0.095
Y1_3	0.158	0.877	0.123
Y3_3	0.107	−0.015	0.857
Y3_2	0.086	0.112	0.847
Y3_1	0.059	0.235	0.826

再对自变量的 22 个题项进行收敛效度检验。计算得到 KMO 系数为 0.904>0.5，Bartlett 球形检验表明，近似 $\chi^2=6134.052$，$p<0.001$，适合进行因子分析。旋转后的成分矩阵如表 5-13 所示。可以看到，共提取了 5 个因子，其聚类方式也与题项设计相吻合；同时，累积解释贡献率达到 66.575%。这表明，自变量题项也具有较好的收敛效度。

从上述成分矩阵中也可看出，各个题项在相应成分以外的得分都较低，表明测量工具具有一定的区分效度（或判别效度）。区分效度还可以在计算 AVE（平均方差提取值，Average Variance Extracted）的基础上，通过与变量之间相关系数的比较来检验。一般要求，$AVE>0.5$，且其平方根小于相应变量与其他变量间的相关系数。Amos 拟合后的回归结果给出了 k 个题项的标准化因子载荷，由此可以按式 5-10 计算 AVE（λ_k 为对应变量第 k 个题项的因子载荷）：

$$AVE = \frac{\sum \lambda_k^2}{\sum \lambda_k^2 + \sum (1-\lambda_k^2)} \qquad 式\ 5\text{-}10$$

表 5-13 自变量收敛效度检验结果

	成分				
	1	2	3	4	5
X1_1	0.171	0.092	0.203	0.120	0.652
X1_2	0.078	0.115	0.055	0.131	0.716
X1_3	0.067	0.044	0.173	0.099	0.734
X2_1	0.070	0.065	0.035	0.731	0.123
X2_2	0.025	−0.001	0.008	0.716	0.084
X2_3	0.005	−0.001	0.138	0.764	0.031
X2_4	0.168	0.111	0.127	0.695	0.129
X3_1	0.872	0.011	0.065	0.030	0.103
X3_2	0.898	0.003	0.117	0.044	0.092
X3_3	0.863	0.033	0.062	0.060	0.054
X3_4	0.893	0.067	0.087	0.074	0.066
X3_5	0.896	0.060	0.071	0.048	0.050
X3_6	0.888	0.032	0.050	0.065	0.104
X3_7	0.876	0.109	0.121	0.076	0.041
X4_1	0.088	0.065	0.729	0.121	0.089
X4_2	0.069	0.138	0.697	0.105	0.116
X4_3	0.136	0.097	0.705	0.023	0.120
X4_4	0.071	0.114	0.712	0.049	0.104
X5_1	0.042	0.818	0.089	0.050	0.116
X5_2	0.037	0.823	0.158	−0.004	0.105
X5_3	0.121	0.855	0.140	0.012	0.060
X5_4	0.017	0.829	0.069	0.117	0.012

表 5-14 所示的是各自变量的 AVE 值和自变量之间的相关系数。可以看出，所有变量的 AVE 值均达到了 0.5，且其平方根大于相应变量与其他变量相关系数。这进一步表明，测量工具的区分效度能够达到分析要求。

表 5-14 自变量区分效度检验结果

	企业社会责任	营销传播	服务质量	危机应对	经营创新	AVE
平方根						
企业社会责任	1					0.708
营销传播	0.484	1				0.715
服务质量	0.354	0.225	1			0.876
危机应对	0.596	0.348	0.298	1		0.715
经营创新	0.406	0.231	0.177	0.440	1	0.821
AVE 平方根	0.708	0.715	0.876	0.715	0.821	0.708
AVE	0.502	0.512	0.767	0.511	0.675	

注：所有相关系数均显著（$p<0.001$）。

5.2.5 模型分析与假设检验的结果

使用 Amos 软件对图 5-3 所示的模型进行拟合，模型检验结果如表 5-15 中的"初始模型"一栏所示，估计结果如表 5-16、图 5-4 中的"初始模型"一栏所示。可以看出，初始模型取得了较好的拟合度检验结果，绝对拟合度、增值拟合度以及简约拟合度的相关指标均达到较好的水平。[1] 但从估计结果来看，"企业社会责任→忠诚度""营销传播→美誉度"以及"经营创新→忠诚度"的影响路径并不显著。

---

[1] 绝对拟合度指标衡量模型整体对于样本的解释力，增值拟合度指标衡量研究模型与基本模型（独立模型）相比的改善程度，精简拟合度指标衡量模型是否过于复杂。

表 5-15 结构方程分析结果：模型检验

指标		评价标准	初始模型	修正模型
绝对拟合度	CMIN/DF	1-3	1.642	1.635
	RMR	≤ 0.05	0.049	0.049
	GFI	≥ 0.90：拟合良好；0.70~0.90：拟合合理	0.921	0.921
	AGFI	≥ 0.90：拟合良好；0.70~0.90：拟合合理	0.906	0.907
	SRMR	≤ 0.05	0.0413	0.0415
	RMSEA	≤ 0.05：拟合良好；0.05~0.08：拟合合理	0.035	0.035
	PCLOSE	≥ 0.05，越大越好	1.000	1.000
增值拟合度	NFI	≥ 0.90：拟合良好；0.80~0.90：拟合合理	0.933	0.933
	RFI	≥ 0.90	0.925	0.926
	IFI	≥ 0.90	0.973	0.973
	TLI	≥ 0.90	0.969	0.970
	CFI	≥ 0.90	0.973	0.973
简约拟合度	PNFI	≥ 0.50	0.835	0.841
	PCFI	≥ 0.50	0.871	0.877
	AIC	越小越好	897.185	892.823
	BCC	越小越好	908.237	903.515
	BIC	越小越好	1256.736	1239.536
	CAIC	越小越好	1340.738	1320.536
样本量检验	HOELTER 0.05	≥ 200	362	363
	HOELTER 0.01	≥ 200	378	379

表 5-16 结构方程分析结果：估计结果

影响路径	初始模型 估计值	初始模型 标准差	初始模型 显著性(p)	修正模型 估计值	修正模型 标准差	修正模型 显著性(p)
H1a：企业社会责任→美誉度	0.215	0.069	0.002	0.225	0.052	<0.001
H1b：企业社会责任→忠诚度	−0.077	0.089	0.387	/	/	/
H2a：营销传播→美誉度	0.035	0.055	0.521	/	/	/
H2b：营销传播→忠诚度	0.207	0.056	<0.001	0.187	0.046	<0.001
H3a：服务质量→美誉度	0.552	0.045	<0.001	0.555	0.045	<0.001
H3b：服务质量→忠诚度	0.584	0.047	<0.001	0.574	0.045	<0.001
H4：危机应对→忠诚度	0.232	0.068	<0.001	0.194	0.047	<0.001
H5a：经营创新→领先度	0.706	0.040	<0.001	0.706	0.04	<0.001
H5b：经营创新→美誉度	0.12	0.042	0.004	0.123	0.041	0.003
H5c：经营创新→忠诚度	0.011	0.043	0.801	/	/	/

注：初始模型和修正模型中自变量相互间关系均显著，这里予以省略。

鉴于这一结果，修正模型中剔除了上述三个不显著的影响路径，新的估计结果如表5-15中的"修正模型"一栏所示，估计结果如表5-16、图5-4中的"修正模型"一栏所示。可以看到，修正后的模型在拟合度检验方面的各项指标表现依然良好；同时，被保留的影响路径取得了较为显著的估计结果。

基于修正模型对前文所提出假设的检验结果，可以得出以下分析结论。首先，物流公司可以通过改善企业社会责任方面的表现，提升物流服务质量以及开展经营创新来提高自身品牌的美誉度。从标准化回归系数来看，其中提升服务质量的效果最为明显。其次，物流公司可以通过采用营销传播手段，提升服务质量以及妥善应对危机等途径提高自身品牌的忠诚度。

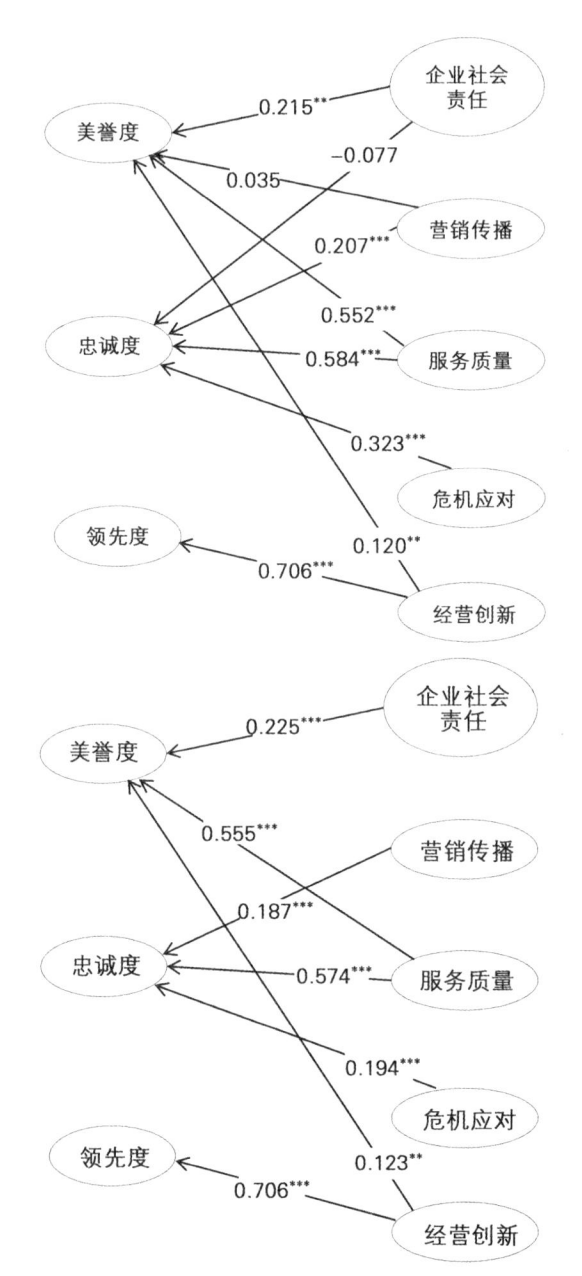

注：*** 表示 $p<0.001$；** 表示 $0.001 \leqslant p<0.01$；* 表示 $0.01 \leqslant p<0.05$。

图 5-4　结构方程模型估计结果：影响关系示意图

从回归结果来看，提升服务质量对于提高品牌忠诚度的影响也是最明显的。最后，物流公司可以通过经营创新来提升品牌的领先度。

总的来看，物流公司改善服务质量、开展经营创新的活动对于创建强势品牌重点特征的影响最为突出，而围绕营销传播、企业社会责任行为的分析结果则与假设存在差异，尤其在初始模型中营销传播对忠诚度的影响甚至出现了负向的回归结果（虽然不显著）。其可能的原因在于，当前中国物流企业在客户服务水平方面还有着较大的提升空间，客户或消费者更加关注物流服务质量，以及企业通过各种创新活动改善经营水平的做法。换句话说，服务质量与经营水平的竞争是当前物流行业竞争的核心主题，是打造强势物流服务品牌的关键；其他方面的做法应当以之为基础，从而产生相互协同的效果。

5.3 小结

本章我们通过层次分析法，对忠诚度、美誉度、领先度、内涵度、认知度、区分度、知名度、延伸度等品牌特征的表现维度进行考察，从中寻找强势物流服务品牌的核心特征。结果表明，忠诚度、美誉度和领先度是强势物流品牌最突出的特征，其权重之和达到了62.38%。接着，我们将这三个方面作为创建强势物流服务品牌的目标方向，考察服务质量、经营创新、企业社会责任、营销传播、危机应对等一系列品牌创建举措对于强势物流品牌突出特征的影响关系。结果表明，物流公司应当将提升服务质量、开展经营创新作为核心经营举措，并在此基础上做好营销传播、企业社会责任以及危机应对。其中，服务质量与经营创新针对的是物流企业所提供的服务产品本身，可以认为是创建物流强势品牌的核心措施；而营销传播、企业社会责任与危机应对是创建物流企业强势品牌的重要措施。接下来的两章当中，我们将围绕这些举措，探讨物流强势品牌创建的具体做法。

第6章 中国物流企业创建强势品牌的核心举措

第5章的研究结论表明，提升服务质量，开展经营创新，是物流企业完善其服务产品，创建强势品牌的核心举措。本章将围绕物流服务质量这一核心问题，通过创建中国物流企业服务质量评价体系，提出提升物流服务质量的主要方法，然后针对物流经营创新，阐述主要的创新方向和实施途径。

6.1 物流企业服务质量评价与管理的实证研究

6.1.1 物流服务质量的内涵

2001年，来自美国田纳西大学的专家团队给出了基于消费者满意度的物流企业服务质量评价维度。他们认为，从消费者角度出发，衡量物流企业服务质量，应该包含以下几个方面。

一是人员沟通质量。人员沟通质量指负责沟通的物流企业服务人员是否能通过与消费者的良好接触，提供个性化的服务。一般来说，服务人员相关知识丰富与否，是否体谅消费者处境，帮助解决消费者的问题，会影响消费者对物流服务质量的评价。这种评价形成于服务过程之中。因此，加强服务人员与消费者的沟通是提升物流服务质量的重要方面。

二是订单释放数量。一般情况下，物流企业会按实际情况释放（减少）部分订单的订量（出于供货、存货或其他原因）。对于这一点，尽管很多消费者都有一定的心理准备，但是，不能按时完成消费者要求的订量会对消费者的满意度造成影响。

三是信息质量。它是指物流企业从消费者角度出发提供产品相关信息的多少。这些信息包含了产品目录、产品特征等。如果有足够多的可用信息，消费者就容易作出较有效的决策，从而减少决策风险。

四是订购过程。它是指物流企业在接受消费者的订单、处理订购过程时的效率和成功率。调查表明，消费者认为订购过程中的有效性和程序及手续的简易性非常重要。

五是货品精确率。它是指实际配送的商品和订单描述的商品相一致的程度。货品精确率应包括货品种类、型号、规格准确及相应的数量正确。

六是货品完好程度。它是指货品在配送过程中受损坏的程度。如果有所损坏，那么物流企业应及时寻找原因并及时进行补救。

七是货品质量。这里指货品的使用质量，包括产品功能与消费者的需求相吻合的程度。货品精确率与运输程序（如货品数量、种类）有关，货品完好程度反映损坏程度及事后处理方式，货品质量则与产品生产过程有关。

八是误差处理。它是指订单执行出现错误后的处理。如果消费者收到错误的货品，或货品的质量有问题，都会向物流供应商追索更正。物流企业对这类错误的处理方式直接影响消费者对物流服务质量的评价。

九是时间性。它是指货品是否如期到达指定地点。它包括从消费者落订到订单完成的时间长度，受运输时间、误差处理时间及重置订单的时间等因素的影响。

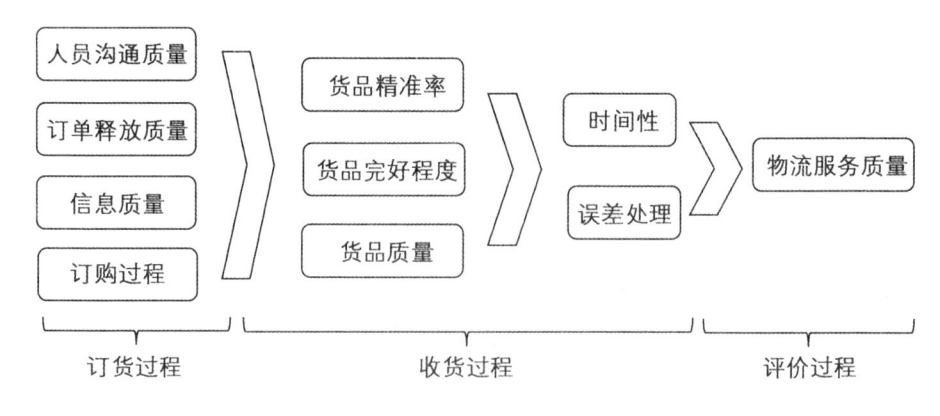

图 6-1 物流服务质量评价模型与流程

上述内容是学者基于美国的物流企业实际和消费者实际建立的物流服务质量评价模型。接下来，本章将基于上述基本模型，根据中国的企业实际和消费者实际进行部分调整，以期得到更加适合中国物流企业的服务质量评价模型。

6.1.2 物流企业服务质量体系指标确定

按照前文所述的物流服务质量评价基本模型，本章首先确定了物流企业服务质量评价的维度和具体指标，如表6-1所示。在确定了上述基本评价维度和具体指标后，分别对物流企业管理者、从业人员和消费者进行了访谈，以确定上述维度和指标是否为物流企业、消费者对物流服务质量的核心关注点。同时，选取物流企业从业人员和消费者进行访谈的原因在于：一是物流服务质量的改进策略是由企业制定并实施，但是由消费者来评价策略实施的效果，所以为了充分地考察这些物流服务质量改进策略对物流服务质量的影响，必须同时从企业和消费者两方面开展访谈调查；二是在服务行业中，重要的是消费者对服务质量如何理解，而不是企业对服务质量如何诠释，所以很有必要把企业和消费者结合在一起进行统一访谈，以更深入地了解在客户看来，哪些因素能够影响客户对物流企业服务质量的评价。

表 6-1 物流服务质量评价维度与指标

评价维度	具体指标	评价维度	具体指标
人员沟通质量	1. 员工态度； 2. 员工的业务的熟悉程度； 3. 沟通反馈。	货品完好程度	1. 货品是否出现破损； 2. 包装是否便利。
订单释放数量	1. 订单处理能力是否满足需求。	货品质量	1. 商品质量是否符合消费者预期。
信息质量	1. 信息的可获得性； 2. 信息的丰富程度； 3. 信息的准确性。	时间性	1. 是否按照承诺准时送达； 2. 订单预处理时间短； 3. 订单售后处理时间短。
订购过程	1. 订单处理的方便程度； 2. 订单处理效率。	误差处理	1. 售后处理的难易程度； 2. 售后处理的速度； 3. 售后处理的质量。
货品精准率	送达商品与消费者的订单描述是否一致。	—	—

访谈结束后，研究针对访谈结果对上述 9 个维度和 19 个具体指标进行调整，调整后的评价维度和指标如表 6-2 所示。

表 6-2　调整后的物流服务质量评价维度与指标

评价维度	具体指标	评价维度	具体指标
人员沟通质量	1. 员工态度； 2. 员工的业务的熟悉程度； 3. 员工提供信息的丰富程度； 4. 员工提供信息的准确程度； 5. 沟通反馈。	货品完好程度	12. 货品是否出现破损； 13. 包装是否便利。
订购过程	7. 订单处理的方便程度； 8. 订单方式是否灵活多样； 9. 订单处理效率。	时间性	14. 是否按照承诺准时送达； 15. 订单预处理时间短； 16. 订单售后处理时间短。
货品精准率	10. 送达商品与订单描述是否一致； 11. 相关文件、发票是否送达； 12. 是否可网上追溯物流信息。	误差处理	17. 售后处理的难易程度； 18. 售后处理的速度； 19. 售后处理的质量。

在访谈过程中，物流企业普遍反映消费者了解物流商品信息的最主要渠道是与业务人员的直接沟通，因此研究去除了信息质量这一维度，将其合并到人员沟通质量当中，并在货品精准率中增加是否可网上追溯物流信息这一指标。此外，根据物流的实际情况，研究去除了货品质量这一维度，因为消费者在物流环节的关注点主要在于物流过程是否导致商品破损，而不在于商品本身的质量，商品本身的质量是厂商的责任范畴。除上述主要改动外，研究还增加了一些评价指标，使上述维度和指标更加符合中国现实。

6.1.3 物流企业服务质量评价体系的实证检验

基于前文确定的物流企业服务质量评价维度和指标进行实证研究，分为数据采集、数据分析、实证结果讨论三个主要部分。

1. 数据采集和样本描述

在正式的实证分析当中，采用调查问卷的方式获取相关数据。问卷调查法是管理学定量研究中最为普及的方法，其实用性主要体现在以下四个方面：第一，如果实施得当，问卷法是最快速有效的收集数据的方法；第二，如果量表的倍度和效度高，样本数量大，可用问卷法收集到高质量的研究数据；第三，问卷调查对被调查者的干扰较小，因而比较容易得到被调查者的支持，可行性高；第四，问卷调查成本较低，是实地研究中比较经济的收集数据的方法。

此次问卷的主要调查对象为物流行业的从业人员和管理人员，以及消费者。调查问卷分为两个主要部分：第一部分是对受访者基本信息的收集，比如物流从业人员的年龄、职位、从业年限、学历、消费者的性别、年龄、学历等。第二部分是对物流服务质量的考察，考察被调研者是否能够根据特定指标对物流企业的服务质量进行判断。问卷采用"直接询问感知期望差"的测量方法，即直接测试在接受物流服务全过程中感知服务与服务期望之间的差值，在具体分析时则采用5级量表法(比如，1代表"非常不同意"，2代表"比较不同意"，3代表"一般"，4代表"比较同意"，5表示"非常同意")。在调查问卷发放过程中，本书针对物流从业人员发放问卷146份，回收128份，其中有效问卷112份；针对消费者发放问卷234份，回收230份，有效问卷218份。考察对象的基本情况的描述性统计如表6-3所示。

表6-3 调整后的物流服务质量评价维度与指标

物流从业人员		消费者	
性别比例（男：女）	13：15	性别比例（男：女）	50：59
平均年龄	33.5岁	平均年龄	29.8岁
平均从业年限	7.8年	受教育年限（从小学开始）	14.1年

2. 模型分析与检验

本书采用 SPSS 软件包进行数据分析，按照项目分析、因子分析、信度分析和效度分析的顺序展开。

项目分析的主要目的是对测试的项目加以分析，判断其鉴别力。本书选择 t 检验法，其求法是将量表总得分的高分组（前 30% 的受调研者）和低分组（后 30% 的受调研者）在每一题得分的平均数进行差异比较，所得的值称为决断值（CR）。如果 CR 值达显著水准，即表示这个项目能鉴别不同受试者的反应程度，应该保留，否则就应该删除。CR 值越大，说明该项目的鉴别能力越强。在分析了每一个指标的决断值后发现，所有的决断值均达到了显著水平，应该保留。

表 6-4　调研指标

指标	决断值	指标	决断值
1. 员工态度	3.792*	11. 是否可网上追溯物流信息	5.881**
2. 员工的业务的熟悉程度	4.672**	12. 货品是否出现破损	4.742**
3. 员工提供信息的丰富程度	7.891***	13. 包装是否便利	6.534**
4. 员工提供信息的准确程度	2.998**	14. 是否按照承诺准时送达	4.265*
5. 沟通反馈	4.782**	15. 订单预处理时间短	3.635*
6. 订单处理的方便程度	5.771**	16. 订单售后处理时间短	2.891*
7. 订单方式是否灵活多样	4.101*	17. 售后处理的难易程度	6.896*
8. 订单处理效率	5.302**	18. 售后处理的速度	7.103*
9. 送达商品与订单描述是否一致	5.781**	19. 售后处理的质量	3.693***
10. 相关文件、发票是否送达	7.562***		

注：* 代表 $p<0.05$；** 代表 $p<0.01$；*** 代表 $p<0.001$

用采集的样本数据对物流服务质量的 19 个指标进行的 KMO 适当性检验结果显示：KMO 系数为 0.833，说明适合做因子分析。因子分析的目的是从大量的可测量的数据中总结出相对少数的简明信息，即因子。它根据各变量样本数据间的内在联系，将具有较强内在联系和相似性的变量用同一个因子来解释。因子分析采用主成分分析，选取特征值大于1的因子，这些因子能够在最大限度上说明适合对物流服务进行评价的指标。

因子分析的结果显示，物流企业的服务质量评价因子包括6项，按照其重要性排序分别是时间性、货品完好程度、货品精准性、误差处理、订购过程和人员沟通质量。时间性包含是否按照承诺准时送达、订单预处理时间短、订单售后处理时间短三个方面；货品完好程度包含货品是否出现破损、包装是否便利两个方面；货品精准性包括送达商品与订单描述是否一致、相关文件是否送达、是否可网上追溯物流信息三个方面；误差处理包括售后处理的难易程度、售后处理的速度、售后处理的质量三个方面；订购过程包括订单处理的方便程度、订单方式是否灵活多样、订单处理效率三个方面；人员沟通质量包括员工态度、员工的业务的熟悉程度、员工提供信息的丰富程度、员工提供信息的准确程度、沟通反馈五个方面。

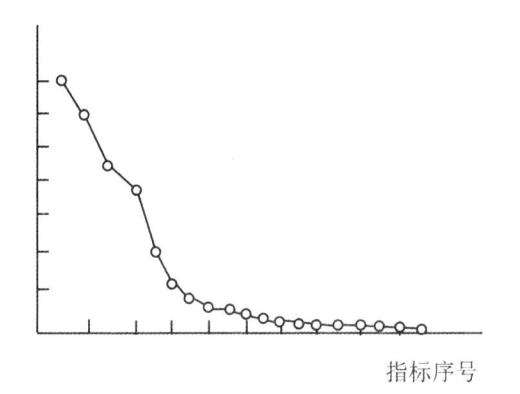

图 6-2 物流服务评价指标因子分析碎石图

在因子分析之后，为了进一步了解上述指标及提取的各个维度在评价物流服务质量上的可靠性，需要做信度检验。检验结果显示，除了人员沟通质量的可靠性系数为0.6311以外，其他各因子的 α 系数均在0.700以上，说明模型的信度符合标准。

表 6-5　信度分析

	时间性	货品完好程度	货品精准性	误差处理	订购过程	人员沟通质量
α 系数	0.7531	0.8634	0.7104	0.7857	0.8546	0.6311

接着进行效度分析。首先，一个优秀的测评指标体系应具备的一个重要特征就是创建效度。所谓创建效度，是指量表或测评指标能测量理论的概念或特质的程度。从因子分析中得知，调整后的 6 个因子能够累积解释的变异量达 75.87%，说明本书具有较高的创建效度。其次是内容效度和构想效度。因子分析得到的 6 个因子结构与指标体系创建的理论构想基本一致。根据构成各个因子的具体指标，6 个因子的内容与指标体系创建的构想相符，因此模型的内容效度和构想效度都得到了支持。

3. 分析结果与讨论

经过前文的实证研究，我们可以得到符合中国企业和消费者实际的物流企业服务质量评价体系。按照对物流企业服务质量评价的影响程度，物流企业服务质量可以从时间性、货品完好程度、货品精准性、误差处理、订购过程和人员沟通质量六个维度评价。具体而言，时间性包含是否按照承诺准时送达、订单预处理时间短、订单售后处理时间短三个方面；货品完好程度包含货品是否出现破损、包装是否便利两个方面；货品精准性包括送达商品与订单描述是否一致、相关文件是否送达、是否可网上追溯物流信息三个方面；误差处理包括售后处理的难易程度、售后处理的速度、售后处理的质量三个方面；订购过程包括订单处理的方便程度、订单方式是否灵活多样、订单处理效率三个方面；人员沟通质量包括员工态度、员工的业务的熟悉程度、员工提供信息的丰富程度、员工提供信息的准确程度、沟通反馈五个方面。

因此，中国物流企业提升服务质量，进而提升企业的核心竞争力、创建强势品牌应该从完善时间诉求、保障货品完好程度和货品精准性、有效处理误差、合理完善订购过程和提高人员沟通质量六个角度进行。

6.1.4 物流企业服务质量管理体系建设

物流企业应当如何实现前述方面的服务质量提升呢？从中国的现状来看，不少企业仍在片面追求"大"和"全"的发展，其管理还停留在原来的粗放式、低效的水平上，缺乏有效、先进的管理机制和管理规范，是导致物流服务质量难以提升的重要原因。继而建立物流企业服务质量管理体系，就成为强势物流品牌建设的重要支撑。在创建物流企业质量管理体系的过程中，企业应当关注以下服务质量管理基本要素的基础，并根据自身的业务特点、服务内涵、企业规模等特征，有针对性地确定弥补经营短板的具体方向。

1. 组织文化要素

组织文化是企业的软实力，对服务质量具有积极影响：组织效力对消费者感知的服务质量有很强的正面影响；企业的团队共识是重要的组织文化调节因素，组织氛围对服务质量管理也具有重要的意义。除了内部作用，组织文化还具有对外渗透作用。对于物流企业而言，理解文化渗透对顾客感知服务质量的影响具有重要意义。

2. 员工行为管理

员工行为是消费者服务感知的最重要因素，相关学者探索了有利于提高服务质量的员工行为，包括清晰地了解服务接触、了解消费者需求并迅速判断其需求等。

3. 顾客心理管理

服务质量的主观特征决定了顾客心理管理在服务接触管理中的重要性。顾客心理管理的重要内容之一是顾客期望管理，包括顾客期望的静态识别和动态管理。学者 Ojasalo 认为，消费者期望包括模糊期望、显性期望和隐性期望，服务提供者一方面要善于发现模糊和隐性的顾客预期，并使其显性化；另一方面要善于辨别显性服务，帮顾客将非现实期望转化为现实期望。此外，消费者期望的动态变化既受到之前服务经历的影响，又受到当次服务中感知动态变化影响。

4. 服务设施及技术管理

服务设施是判断搜寻质量的重要因素之一，影响了消费者对服务提供者的选择。众多学者对服务设施管理进行了大量的实证研究并取得了不少成果，指出服务型企业应该进行空间感受、色彩、声音、温度、气味、灯光等的设计。对于物流企业而言，服务设施和技术的管理或许更加重要，因为它严重影响着顾客的消费体验性和对服务质量的感知。

6.2 物流企业经营创新的内容与途径

总体来看，我国物流业正处于增速放缓、效率提升、需求调整和动力转换的战略转型期。近年来，中国物流不断地学习和引进国外先进的物流管理经验，持续开展的技术创新、管理创新、模式创新、产品创新等一系列经营创新活动，正在成为物流业转型升级和物流业供给侧改革的动力来源。

6.2.1 物流经营创新的内涵

物流经营创新的根本目的在于为客户提供更为优质的物流服务，这种提升以企业内部的经营理念、管理方式等为基础，并直观地体现在服务产品的质量、价格、组合方式等多个方面，直至实现物流服务产品的创新。广义地，任何旨在改善经营活动的举措和变革都可以认为具有创新性质；狭义来讲，只有与服务产品提升密切或直接相关的经营变革变化才可以被认为是物流经营创新。总的来看，物流企业经营创新的内容可以从以下两个层面加以理解。

一是经营管理层面的创新。企业内部的经营战略、组织架构、沟通模式、资源投入等，都会在很大程度上影响服务产品创新的可能性和创新的质量。物流企业从传统的价格竞争引领转向创新驱动发展的过程，就伴随着经营战略的变革；继而通过组织结构的变革更好地节约经营成本，通过创新内部沟通模式来对客户需求做出迅速反应，以及在物流产品创新中配置更多的资源，就成为企业内部通过经营创新支撑服务创新的具体表现。

二是物流产品层面的创新。产品策略是企业经营战略的重要组成部分，它既具有企业与顾客直接接触的界面性质，也是企业参与市场竞争的核心工具。物流产品虽然具有无形性，但它与有形产品有着许多相似之处。以经营创新为支撑，向顾客提供更为高质、廉价的服务，以及增加服务内容，提供更为丰富的服务项目组合等，都属于物流服务产品创新的范畴。

6.2.2 物流经营创新的方向

从物流经营创新的内涵出发，物流企业可以将以下内容作为经营创新的具体方向。

一是组织创新。物流企业在引入新的管理模式或理念时，往往需要增减内部组织机构，或改变组织形式和结构，这就属于组织创新。例如，物流企业为了更好地对客户的意见做出反馈，在原有组织架构的基础上设置专门对客户意见进行分析研究的产品开发部门，就是组织创新的具体表现。

二是流程创新。物流服务过程本身是由许多环节构成的。流程创新是要通过物流服务中具体操作程序或规则的优化，来提高物流服务运作的效率，进而降低运营成本、提高服务质量。例如，物流企业运用大数据对周转仓库与配送网点的位置、功能进行合理规划，就可以看作流程创新的具体表现。

三是技术创新。物流技术的创新与运用一直是内部经营管理创新的重要方面。信息和通信技术（ICT）、全球定位（GPS）、无线射频技术（RFID）、条形码技术（POS）等都已经为物流企业所广泛运用，并融入内部管理之中。一些物流企业在无人驾驶车辆、无人机配送等方面，进行技术投入。这些新的智慧物流技术，将为物流业的升级转型提供新的动力。

四是市场创新。市场创新是指物流企业开辟新的服务市场，包括进入全新的服务领域，拓展新的细分市场，通过纵向或横向延伸进入新的行业等。例如，物流公司通过与家具厂商合作，开展家具由产地到消费者的运输、配送、安装一条龙服务，就可以看作市场创新的具体体现。

五是产品创新。产品创新是指物流企业开发和引入新的产品。这种创新的范围较窄，也与有形商品创新更为接近。通常而言，物流企业的产品创新主要体现在物流服务在时效、位置、方式以及价格等方面的组合上。例如，冷链配送企业推出在约定时间送达的生鲜送达服务，就属于物流服务产品的创新。

六是延伸创新。延伸创新是指物流企业在提供服务的同时，根据员工或顾客可能的实际需求，延伸现有的内部管理或服务内容，从而改善员工满意度和客户体验的创新活动。这种创新的重点在于对现有措施的自然延伸，而并不要求物流企业通过较为深刻的组织变革或技术创新来实现。从细节入手，是发现延伸式创新点的关键。例如，有的快递公司要求快递员在上门送交快递时帮顾客带走垃圾，有的物流公司为员工提供专门的休息场所等，都属于延伸创新。

6.2.3 物流经营创新的特点

物流经营创新的结果是以物流服务来体现的。作为服务创新，这一过程相比于一般企业的创新活动而言具有以下特点。

一是无形性。物流企业的经营创新大多体现为无形的提升。改进流程、导入技术、优化管理等，都没有体现为实物产品的变化，而是要通过优化物流服务的效率来体现创新的结果。也正因为如此，物流创新的效果并不能直观显现，需要通过特定的评价方式才能够使企业感知到创新所带来的反馈。

二是需求导向性。制造企业中许多的创新行为是基于生产供给过程本身的，其研发活动完全可以在企业内部实现；而对于物流服务企业而言，其经营创新更多的是要满足顾客对于物流服务的需求，这就决定了物流企业的经营创新具有更为鲜明的需求导向性。这就意味着，物流企业的经营创新需要顾客的参与。

三是目标多元性。物流服务企业的创新活动具有多元化的目标。其经营创新并不一定是要提高时效、降低成本，而完全有可能需要根据客户的不同物流需求，在损耗率、保存条件、运输路线等多个维度加以组合。也就是说，物流服务企业的经营创新最终需要满足多个目标，并且这些目标之间有些可能还存在冲突，需要加以协调应对。

四是易于模仿。由于物流服务企业的经营创新大多属于模式创新，因而相比于能够专利化的技术创新而言，更加容易被竞争对手所模仿。这就要求物流企业在对操作流程、管理过程、市场需求、内部制度以及供应链关系等诸多方面进行创新的同时，从战略的层面超前谋划，从而在竞争中赢得主动。

五是局部创新与整体创新并存。由物流服务的特点所致，物流经营创新既可能是局部中点滴细微的积累逐渐产生效果，也有可能需要较大范围内的服务系统发生整体性的变革才能带来改变。因此，物流经营创新不仅仅是细节决定成败的过程，也会考验企业自上而下主导革新的魄力。

6.2.4 物流经营创新的途径

总的来看，技术、需求、竞争、政策是驱动物流企业开展经营创新的外部因素，而来自企业内部的高层战略、产品研发以及员工等通常是推动经营创新的直接因素。不少学者都对物流创新的模式进行过归纳（如李婧煜，2012；逄锦荣，2012等），这些模式都有其自身的特点。通常而言，物流企业可以采取以下方式来实现经营创新。

1. 以技术为先导开展经营创新

物流企业可以将引入新的物流技术或设备作为开展经营创新的契机，对业务流程进行局部优化或重新规划，从而在实现物流服务水平的提升。

这种创新的好处在于能够改善物流企业的技术装备水平，从而支撑其长远发展；缺点则在于需要承担一定的风险，并且导入技术或设备时往往需要一段适应的时间。因而，技术导入为先导的创新对于企业而言，往往是决心和耐心的考验。

2. 在模仿竞争对手的基础上做进一步创新

如果企业在其经营的市场中有明确的同类企业或竞争对手，则可以通过观察这些同行在经营创新方面的举措，并根据这些举措考虑自身所能开展的创新。这种做法的好处在于能够以他人的做法作为经验，从而减少创新的风险，还能够在对方创新手段的基础上开展更进一步的改进。但作为跟随式创新，这样的方式往往难以给企业带来根本性的领先优势。

3. 根据客户需求或其发生的变化开展经营创新活动

物流企业时时刻刻都在与服务对象发生联系，这些顾客会对服务的内容、质量、价格等提出相应的反馈，有时还能直接给出相应的改进建议。物流企业可以通过汇总、归纳顾客提出的意见，确定经营创新的方向。这种做法的好处是能够直接针对企业的服务对象，缺点则在于需要在客户的需求与预期、公司的发展战略、服务质量与经营成本等方面加以协调。

对于物流服务企业而言，在创新过程中需要充分发挥多方相关主体的作用，即应当采取"开放式创新"（The Open Innovation）的思路（Chesbrough & Crowther, 2006）。开放式创新是相对于"封闭式创新"而言的，其核心在于将外部的创新资源与企业内部资源相结合，从而提升创新效率，适应快速变化的市场需求。如前所述，企业不能仅仅由自身的研发部门提供创新思路，而是要广泛吸取客户意见，甚至从竞争对手那里获得启发。从主导创新活动的人员来看，企业除了自身雇佣的专业人才从事经营创新的规划与实施以外，还可以从企业以外寻求合作。此外，在互联网与共享经济快速发展的背景下，经营创新很有可能突破企业自身的边界，多个物流企业之间进行合作与协同，也将在提升物流经营效率，为顾客提供更加优质的物流服务的过程中发挥积极作用。

4. 全面落实"互联网+高效物流"行动计划，大力采用智慧物流管理技术

全球新一轮科技革命的到来，为产业转型升级创造了重大机遇。当前，互联网经济深刻地影响着我们的生活和工作，以"互联网+"为驱动的新技术、新业态、新模式，成为社会经济发展的新引擎。阿里巴巴、京东商城、滴滴出行等消费互联网模式取得了可喜的成就，引领了世界互联网经济发展的大潮。

"十三五"时期，我国大力推进"互联网+"行动计划，积极拓展网络经济空间，促进互联网和经济社会融合发展。互联网和制造业、商贸业、物流业等重点产业的融合发展成为下一阶段互联网经济成功的关键，也是创新驱动社会进步和经济转型的生机所在，为下一步产业互联网的发展带来重大机遇。互联网不仅作为一种技术手段，更作为一种思维方式，深刻影响着物流行业。物流业与互联网深化融合，"互联网+物流"开始起步，开辟了物流产业发展的新路径。

"互联网+高效物流"是利用互联网技术和互联网思维，通过互联网与物流业深度融合，提升物流运行新效率，重塑产业发展新关系，再造产业发展新结构，打造产业发展新生态，从而实现物流业的转型升级和创新发展。当前，我国"互联网+高效物流"仍处于发展的起步阶段，在一些领域取得了积极进展，引领物流领域产业互联网的发展道路。

一是互联网+高效运输。在"互联网+"时代背景下，市场不集中、信息不对称的货运市场潜力巨大，也最先拥抱互联网。自2014年下半年以来，催生了一批像互联网+车货匹配、互联网+货运经纪、互联网+甩挂运输、互联网+合同物流等的"互联网+"创新模式，涌现了一批像运满满、货车帮、卡行天下、天地汇等的"互联网+"代表企业。"互联网+高效运输"通过搭建互联网平台，实现货运供需信息的在线对接和实时共享，将分散的货运市场有效整合起来，改进了运输的组织方式，提升了运输的运作效率。近年来，单纯的车货匹配模式逐步向无车承运人模式转型，数据在线化、运力社会化、资源平台化正在助推产业新变革。

二是互联网+智能仓储。"互联网+"对传统仓储设施的转型指明了方向，智能仓储在快递、电商、冷链、医药等细分领域快速发展。京东商城、菜鸟网络、顺丰速运、九州通等企业积极开发全自动仓储系统，设计智能仓储机器人，完成货物的上架、拣选、打包、贴标签等操作，大幅提高仓储管理的效率和水平。随着"互联网+"理念的引入，现代化、信息化仓储设施的投入，通过仓储信息的集成、挖掘、跟踪与共享，有效实现取货自动化、进出货无缝化和订单处理准确化，现代仓储管理将更加精准、高效、智能，带动行业高端化转型升级。

三是互联网+便捷配送。"最后一公里"是制约消费市场的重要瓶颈，也是行业"互联网+"改造的广阔蓝海。借助互联网平台，搭建城市配送运力池，开展共同配送、集中配送、智能配送等先进模式，能有效解决"最后一公里"的痛点。日日顺、速派得、云鸟配送等关注末端配送的平台型企业，不断探索便捷配送的新模式。随着末端配送的智能化改造，菜鸟、京东、顺丰等快递物流企业积极布局智能自提柜市场，实现系统的互联共享。此外，随着本地生活服务的需要，共享经济模式在末端配送领域得到推广应用，美团、百度、饿了么推出了即时配送模式，也是互联网+便捷配送的新亮点。

四是互联网+智慧物流。当前，货物跟踪定位、无线射频识别、电子数据交换、可视化技术、移动信息服务和位置服务等一批新兴技术在物流行业应用效果明显。据2015年中物联流信息化监测显示，88.9%的物流企业实现了对自有车辆的追踪，89%的企业实现了全程透明可视化。越来越多的企业将物联网、云计算、大数据等新技术作为企业投入重点。例如，菜鸟网络陆续推出物流预警雷达、大数据分单路由、电子面单、四级地址库等数据基础服务，利用智慧物流大数据分析，促进快递市场的组织优化和效率提升，引领智慧物流发展趋势。

五是互联网+供应链一体化。物流是产业链上下游衔接的重要环节，也是实现供应链一体化的重要纽带。一批行业代表企业，如招商局物流、怡亚通、安吉物流等，借助自身资源和信息优势，向供应链上下游延伸，通过数据协同实现更大范围的供应链协同，重构供应链协作关系。

当前，物流企业实现互联网转型有五大战略选择。一是在线连接战略，借助互联网手段，实现物流在线化和业务数据化，为产业链中不同实体、个人、设备等基本要素的透明连接和关系重塑创造条件。二是联动融合战略，利用互联网技术和思维，改造、优化、提升传统物流产业，优化产业分工，再造产业结构，实现产业的互联网化。三是平台转型战略，通过搭建去中心化、去边界化、去中介化的互联网平台，优化产业链条，推进市场集中，助推产业变革。四是智慧赋能战略，通过对物流赋能，真正实现物流、信息流、资金流、商流四流合一，打通产业链上下游瓶颈约束，提升整个产业链的智能化水平。五是开放共享战略，即打破企业间、业务间、部门间壁垒，搭建合作共享、协作共赢的开放平台，重构产业生态体系。

总体来看，我国"互联网+高效物流"仍处于起步阶段，面临一系列现实障碍。例如，互联网基础设施投入和布局不足，关键技术及设施设备研发投入不够，传统监管模式和体制机制制约，信息化复合型人才严重匮乏，信息安全和支付安全问题亟待解决等。此外，"互联网+高效物流"的最大价值是改造传统物流产业，实现传统产业的互联网化。当前，传统物流产业向互联网转型仍面临方向不清晰、路径不明确、能力不具备等关键问题，这对物流业与互联网的深度融合提出了艰巨挑战。这些问题需要相关政府部门、行业协会和企业主体予以重视，通力合作加以解决。

6.3 小结

提升服务质量与开展经营创新，是物流企业创建物流强势品牌的基础。本章首先对物流服务质量的内容维度、评价方式进行了考察，并阐述了相应质量管理体系建设的核心要点；然后，在分析物流企业经营创新内涵的基础上，提出了经营创新的主要方向，并结合其特点，详细阐述了物流业如何落实"互联网+高效物流"的智能行动计划。

第7章 中国物流企业创建强势品牌的重要举措

第5章的研究结论表明,营销传播、企业社会责任以及危机应对等举措,对于物流企业创建强势品牌具有重要意义。本章将着重从品牌管理优化的角度出发,系统地对相关举措加以说明。

7.1 物流企业强势品牌的营销传播

品牌化营销,不是简单地给企业贴上标签,而是把品牌作为营销的终极目的,营销的一切过程和手段都要有品牌的考虑。对一个企业而言,品牌和营销都十分重要,他们之间的关系可以简单归纳为:品牌是核心,营销是手段。简言之,品牌化营销就是以品牌为依托的营销。没有品牌的支持,营销难以做得精彩;没有有效的营销,强势品牌的巨大价值就缺少实现和增值的途径。因此我们可以认为,品牌化的营销是"双剑合璧"的品牌经营模式,它既注重品牌资产的积累,也强调在品牌经营过程中市场的销售业绩,品牌和营销相互支持、相得益彰,可以产生合力,最大化实现企业的价值。除此之外,好的品牌营销与好的品牌传播相辅相成,广告、公共关系的管理等都对物流企业创建强势品牌有较强的影响。

品牌传播就是企业以品牌的核心价值为原则,在品牌识别的整体框架下,选择广告、公关、人际关系等传播方式,将特定品牌推广出去,以建立品牌形象,促进市场销售。通过品牌的有效传播,可以使品牌为广大消费者所认知,实现品牌与目标市场的有效对接,品牌可以借此迅速发展。可以说,品牌传播是传递品牌个性的手段,也是形成品牌文化的重要组成本分。

7.1.1 物流企业强势品牌的营销策略

1. 内部营销

品牌发展的第一步,首先要从企业内部开始。企业想要在自己的内部建立起品牌这一理念，首先，要对自己的服务有一个合理准确的诠释，让内部的员工认识并了解。其次，对员工就企业的品牌做一个深层次的培训，给予他们一个品牌承诺，在员工中培养和推广品牌个性，让其相信只要努力我们就能成为品牌。内部营销的目的是激励员工，让员工爱上企业的品牌，为品牌的发展迈出重要的一步。

2. 差异化营销

中国物流企业可以从两个方面寻求营销差异化：一是服务内容差异化，二是服务过程差异化。

根据顾客对服务需求的层次差异，服务内容差异化可以分为基本服务、期望服务、附加服务等几个不同层次。基本服务满足的是顾客的基本需求；期望服务指的是可靠的服务质量和价格等顾客本身期望得到的服务；附加服务满足的是顾客的附加需求，如便利的位置、详尽的服务介绍等。

服务过程差异化强调的是服务形式、服务人员、服务环境或服务程序等服务过程的差异。服务形式差异指的是在服务过程中采取与竞争对手不同的服务方式、服务手段或服务工具，如提供密集的网店服务、高科技的智能服务或高度专业化的服务设施等。服务人员差异化，指的是通过聘用或培训等途径而形成的不同于竞争对手并具有自身独特的专业服务人员队伍。服务环境差异化指的是营造特殊的服务环境吸引目标群体从而形成不同于竞争对手的服务环境差异。

服务过程差异化表现为比竞争对手更好、更新、更快、更廉地满足顾客的需求与偏好。"更好"是指在满足顾客需求偏好的程度上，比竞争对手更为周到，依靠质量取胜。"更新"是指在满足顾客需求偏好的方式上，比竞争对手更具创意，利用创新领先。"更快"是指在满足顾客需求偏好的时间上，比竞争对手具有更短的反应时间，追求速度领先。"更廉"是指在满足顾客需求偏好的成本上，拥有比竞争对手更低的价格，营造低价优势。

除上差异化营销手段外，中国物流企业还可以根据实际情况选择差异化营销的策略创新，具体包括以下几点。

一是物流服务效率领先策略。服务效率领先是指以比竞争对手更低的成本和更快的速度向顾客提供服务而营造效率领先优势的策略。与传统的成本领先策略不同，服务效率领先策略不仅要求企业降低服务成本，保持低成本优势，而且更加注重对顾客需求变动或偏好转移的反应速度，构筑速度领先优势。服务效率领先策略既适合中国物流行业低成本竞争的现状，又强调服务速度领先的新优势，有利于物流企业差异优势的增创。

二是服务创新领先策略。服务创新领先是指通过持续的服务创新而获得创新领先优势的策略。与传统的服务差异策略不同，服务创新领先策略不仅要求服务内容区别于竞争对手，具有特色，而且特别注重在服务理念、服务方式、服务手段和服务程序等方面的整体创新，强调的是持续的创新以保持行业领先地位。服务创新策略依托科技革命带来的创新浪潮，适应顾客需求多样化、易变性的发展趋势，有利于推动中国物流企业竞争方式的转变和竞争手段的创新。

三是服务质量领先策略。服务质量领先策略是指通过向顾客提供比竞争对手更好的服务而赢得差异优势的策略。服务质量领先不仅仅表现在服务人员态度热情、技能过硬或者流程合理等传统的服务质量要求上，而是强调与顾客的沟通，想顾客之所想，急顾客之所急，突出的是满足顾客需求或偏好的服务领先，追求的是顾客的品牌忠诚。服务质量领先策略不仅有助于推动物流企业树立以顾客为中心的经营导向，注重对顾客消费行为的研究，增强营销活动的针对性，而且有利于中国物流企业转变竞争方式，注重对顾客品牌忠诚的培育，增强差异优势的持久性。

从以上分析不难看出，中国物流企业的差异化营销手段都离不开顾客基础，也就是对顾客行为的研究。具有不同利益追求和行为特征的目标顾客群体是中国物流企业差异化营销策略选择的决策基础。追求价格低廉、服务方便快捷的顾客群体是服务效率领先策略的顾客基础。这些顾客关心的不仅仅是服务的价格水平，还注重服务时间、地点和过程的方便性和快捷性，不愿意为获取某项特殊的服务而付出更高的代价或者花费更多的时间。服务创新领先策略的顾客基础是具有求新求异心理导向的顾客群体。这些顾客追求的是服务内容的新颖性和服务过程的奇特性，如别出心裁的服务内容，电子化、智能化的服务手段或异域情调的服务环境等，并愿意为此付出更高的价格、花费更多的时间或者作出其他让步。具有某种特殊需求或偏好的顾客群体则是服务质量领先策略的顾客基础。这些顾客关心的是他们的需求或偏好能否得到满足，关注的是企业对他们的态度、所做的努力和服务的过程，无微不至的关心、锲而不舍的努力和细致周到的服务是这些顾客品牌忠诚的主要原因。

除此以外，中国物流企业还应该注意差异化营销中的风险，这些风险包括以下几个方面。

一是顾客需求变动的风险。随着中国居民收入水平的提高和国内物流市场的开放，消费者需求与偏好在发生变化，新流行、新风尚不断涌现，导致原有的营销差异优势失去顾客基础。这就要求中国物流企业密切关注顾客需求变动和趋势，坚持观念创新和思维创新，积极寻找新的营销差异，努力增创新的差异优势。

二是竞争对手模仿的风险。营销差异系相对竞争对手而言，一旦竞争对手跟进模仿，营销差异的独特性则趋于淡化而最终消失。当今中国物流市场竞争日益激烈，信息扩散速度加快，竞争对手通过低成本模仿而实现跨越的风险越来越大。这就要求中国物流企业密切关注竞争对手的战略动向，及时采取应对策略，突出营销差异的抗模仿性，做到人无我有、人有我优、人优我转，始终保持营销差异优势。

三是服务成本上升的风险。为了形成营销差异优势，企业往往需要增加资源投入和发生额外费用，从而推动服务成本大幅度攀升。例如，服务创新领先策略要求企业的经营方式和服务手段频繁变换和不断出新，服务质量领先策略需要企业不惜代价去满足顾客特殊的需求或偏好，而服务效率领先策略依靠的是高效率、低成本的服务运作体系，技术的进步迫使企业不断更新设备、改进流程从而增加成本。

3. 电子商务时代的营销

当今的电子商务不仅改变了人们的生活方式，也深刻影响着企业的营销策略，产生了深远的革命性的影响。要适应信息技术的发展和顾客消费习惯的改变，提升企业的市场地位和营利能力，就必须深入地剖析电子商务对营销模式的冲击，认真思考电子商务背景下的物流企业的营销策略。电子商务时代给企业品牌营销带来的新变化可以概括如下。

一是给营销理念带来的变化。电子商务对传统企业营销的冲击首先体现在营销理念的冲击，而这对于营销策略而言就具有根本性的意义。在技术落后、物质缺乏的时代，企业几乎不需要营销独特的理念就可以获利；在技术发展、物质充足的时代，企业的营销理念一般需要关注产品技术和质量；而在技术发达且日新月异的时代，尤其是在电子商务改变了整个商业生态的环境下，企业的营销理念则需要更加直接和明确地关注顾客的感受。

二是给营销载体和技术带来的变化。营销载体是营销的基石，营销场所不同，营销策略就要发生相应的变化。电子商务就是将营销载体由线下实体店搬到了线上。从技术角度来看，数据库营销成为物流企业重要的营销技术和工具。电子商务营销模式进入物流企业，要求物流企业在客户管理方面进行相应的变革，由过去的人力管理转向现代化的数据化管理，实现对客户信息和资料的动态管理。每个客户在使用物流企业服务的过程中，所有信息的存储、跟踪和数据挖掘都需要进入数据库，物流企业根据数据库的内容进行分析，为企业决策提供一定的参考。也就是说，电子商务营销很大程度上可以说是数据库营销，数据库营销已经逐步成为物流企业最重要的客户营销工具。

三是给营销时空带来的变化。电子商务的发展对企业的营销时空产生了冲击，这种影响虽然具体，但是足够深刻。从对营销时间的影响上来看，电子商务改变了企业营销的时间概念，使得企业营销摆脱了时间的束缚。在传统的营销策略中，企业营销或销售人员的面对面销售深受时间的影响，尤其是人的作息时间的影响。这也就意味着企业营销基本上是在白天甚至是"八小时"内进行。然而，电子商务使得企业营销对时间的依赖变小了。从对营销空间的影响来看，电子商务改变了企业营销的空间概念，使得企业营销摆脱了空间的束缚。在传统的营销策略中，企业营销或销售人员的面对面销售深受空间影响，尤其是受个人的到达能力的影响。这也就意味着企业营销的前提是销售方要与客户同处一地,因而企业必须支持庞大的销售团队到达各目标细分市场区域。然而,电子商务使得空间对企业营销的影响变小了。

从电子商务对品牌营销的影响,我们可以分析得出电子商务时代的物流企业品牌营销策略,具体包括以下几个方面。

一是树立全天候营销理念。电子商务深刻改变了企业营销对方式、时间、空间的要求,体现了全天候服务的特点。为适应这种新的趋势和环境,物流企业必须着力树立全天候销售理念,使企业营销摆脱对人员和时间、空间的传统依赖。第一,更新企业决策层的营销理念,提高其对电子商务的重视程度。第二,加强对营销团队的培训,更新其销售理念。在电子商务时代,营销人员在企业营销体系中的重要性不会减弱。企业的营销理念最终需要团队尤其是一线人员进行落实,因此要树立全天候销售理念,重中之重就是更新销售人员的销售理念。第三,重视对移动互联技术和电子商务平台的运用,落实全天候销售理念。理念的落实需要依据相应的途径或载体,而移动互联技术和电子商务平台就是全天候营销理念落实的依托。智能手机技术的不断发展、移动支付平台的不断完善以及电子商务平台的普及化都使得全天候营销成为可能。

二是重视满足顾客的精神诉求。第一,要明确企业的目标客户群体,这是满足顾客心理诉求的基础。在传统的企业品牌营销策略里,也需要明确企业产品的市场定位,把握好细分市场,明确产品的目标客户群体。在电子商务背景下,企业营销更需要对目标客户群体的精准把握。这主要是由于电子商务不仅扩大了企业产品的辐射面,还使得同类企业的模仿更加便利,产品趋同化更加严重。第二,要进行更有效的市场调查,这是把握顾客心理诉求的主要手段。在传统的企业营销策略里,也需要开展市场调查,但是这种市场调查更多的是关注顾客对产品使用价值的诉求,很少关注顾客的心理诉求和精神需要。但在电子商务背景下,企业营销的不仅是产品的使用功能,而更多地需要考虑如何营销产品的精神价值。第三,要重视获得顾客的反馈,这是不断满足顾客心理诉求重要渠道。在电子商务背景下,企业营销一方面要获得顾客对产品售后保障和功能改进等方面的反馈，满足顾客对产品使用价值的需求；另一方面要通过主动回访和接待客户咨询、投诉等获得顾客更深层次的心理诉求。

三是综合运用多元的品牌营销载体。随着信息技术的发展和电子商务的普及，现代电子商务背景下的企业营销单纯依靠线下实体已不能适应形势的发展，而应当综合运用多元化的营销载体，发挥不同营销载体的组合优势。在此形势下，线上与线下联动的新模式已成为营销策略的发展主流。此外，随着移动互联技术的发展，基于本地化和移动终端整合的营销新模式已经兴起，成为重要的营销策略分支，微博、微信等重要的移动平台都可以成为物流企业品牌营销的重要载体。

7.1.2 物流企业强势品牌的传播策略

品牌传播策略是建立品牌形象、传播品牌信息，让消费者认识品牌、关注品牌从而忠诚品牌的必要手段。高效的品牌传播所树立起来的品牌形象资产，不仅仅是简简单单的塑造品牌知名度、美誉度，更重要的是还能给消费者带来无形的、潜在的且无可替代的价值。对于物流企业品牌来说，其服务的无形性、差异性等特点，使得品牌传播工作更加重要，通过品牌传播可以起宣传服务内容，消除服务陌生感，展示服务差别，明确服务定位，说服服务尝试，创造消费者忠诚的作用。

1. 整合品牌传播的本质

由舒尔茨提出的品牌整合传播理论把单独的因素看作一个整体，并借助于多重传播手段和多渠道的传播方式，如广告、公共关系、促销、消费者购买行为、员工沟通等，以完成或实现与顾客之间建立良好关系的品牌传播目标。这一传播方式适用于中国物流企业现状。

整合营销传播实质上就是对品牌资源的整合，就是通过沟通建立的品牌与顾客以及关系利益人之间的品牌关系。品牌在现代营销概念中是一种非常复杂的现象。在社会系统中，品牌既是一种经济现象，又是一种社会、文化和心理现象；在微观现代营销体系中，品牌几乎覆盖营销要素的所有环节，因此它具有明显的系统性特点。作为一个复杂的系统，无论从消费者认知的角度，还是从企业创建的角度，品牌都是一个动态传播与发展的过程。这种动态传播与发展的目的，是在品牌—消费者—企业三者互动性交流和沟通中，逐渐建立一种品牌与顾客之间的不可动摇的长期精神联系，即品牌关系。这也是品牌传播的本质所在。品牌传播首先要整合与顾客及相关利益者的一切接触点的传播渠道；其次要从战略高度整合所有的传播活动，即统一形象（包括标识等有形形象和商誉等无形形象）、统一声音、统一价值主张等。这是品牌传播的整合性和战略统一性特点。

一般来说，品牌传播具有四重境界：一是"作秀"。"作秀"是品牌创建的中心活动，品牌传播特别注重品牌的知名度、眼球效应、短期轰动效应等。二是品牌驱动业绩。品牌成为驱动企业业绩成长的最大动力不是表面的，而是驱动企业业务成长和业绩的关键要素。三是互动和体验，即品牌传播更加注重品牌关系、品牌互动、品牌体验、品牌共赢和品牌的激情点。品牌与消费者之间的关系达到了新的高度，这种关系既是单向的，也是互动的；既是购买的，也是体验型的。四是"神话和崇拜"，这是品牌传播的最高境界。在这一神话的境界中，消费者对品牌的热情、推崇、忠诚和痴迷已经达到不可阻挡的地步，品牌成为信仰，品牌成为一个不需要理由的选择。上述品牌传播的四重境界，实质上是品牌实现了三大转变：从虚向实、从内向外、由动至心的转变，即从做表面的虚，转向做实在的业绩；从关心自己的业绩，转向关注与消费者的关系；从关注消费者的购买行为，转向关注其内心长期的不可动摇的品牌选择。

2. 整合品牌传播的组织体系

整合品牌传播的一个重要任务，就是围绕品牌规划整合传播体系。为此，汤姆·邓肯建议，一是企业的整合过程要保证定位一致，二是要加强企业与顾客之间有意识的互动。整合品牌传播的实质是整合组织传播，创建适应于整合品牌传播的组织体系，是确保整合品牌传播实效性和操作性的重要保障。

一是要建立扁平化的以消费者为导向的组织结构。整合品牌传播的组织结构必须能够使企业更关心消费者，随时随地了解和吸取他们的相关信息，以满足客户或潜在的消费者需求，而不是只关心企业自身的产品、营销或品牌。与消费者零距离、以消费者需求为导向的扁平化的组织结构的建立，对大多数的企业组织而言，将是一场从观念到组织营销管理的重大变革和系统工程，它也是整合品牌传播有效运作和成功的必要条件。

二是整合品牌传播必须渗透到整个组织。企业的高层应从战略的高度制订长远的品牌传播计划，并在品牌形象、品牌核心价值、品牌口号等战略要素上实施统一的、集中的传播，不断积累品牌价值和品牌资产。企业中层是品牌传播的执行者，因此，中层管理者必须以全新的思维方式，对整合品牌传播有新的理解，并能全力以赴地主动支持整合品牌传播战略的实施。而对企业员工则应实行"品牌授权"，即把传播品牌的权力下放给每一位员工，而不是由高层管理人员包揽，应通过员工的口碑传播品牌。

三是让消费者参与品牌传播过程。营造消费者参与的互动体验式的品牌传播活动，这种经历所创造的品牌与消费者之间的关系，远远超出了消费者对品牌的价值进行客观评价后所产生的品牌忠诚度。

3. 整合品牌传播的重要内容

（1）广告

在竞争性市场中，广告的作用是不容忽视的，它是传播品牌最主要的方式之一。一个品牌的知名度在很大程度上是由品牌拥有者在该品牌上广告投入的资金数量、策划设计、媒体播放的频度以及视听效果来决定的。因此，一个成功的品牌离不开广告的宣传作用。但是，服务的无形性使物流企业的广告不同于产品广告，其广告对于营销人员而言难度更大。对于中国物流企业而言，可以通过以下几种方法使得广告传播更加有效。

一是使用叙述性的语言示范服务经历。许多物流服务是经验性的，而且以讲故事的形式体现广告诉求说明这类服务的独一无二的有效方法。相关研究显示，对这一类服务相当不熟悉的消费者宁愿相信基于故事表现的广告诉求，也不愿相信罗列服务特征的广告诉求。

二是提供生动的信息。有效的广告应该利用信息创造一种强烈而清晰的感官印象,并且在脑海中形成一幅独特的画面。使用生动信息的一种方式是唤起强烈的情感,通过具体的语言和情节达到生动的目的。物流服务越是无形复杂,生动的信息提示就越有效。

三是关注有形物品。强调与物流服务相关的有形物可以增强服务传播的效果。例如物流企业展示所配送的商品等。有形物品的展示提供了有关服务本质与质量的线索。在具体应用中,物流企业可以使用四种有形化的战略,即联想、实物展示、文档化和可视化。联想意味着把服务与某个有形的人、地方或物联系起来。实物展示即展示直接或间接作为服务一部分的有形物品,如商品、设备等。文档化意味着突出客观数据和事实资料。可视化是服务利益或质量在脑海中形成的一幅生动画面,比如表现人们在度假期间玩得很开心。

四是突出目标消费群体。在传播中介绍满意的顾客可以产生一种积极的口头传播效果。通过模仿人与人之间的人际传播形式从而突出真实的服务群体,是传播服务所带来的好处的一种可靠的方式。满意顾客的反馈可以起人员促销的作用,使那些想要获得服务又觉得存在风险的新顾客提供可信的证明。

(2) 公共关系传播

公共关系是企业品牌战略的一个非常重要的方面,重视品牌公共关系不仅是维护品牌公关形象的重要方式,也是深化品牌市场形象、赢得客户信任、增强品牌魅力的重要手段。当今的品牌传播实践表明,相对于广告而言,公共关系传播具有更加突出的优点。

一是互动性。广告一般是单向的沟通,而公共关系是双向的甚至多向的沟通。新闻报道通常有舆论反馈,而参与社会公共活动更是直接与公众接触并进行互动交流。双向的互动信息沟通比单向的信息沟通更有效,因为互动能增加沟通者的积极性,有效地选择沟通的内容。因此,公共关系比广告更能有效地传播品牌信息的内容,提高受众认知品牌的积极性和认知效果。

二是客观性。广告有艺术夸张,而且广告是花钱买宣传,其客观性和真实性可能受金钱的影响,而公共关系传播比较客观和真实。公关新闻的报道是客观的、真实的,因为新闻报道不是艺术,而且在正常的舆论环境下不是花钱买来的。参与社会公共活动所伴随的信息沟通也是比较客观和真实的,因为社会公共活动一般具有公益性。因此,公共关系比广告能提供更加客观和真实的信息,这对建立品牌的良好形象是有利的。

三是社会性。公共关系的内容一般与社会问题尤其是社会热点问题有关。新闻报道的内容是如此,参与社会公共活动的内容更是如此。因此,公共关系比广告更能体现和诉诸社会情感,具有更大的社会感召力,这一点显然对增强品牌吸引力,培养品牌动机和态度十分有利。

四是真诚性。公共关系在信息传播上的客观性,在情感传播上表现为真诚性。公共关系比广告更真诚,无论是新闻报道诉诸的情感,还是参与社会公共活动中诉诸的情感,都比较真诚。真诚是诚信的核心,而诚信是一切有生命力的品牌形象的基础。因此,公共关系比广告更能建立长久的有诚信的品牌形象。

对于物流企业来说,品牌的公共关系涉及多方面的内容,处理好各个领域的公共关系,会使品牌的市场美誉度更高;相反,对一些敏感领域的公共关系处理欠妥或失当,则会导致企业品牌形象受损。中国物流企业品牌公共关系主要包括政府公共关系、媒体公共关系、客户公共关系、行业公共关系和社区公共关系等领域。一方面,企业要通过积极参与各种社会活动,处理好各方面的关系,提高品牌知名度,树立良好的品牌形象;另一方面,当企业品牌遇到危机时,积极地、迅速地采取纠正失误的实际措施,尽力挽回品牌形象的损失,化解危机。

(3) 口碑传播

口碑传播是指一个具有感知信息的非商业传播者和接收者关于一个产品、品牌、组织和服务的非正式的人际传播。很多学者的研究结果显示,口碑传播是市场中最强大的控制力之一。由于其在影响消费者态度和行为中所起的重要作用,口碑传播被誉为"零号媒介"。口碑传播被现代营销人士视为当今世界上最廉价的信息传播工具和高可信度的宣传媒介。

对于物流企业来说,由于其服务具有无形性等特点,消费者在消费之前无法判断服务质量的优劣,这使得消费者对于口碑传播的依赖性更强。

同时，口碑传播过程为物流服务的无形性问题提供了特殊的解决方法，因为一个消费者在消费之前不能够完全了解一项服务，他会从有经验的信息源那里寻找服务企业口碑信息。同时，来自有经验的信息源的口碑能够帮助克服服务购买中低可比性和较少可搜寻质量信息的问题。由于口碑被认为是没有偏见的，这样当服务中的信息难于评估时，就更依赖于口碑的作用了。因此，口碑在服务购买决策中尤为重要。例如，星巴克的品牌传播并不是简单的模仿传统意义上的铺天盖地的广告和巨额促销，而是独辟蹊径，采用了一种卓尔不群的传播策略——口碑营销，以消费者口头传播的方式来推动星巴克目标顾客群的成长。星巴克不愿花费庞大的资金做广告与促销，但坚持每一位员工都拥有最专业的知识与服务热忱。

口碑传播不是一个被动的人际传播过程，也不同于一般意义上的人际交往，因此，进行有效的口碑传播管理对于服务企业来说尤为重要。

一是要实施有效的主动口碑传播。实施的方式可以以注重消费者体验的方式进行，让消费者切身享受消费的乐趣，从而形成"以自己希望的价格，在自己希望的时间，以自己希望的方式，得到自己想要的东西"的强烈消费欲望。体验式消费所带来的感受越是深刻难忘，形成的口碑传播越是生动形象，感染力也会越强烈刺激。也可以运用典型故事或事件树立正面的口碑。故事或事件是传播口碑的有效工具，因为他们的传播带着情感，在许多情形下，消费的时刻，往往是情感性的或已形成潜意识的信息捕捉，而非大量的理性分析。

二是进行有效的负面口碑传播管理。研究显示，只有4%的不满意消费者会对厂家提出他们的抱怨，但80%的不满意消费者会对周围人谈起自己不愉快的经历。在所有表达抱怨的消费者中，如果其抱怨得到了解决，有54%~70%的消费者会再次与企业发生商业关系。因此，建立完善的消费者档案系统和有效的反馈机制，是消除负面口碑传播的关键。实施有效的负面口碑管理，要消除消费者投诉的阻碍因素。这些因素包括没有合适的投诉渠道；消费者存有疑虑，如担心公司不睬、处理不公等。要扫除这些障碍，公司应当做到：①鼓励顾客投诉，如采用奖励和补偿方式；②培训顾客投诉；③建立顾客投诉方便网络；④建立有效的投诉处理小组。

(4) 品牌文化传播

依据传统观点，品牌传播关注外部效应，更多意义上是一种外部适应性的管理，亦即企业市场策略是否适应外部竞争市场的一种管理，而企业文化则关注内部效应，属于内部管理的范畴。因此，长期以来企业文化管理与品牌传播之间的互动关系并没有得充分重视。然而，随着科学技术的快速发展、消费者的日益成熟、市场竞争激烈程度的不断升级，企业经营要素之间的边界开始日益模糊化，外部效应开始向内部渗透，内部效应也开始外化。此时，通过平衡外部适应性与内部效率之间的关系，并利用它们之间的互动有效地拉动企业成长，成为企业获取竞争优势的来源之一。

在以上认识的基础上，许多学者提出了基于企业品牌文化进行品牌传播的观点。他们认为，对于企业的品牌传播来说，只有在基于有效的企业文化管理的基础上，充分提升品牌价值，才能使品牌获得更深远的成功。企业文化对品牌传播会产生直接或间接的影响，反过来，品牌传播实践也会作用于企业文化，两者相辅相成，滚动地向前发展。在进行品牌传播时，企业只有制定与企业文化相匹配的传播战略，才能促进品牌资产的累积，获得长久的品牌发展。具体而言，中国物流企业可以从以下几方面制定内外合一的基于企业文化的品牌传播战略。

一是调查企业文化现状。企业可以通过访谈、座谈、问卷调查等定性与定量相结合的方法，深入探索现有的企业文化网络，找出所倡导的企业文化与实际中的文化之间的差距，依照企业文化的层次，从表层直至深层逐一列出企业文化的表征。只有在深入了解企业文化的基础上，才能制定出切实可行的品牌传播战略。当然，大部分企业在制定品牌战略时都会明确企业的核心价值和品牌文化，在这种情况下，企业所要做的就是使品牌传播与品牌文化相一致。除此之外，基于品牌文化的传播需要有特定的品牌识别系统，也就是形象系统。

二是确定媒体组合。媒体是品牌信息传播的主要载体，不同的媒体，传播的特性不同，对消费者观念、行为的影响作用也呈现出差异性，这些差异形成各自独特的传播优势。媒体之间客观存在的这种互补性是进行媒体组合的主要依据之一。在确定媒体组合时，企业不仅要依据品牌实体的特性、目标消费者和传播效果进行媒体的甄选，还要考虑到文化的惯性带来的影响。长久以来形成的文化氛围和行为方式，让人们往往不自觉地拒绝新的、不同的行为方式，而坚持自己已经熟悉、习惯了的"传统"。这时，企业一定要意识到，品牌传播要以品牌为中心，不要让固有的思维方式和行为模式所左右，要敢于突破，选择最佳的媒体组合策略，将品牌有效地传播到消费者的心中。

三是要注意企业管理人员和员工的行为。管理人员的行为不仅代表了自己，而且会影响整个企业。他们通过制定品牌传播战略、选择品牌传播路径、公开演讲或文字表述来传播品牌的个性、承诺和目的。因此，在进行品牌传播时，企业管理者之间不仅要首先突破落后思想的束缚，明确认识，采取一致的行动，而且要给予有关人员（内部实施人员和外部合作伙伴）强有力的支持，积极参与并推动品牌传播进程。至于员工来讲，1%的员工不良行为，对于特定的消费者来说，就意味着100%的员工行为。想要获得最佳的品牌传播效果，企业一定要规范所有的员工行为。此外，决策在于领导，但是执行和巩固却在于全体员工。因此，一定要解决员工的行为和观念，这就要求系统的培训。这些培训包括品牌理念培训、技能培训、员工行为培训、服务流程培训等。培训的目的是让员工尽可能地对品牌有一个明确的认识，帮助员工熟悉品牌的定位、品牌的传播目的、品牌的文化和核心价值等，从而最终达到心理上的认同和行为上的一致。

4. 电子商务与移动互联网时代的品牌传播

电子商务与移动互联网对中国物流企业的品牌传播带来了巨大的影响和冲击，将会深刻地影响物流企业的品牌传播方式。

首先，移动互联网带来品牌与消费者关系的改变。在传统媒体和PC互联网时代，人们依靠工作、学习、社会交往场所和空间、虚拟社区来建立社交关系，品牌与消费者依靠的是强势的媒介进行沟通，依靠曝光量、覆盖量、流量、时间和频次来影响消费者。但是，移动互联网和电子商务让这一切发生变化，消费者之间可以依靠地理位置建立关系，还可以依靠兴趣爱好建立关系，品牌与消费者的沟通方式也自然发生变化，移动终端可以与企业的终端位置建立关联，品牌可以通过移动互联网与消费者进行实时的互动。这种关系形态的改变，正在改变品牌固有的传播模式，移动互联网成为一个新的服务界面，品牌需要思考如何以用户为中心，通过与用户的关系互动，基于用户的兴趣图谱的建立形成新的消费圈层，通过与位置的关联，让营销与本地化和场景化结合，满足消费者即时即兴的消费需求，建立实时性的传播通路。

其次，移动互联网打破了传播的边界，企业进入品牌即传播、广告即内容、内容即广告的时代。品牌今天要考虑的不再是简单的广告覆盖多少人，发布多少频次，而是思考如何让广告成为人们愿意分享和扩散的内容，让大家看到企业的品牌后，愿意积极主动的通过移动互联网与其他人进行分享。要达成这样的结果，广告的内容创意和媒介场景的适配性就变得尤其重要。例如，在微博等社交媒体上的广告，就需要考虑用户的社交行为、兴趣背后的数据，通过人的兴趣、行为和内容分析，让社会化广告在社交媒体的信息流中浑然一体地展现出来。同时，在广告中引入真实好友关系链，就可以帮助社交媒体广告能打造出"好友的推荐是最好的广告"的场景。现在国外兴起的原生广告，其重要特征就是要提供价值内容，让受众接受并喜欢，愿意去看，并要融入媒体环境，用媒体惯用的语境或者说话方式跟消费者去沟通，而不是以广告主的方式去沟通。同样的内容原生场景也在改变很多场所的广告内容和形式，例如，消费者在写字楼等电梯的时候，品牌在楼宇媒体上的广告，就需要考虑如何让写字楼人群在短暂的时间内可以触发即时的分享和行动。当消费者觉得这些内容和他所处的场景有关，消费者愿意自发地进行后续扩散传播的时候，广告对于消费者来说就不是干扰，而是大家希望看到的内容。此时，就会带来移动互联网上更多消费者的二次转发，产生自动传播和自动营销的奇特效果。

再次，移动互联网在改变传播路径。所有的品牌都要思考如何与移动互联网发生关系，二维码、AR（增强现实技术）、基于位置的无线Wi-Fi和小区广播的技术都已经成熟，而移动支付、NFC（近距离无线通信技术）也正在引爆。因此，物流企业需要思考，如何通过新的技术对接与手机建立关系，并将手机与其他媒介进行关联，让媒介之间通过手机实现无缝链接。手机是一个带有情感和情绪的终端，移动互联网本身就是基于消费者生活场景和地理位置而产生的。因此，品牌需要考虑如何与手机进行交互传播，通过手机抓取用户的兴趣爱好。同时，在品牌所使用的媒介中，要思考如何制造人们可以即时性地用移动社交化媒体发酵的内容或者品牌故事。而在移动互联网的应用中，也需要思考如何将移动互联网与一些在人们生活空间中的场景化、空间化和生活化的媒体协同，将品牌的势能落地转化成销售力和品牌印象。

在信息越来越碎片化、媒介越来越分散的时代，内容、娱乐、体验、社交、互动、族群成为传播新的关注点，消费者情绪的引导与心灵共鸣将会成为新的品牌传播目标，移动互联网和电子商务将重塑品牌与消费者、媒介与消费者、消费者与消费者的关系，也在改变品牌传播的格局、逻辑和模式。

7.1.3 物流企业强势品牌的形象系统与整合营销传播

著名品牌营销学专家贝尔认为，品牌形象通过公司形象、使用者形象和产品/服务自身形象三个子形象得以体现，而描述品牌形象好的起点是消费者对品牌相关特性的联想。这些联想可以分为"硬性"和"软性"两种属性。

所谓"硬性"属性，是对品牌有形的或功能性属性的认知。例如，对于轿车而言，相关的硬性特征就是马力强劲、启动快等。对于物流企业而言，提供服务质量的好坏就属于硬性属性。这种硬性属性对于品牌而言，是十分重要的因素，如果一个品牌一旦对某种功能属性形成"独占"，别的品牌往往很难再以此属性进行定位，一些市场领导者品牌往往都在某些功能性属性方面取得了垄断地位。但是，硬性属性已不再是形成品牌差异的绝对因素。"软性"属性反映品牌的情感利益，例如，美国的野马车很容易使人联想到男性、自由和冒险；大家想到顺丰速运就会联想到优质的快递配送服务。这种软性属性现在已成为区分品牌越来越重要的因素。因为，这种情感利益一旦建立，就很难为人所模仿。

消费者将有关公司的各种信息和使用公司产品或服务的经验组织为公

司形象，这是品牌形象的重要组成部分，也可以称为组织形象。其构成要素主要包括：革新性、历史延续性和社会营销意识，以及给消费者的信赖感。使用者形象，是指品牌使用者的人口统计特征，属于"硬性"方面的特征。另外，它还包括使用者的个性、价值观和生活形态等软性方面的特征。产品、服务形象是与产品/服务本身功能或所带来的利益特征相对应的品牌特性。另外，产品产地、包装以及其所能满足的需要等特性都构成产品服务的形象。

这三个不同的子形象对品牌形象的贡献依据不同的品牌而有所不同。在中国，品牌的公司形象非常重要。公司形象让中国消费者感到更有信心，因为中国消费者现阶段仍然相对更关心产品/服务的功能和绩效。因此，值得信赖的公司形象会让消费者感到产品或者服务更为可靠。总而言之，积极的公司形象将加强消费者对公司产品或服务的积极感知。当品牌名称与公司名称密切相关时，公司形象与品牌形象之间的联系尤为重要。

通过以上分析，我们不难发现，中国物流企业应该从"硬性"和"软性"两个维度，从公司形象、使用者形象和服务形象多个角度创建自身的品牌形象系统，利用良好的公司形象和服务水准形成与竞争对手的差异化优势，提升自身竞争实力。与此同时，物流企业在创建品牌形象系统时，应充分考虑品牌定位与品牌战略，使其自然而然地成为定位和战略的延伸，不能与定位和战略背道而驰。最后，企业形象系统创建是否成功要靠科学的评价系统进行评估，要经常通过调查的形式测量企业形象系统的好坏，进而进行调整和改进。

在完成品牌形象创建以后，品牌形象的管理就成为重点。保持品牌形象的一致性是创建强势品牌的重要原则之一。因此，品牌管理者的一个重要任务是不断提高公司品牌形象系统应用的准确性，充分利用公司网站、宣传画册、视频宣传片、行业展会、协会等渠道，放大品牌形象，推进各下属单位与公司品牌的相互支撑，适度强化品牌的外部传播。

一是要严格执行已经建立起来的品牌形象系统，确保应用的准确性。公司内部人员要熟知公司形象系统的使用要求并能够规范使用，在实际工作中注重公司组织行为与品牌之间的融汇，要求员工能够知晓公司品牌形象系统的基本内容和意义。同时扩大品牌形象系统的应用范围，提高外部对品牌的认知。具体而言，公司可以从以下几方面入手：①修订完善的公司品牌形象系统手册。公司的品牌形象系统一旦确立就要形成应用规范，不能轻易变动，但不排除定期对公司品牌形象系统识别手册中的内容进行修订和补充。②组织应用培训，各单位的员工应对公司品牌的标志、颜色等基本元素熟知。③拟定品牌形象识别系统应用制度，明确使用要求，形成形象系统应用指南和检查标准。④检查、规范品牌形象系统的应用效果，建立制度，重点检查以公司形象系统为主要标示的证件、名片、心寒、传真、手提袋、礼品、展台设计等物品的使用，指导各单位规范品牌形象系统的应用。

二是要强化品牌形象的传播意识，推进公司全体成员与品牌之间的相互支撑。通过固化的品牌形象资料，不断加深市场对公司及品牌的认知，扩大品牌影响力。通过做好企业各单位宣传的协调，促进目标市场了解品牌与公司的关系，这样有利于在市场推介上合并公司资源，提高市场竞争力。具体而言，企业可以从以下几个方面入手：①统一各单位的品牌名称、无聊以及宣传品；②统一下属单位品牌简称及宣传口号，并严格要求各单位在外部宣传的全部资料中出现公司的宣传口号；③同一品牌标识物品的制作，一公司品牌形象系统为主要应用元素的通用物品，如手提袋、信封、信纸、工作手册、旗帜等，各单位可根据需要提出制作申请，由公司统一制作，这样既可以节省费用，又可以避免印刷工艺导致的品牌形象系统标准偏差问题；④完善公司网站管理，互联网已经成为品牌传播的重要手段和载体，因此要强调各单位网站建设的审批，与公司域名的关联，相关网站都应该统一品牌形象系统。

三是要加强内部传播，形成品牌化运营机制。内部品牌渗透以培训为主，培训内容要设立品牌与文化板块，重点介绍公司的品牌形象系统的基本内容和含义，提炼公司管理故事，品牌与文化的结合，促使员工将公司品牌的内涵融于实际工作。各下属单位根据公司品牌工作计划，在平面宣传的设计上加入公司品牌元素，放大品牌支持效应。

四是要加强品牌形象系统工作的指导与监督。企业应避免品牌形象系统成为摆设，对各下属单位宣传资料的审核要严格，确保品牌形象系统的有效传播。要优化品牌管理的流程，依据公司品牌管理方案，结合方案的实际情况对工作的流程进行修订和完善，提高品牌形象管理的效率。要把品牌形象系统的使用纳入工作内容进行常规化考核，对违反规定的行为进行制止甚至惩罚。

7.2 物流企业强势品牌的社会责任承担

企业社会责任建设与物流品牌管理有着直接的关系，甚至有观点认为，履行企业社会责任本身就属于社会营销的范畴，有助于品牌资产增值（Hoffler 和 Keller，2002）。这里单独对物流企业社会责任建设进行考察，是因为当前发展的背景使这项内容在物流强势品牌建设中的角色日益突出。

7.2.1 物流企业社会责任的内涵

一般而言，企业社会责任是指企业在追求自身利益最大化的同时，需要承担的社会义务与责任。相应地，物流企业的社会责任是指企业在通过经营物流业务、向消费者提供物流服务，进而追求自身利润的同时，应当对企业内部、外部的利益相关者所承担的综合性责任，其范围既包括企业的经济责任、法律责任，也包括在自然环境、伦理道德等方面应当遵循的规则或必须采取的行为。

具体而言，经济责任是指企业作为一个经济主体，在社会运行中应当扮演的经济角色，包括为消费者提供物流服务，雇佣劳动力并为之提供收入，通过自身营利回馈股东等企业所有者等，其实质是企业在社会中应当创造的经济价值。法律责任是企业在经营过程中必须遵守的各项法律法规，在广义上也包括各种行业性的标准和规范。企业守法经营，是维护市场秩序、确保公平竞争的必要条件，同时也是行业长期可持续发展的重要保障。

同时，物流企业还在保护自然环境与维护伦理道德等方面履行必要的责任。在自然环境方面，企业在经营过程中应尽量提高资源的利用率，并减少对环境的破坏。物流企业的经营活动与自然环境关系密切。运输企业要大量地耗用燃料资源，仓储企业需要占用较大面积的土地，近年来，快速发展的快递配送行业则因为大量使用包装材料而受到普遍关注。伦理道德方面的责任是指企业要在遵守法律规范的基础上，发扬传统美德，弘扬社会正气，支持公益事业，这是物流企业作为社会组织的角色升华。

7.2.2 物流企业履行社会责任的主要表现

近年来，物流行业中出现了许多能够较好履行社会责任的企业。总的来看，物流企业可以从以下几方面入手开展企业社会责任建设。

1. 对客户或消费者的社会责任

物流企业的经营核心是为客户提供快捷的运输、安全的仓储、正确而准时的配送、符合要求的流通加工等物流服务。发挥好自身所处行业的专业优势，为客户或消费者提供满意的服务，完成其社会经济职能，是物流企业应当履行的基本社会责任。

2. 对上游供应商的社会责任

物流企业在为客户提供服务的同时，自身也作为客户，向上游的供货商采购各种经营所需的物料或材料。对供应商履行社会责任，一方面要求物流企业对采购商品的质量进行必要的检验检测，保证其使用过程的安全性；另一方面则是在采购过程中订立合理的交易价格，履行采购合同，按期支付货款。注重长期发展的物流企业还可与上游供应商建立战略性的信息共享机制。

3. 对企业员工的社会责任

员工在物流企业中直接从事劳动、为企业创造价值，同时从企业中获取应有的劳动报偿。物流企业在雇佣和使用员工时，应当遵循必要的规范，包括不使用童工，建立公平合理的薪资体制，保障员工的休息时间，建立有利于员工健康的工作环境和安全保障，允许员工成立工会组织争取自身权益，不因为性别、年龄、民族、宗教信仰等歧视员工。有媒体曾经报道过快递企业员工被顾客殴打后，企业主动采取措施保障员工权益的事件，这就属于企业对员工履行社会责任的表现。受物流行业的特点影响，在一线工作的员工大多面临工作环境差、工作负荷大等方面的现实情况，物流企业在履行对员工的社会责任方面有着更为迫切的要求。

4. 对投资者的社会责任

企业经营者在制定经营决策、实施企业管理的过程中，应当考虑投资者的利益，杜绝恶性竞争、维护企业信誉，采取有利于企业价值长期增长的经营举措。当前，随着物流业的发展壮大，越来越多的物流企业进入资本市场，履行对投资者的社会责任将成为其重要的行为内容。

5. 对自然环境的社会责任

物流企业在经营过程中，应当尽可能地考虑减少对自然环境的影响，包括节约能源及包装材料，使用清洁能源及可回收材料，按规定处理废弃物，减少噪声和有害物质排放等。

6. 对周边社区的社会责任

物流企业的经营场所或网点往往遍布各地，对周边社区的社会责任也是企业需要考虑的内容。企业应当树立安全生产意识，杜绝安全事故，并尽量减少运输、装卸时对社会道路资源的长期不合理占用。同时，企业还可积极为社区提供就业机会，并适度参与社区的各项建设。

7. 有关公益事业的社会责任

企业参与公益事业是履行社会责任的重要体现，包括在发生灾害时组织人道主义救援，支持灾民救济活动等。专业从事仓储、运输活动的物流企业在这些方面可以发挥其自身优势。此外，企业组织的志愿者服务、助贫捐赠等活动，也是回馈社会、参与公益的表现。

7.2.3 物流企业履行社会责任的作用和条件

物流企业履行社会责任，一方面能够为企业带来好处，直接或间接地支撑强势品牌的创建；另一方面会增加企业的成本支出，使用企业的经营资源。因此，物流企业在社会责任建设的过程中，需要对其作用与条件这两者的关系进行权衡。

提升企业竞争力和内部凝聚力，是履行社会责任能够发挥的作用。一方面，参与社会责任行为有助于企业改善自身的品牌形象，树立良好的声誉，继而凭借品牌美誉度提高市场占有率；同时，企业从保护自然资源的角度出发，考虑能源和资源利用的减量化、循环化，既能够减少污染和浪费，也能够降低物流企业的经营成本。另一方面，注重履行社会责任的企业能够为员工提供安全、健康的工作环境，提高员工的满意度，减少员工流失率；企业组织员工参与社会公益活动，也有利于培育员工的互助意识，形成良好的企业文化氛围。

企业在履行社会责任的过程中，还应当考虑自身实际情况和能力等约束条件。履行社会责任不是盲目的行动，物流企业的社会经济本质是为顾客提供物流服务，发挥好专业优势，是创造社会财富、实现其社会价值的根本。开展社会责任建设，并不是要回到过去"企业办社会"的旧体制，而是要根据企业的现实情况，实现短期目标与长期目标、个体目标与社会目标的协调。总的来看，中国的物流企业繁多，发展水平不一，在履行社会责任方面的重心也应有所差别。对于实力雄厚的大型物流企业而言，它们已经有条件承担更多的社会责任，能够更加深入地参与到各项社会公益事业之中；而对于诸多中小规模的物流企业而言，他们本身面临着激烈的市场竞争，利润率水平较低，这些企业更加适合将履行社会责任的重点放在对客户、员工以及降低环境成本等方面。

7.3 物流企业强势品牌的危机管理

品牌危机是指企业外部环境的变化或企业品牌运营管理过程中的失误，对企业品牌形象造成不良影响并在很短的时间内波及社会公众，进而大幅度降低企业品牌价值，甚至危及企业生存的窘困状态。品牌危机管理是指企业针对可能发生的危机和已经发生的危机采取的管理行为，包括为了预防品牌危机的发生，或者在危机发生后能有效减轻危机所造成的损害，使品牌能尽早地从危机中恢复过来，或者为了某种目的而让危机在有控制的情况下发生等情况。

企业在进行品牌危机管理之前，应了解品牌危机的基本特征，这是应对和处理品牌危机的基础。品牌危机的特征包括以下几个方面。

一是突发性。品牌危机往往是突然发生的，在品牌管理过程中，一旦发生品牌危机，企业形象将遭受严重损害，顾客对品牌的信任度也会急剧下降。

二是蔓延性。在市场经济中，各个利益组织息息相关，所以危机发生将会带来连锁反应，影响不同相关组织的利益。

三是破坏性。品牌危机发生在事实上将产生一定的破坏作用，损害到顾客、企业、社会公众的利益。

四是被动性。由于信息不对称或者沟通时令，信息无法迅速传递给危机处理者，使得处于危机中的企业会因为时间仓促、过度紧张而失去理性判断，陷入被动局面。

企业的品牌危机管理，包括品牌危机的预防以及危机事件处理两个方面。

7.3.1 物流企业强势品牌的危机预防

品牌危机的预防是品牌危机管理的首要任务。作为一个管理过程，这不仅表现为企业内部的品牌危机监测、跟踪和预警系统的建设和运作，更重要的是必须将品牌危机预防渗透到公司经营的全过程中去。

品牌危机的预防包含两层含义：一是指品牌危机的避免，即排除潜伏的品牌危机；二是指针对引发品牌危机的可能因素，事先制定各种应急处理方案，这些可能的因素包括产品和服务的质量、广告的宣传手段等。

对于企业而言，可以通关建立包含品牌危机处理小组、品牌信息检测系统、品牌自我诊断制度、品牌危机培训在内的体制机制进行品牌危机的预防。

7.3.2 物流企业强势品牌的危机处理

由于种种原因，企业往往会在危机出现时手足无措，甚至出现决策失误等，这无助于品牌危机的化解，反而有可能使多年建立的品牌毁于一旦。

遇到危机时，企业首先应明确品牌危机处理应遵循的原则，这些原则包括：①快速反应原则，争取在最短的时间内向公众公布调查结果；②积极主动原则，企业不能回避或被动应付，应主动直面危机，有效控制事态的发展，并主动通过各种方式与外界进行有效沟通；③真诚原则，通常情况下，品牌危机会使公众产生猜测和怀疑，而媒体则将会把这种不信任放大，企业要想获取公众的支持和信任，就必须本着真诚的原则与外界沟通；④统一口径原则，危机处理必须冷静有序，统一指挥，统一对外宣传和解释，不可失序失控；⑤权威证实原则，如果在危机处理中存在过失，应在真诚的前提下通过权威部门或专家与社会沟通，争取公众的理解。

在具体的品牌危机处理过程中，企业可遵循以下程序和步骤：①表明企业面对品牌危机的立场和态度，应积极承认错误、接受批评，并积极挽救；②主动承担责任，向社会坦诚公布危机的真相以及调查结果，并向公众表明企业后续处理危机的方式方法以及时间节点；③争取权威机构的支持，品牌危机的处理不能仅仅依靠企业本身，一定要依靠相关的权威机构和权威人士，这样才能尽最大可能争取到社会公众的信任；④在品牌危机调查和处理过程中与社会公众保持及时的沟通，可建立专门的信息渠道，消除公众的才艺并及时公布调查结果；⑤进行有效的品牌危机后续管理，品牌危机事件的结束并不是品牌危机管理的解释，品牌应该进一步调查分析、弥补、完善品牌危机预警系统，恢复企业信心，同时应调整企业的营销传播策略，配合企业后续管理和工作。

7.4 小结

物流企业开展营销传播、承担社会责任并恰当地应对危机，是创建强势品牌的重要举措。本章围绕上述内容进行了讨论，其中，品牌的营销与传播是使消费者了解品牌内涵、感知品牌价值、产生品牌忠诚的经营行为，是创建强势品牌过程中不可或缺的部分。品牌形象系统的建设对于形成强势品牌的统一认知具有重要意义。开展企业社会责任建设与合理应对品牌危机，是强势品牌创建过程中特别强调的内容。

第8章 中国物流企业强势品牌创建的一般举措

前面两章对物流企业提升服务质量、开展经营创新、开展营销传播、承担企业社会责任、应对品牌危机等强势品牌创建的核心举措和重点举措进行了探讨。在物流企业创建强势品牌的过程中，由于不同的企业个体在很多方面存在较大的差异，因此有必要根据不同的情况，开展常规的品牌管理工作。为了更加全面地说明物流企业强势品牌创建中可以采取的一般举措，下面将对这些举措的内涵和方法进行阐述，具体包括品牌战略管理、品牌资产管理、品牌文化管理、品牌体验管理、品牌创新管理，以及与品牌相关的员工管理和信息管理等。

8.1 物流企业强势品牌的战略管理

制定强势品牌战略，是物流企业开展各项品牌管理举措的统领和指导。中国的物流企业尤其要树立品牌经营的理念，深刻认识品牌的内涵和品牌建设的重要性，从战略高度上重视品牌建设，要从以往追求短期利益转变到注重企业长期利益的轨道上来，从战略层面加强品牌的规划和管理。根据物流企业所处的市场特点，本书认为中国物流企业制定品牌战略应从明确品牌定位，找准品牌战略的内涵与方向，并进而设计符合品牌定位和战略的品牌识别系统入手。

8.1.1 品牌战略的内涵

长期以来，中国许多物流企业并不重视品牌化经营，因此对品牌的内涵并没有深入的理解。要进行准确的品牌定位，进而制定合理有效的企业品牌战略，中国物流企业首先要对物流企业品牌的内涵有深刻的认识。

物流企业品牌并不单单是一个商标，它的本质是一种承诺，是企业向消费者表达出的针对某一具体商品和服务的承诺。消费者一旦识别出这一承诺，并通过信息沟通及实际体验认可了这一承诺，就赋予了物流企业品牌真实的存在价值。物流企业品牌作为一种市场认可的个性化服务标识，其战略内涵应包含以下特征：①先进的服务理念；②个性化的服务特色；③卓越的服务艺术；④优秀的服务技术和质量；⑤市场化的认同。

8.1.2 物流企业强势品牌的定位

不同类型的物流企业面对不同的市场环境和经营目标必定会采用不同的方法进行市场定位，即使各个企业的具体方法有所不同，但其确定品牌定位的内涵有很大的相似之处。具体而言，处于不同市场环境和经营目标的中国物流企业在明确品牌定位时应从以下几个方面入手。

1. 要从五个维度作为定位参照系进行精确定位

以消费者、竞争对手和企业自身为主维度，以宏观环境、行业等为辅维度，从多个维度采集信息来对品牌进行精确定位。

2. 静态定位与动态定位相协调

动态定位的方式能够提高品牌定位的精度。所谓动态定位，就是定期扫描各个定位维度，捕捉变化的信息，适时调整品牌定位。在初次定位的形成过程中，动态定位是指定位的微调；各个维度的变化由量变积累到质变时，就要对品牌定位大调，也就是再定位。静态定位与动态定位是相对的概念，目的都是保持品牌在消费者心目中的有利位置。

3. 定位要以品牌价值为核心

向消费者传导定位信息时，要注重品牌个性和品牌形象的塑造。

4. 品牌定位分为战略定位和战术定位两个层面

战略层面的定位涉及品牌整体战略，具有长期性和稳定性的特征；战术层面的定位主要是与品牌竞争、品牌维系相关，带有权宜性和应变性的特征。

当中国物流企业在进行市场定位时较为全面地考虑以上因素时，可以有效地弥补市场需求缺口，找准近期和长期的准确定位，为制定合理并具有一定前瞻性的企业品牌发展战略打下良好的基础。

8.1.3 物流企业强势品牌的战略选择

从大的方面讲，中国物流企业制定品牌战略可以从以下几个方面入手。

1. 实施物流品牌差异化战略

品牌差异化指的是通过建立品牌在顾客心目中的特殊位置，以满足顾客的特殊需求，使顾客得到该品牌赋予的特殊利益。服务品牌差异化能起到展示品牌、服务概念、质量和价值的作用。中国物流企业实施品牌差异化战略，有利于为企业带来市场竞争优势，有利于创造和巩固消费者忠诚，并最终使品牌优势延伸到其他领域。具体而言，中国物流企业实行品牌差异化战略可以从以下几个方面入手。

（1）有效识别消费者需求

识别消费者需求，是中国物流企业品牌差异化战略的前提。品牌差异化的发展，应建立在市场调查的基础上，必须依据现实情况制定可实现的目标。树立品牌涉及两个问题，品牌决策和这些决策是否建立在调查所得结果的基础上。在树立品牌的过程中，需要对公司现有品牌的属性、竞争对手的状况、品牌发挥的作用等问题进行调查。营销人员要以一种能激发现有顾客、潜在顾客和其他消费者兴趣的方式，建立一个能说明公司的服务质量是最优的及其原因的品牌，好的信息将帮助市场营销人员达到这一目标。除此以外，有效识别消费者需求还有利于企业发现市场缺口，并通过服务的差异化弥补这一市场缺口，并通过差异化的品牌营销手段迅速在消费者心中形成良好的品牌形象和品牌感知。

（2）拟定独具特色的品牌名称

从某种意义上讲，企业名称是现有品牌的核心要素，品牌名称是建立高效品牌的重要基础。好的企业名称能使顾客迅速区分本企业品牌与其他企业品牌，并能产生相应的品牌联想，引起对品牌含义的共鸣。中国物流企业名称应具有以下特性。

一是独特性，即消费者能立即将本企业同竞争者区分开来。使企业名称具有独特性的一种方法是使用既不熟悉又内涵丰富的词语。适当的企业名称，可起到鹤立鸡群、引人注目的效果。

二是恰当性，即服务企业名称要表达物流企业的特点或优点。一个与企业特点和优点相联系的名字能帮助人们辨认和确立一家企业在消费者心目中的地位。以国际知名服务企业VISA为例，VISA这个名字表示国际通行，在信用卡服务已经市场化并在全世界通行的情况下，这一品牌的命名非常成功。恰当不一定意味着使用描述性词语对公司的服务进行文学性描述。描述性的名称通常是不利的，因为描述使名称冗长且易雷同。

三是可记性，即企业名称应易于理解、使用和记忆。许多因素影响到品牌的可记性，独特性就是其中之一。但是如果企业的名字因冗长复杂或词语晦涩而具有独特性的话，它就通不过可记性这项检验标准。在品牌命名时，简洁是基本的要求，容易发音能增加可记性，简洁也使标识语更生动有效。事实上，有长名字的企业经常被迫缩减名称，以适应视觉展示，比如"大西洋及太平洋茶叶公司"和它的简称"A & P公司"。

四是灵活性，即服务企业名称要能适应组织的策略调整。因为企业提供服务的特性和范围不是固定不变的，所以有效的服务品牌应容纳这种变化。一个企业的名称应避免使用地理名称和描述性、限制性术语。因为包含地理名称或描述性术语的名称不利于企业扩展市场范围或改变原有的业务范围。内涵通常比名称更灵活，IBM和AT & T公司花费了许多年的时间，才树立了简化名称的品牌形象。

值得一提的是，改变名称不一定能带来好处。现有名称虽然有缺陷，但对现存消费者及潜在消费者来说，有知名度、听起来舒服且有信誉，这些优点不能简简单单地抛弃。除了原有品牌价值的潜在牺牲外，改变名称花费大，且复杂烦琐。一个新名称意味着新的标记、新的信笺、新的账单表述、新的广告。一个新名称可能还意味着法律费用、协商设计费用等。总之，改变名称的风险和成本都很大。营销人员应当深思熟虑，在决定改名前，应做调查研究，通过更多的媒介，以创新的方式，来提高现有名称的知名度是最佳的选择。因此，不要轻易改名称，但是特殊情况例外，如果原有的品牌名称影响到企业的市场拓展，则有必要考虑改名。

(3) 展示品牌的可见性要素

品牌的效果并非仅源自一个单纯的名称，还决定于词语、颜色、标记、广告标识语，以及通过品牌媒介对这些要素的应用。所有的传播性要素塑造了一个完整的品牌形象，这对于具有无形性、难于表达和展示等特征的物流服务来说，是一种强有力的弥补。美国服务营销学家列恩·纽曼对服务品牌的黏合性和一致性做了精辟的论述，在树立强势品牌的过程中，服务营销人员能做的最重要的一步，是前后一致地、始终如一地展示品牌的可见性要素。他还进一步指出可见性要素是指企业的名称、标识语、颜色、设备等，企业在顾客心中的形象越统一，品牌地位就越强。这一点对于地点分散的物流企业显得特别重要。

(4) 使品牌内化为员工提供优质服务的行为

向消费者传播品牌的最有力的媒介就是企业的员工。不同于其他任何宣传媒介，员工能为品牌带来活力和个性。品牌内化涉及向员工解释、推销品牌，它要求员工参与品牌研究及决策，要求对员工的品牌强化行为进行培训，奖励并祝贺对品牌有促进行为的员工。最主要的是品牌内化要求员工关心并培育品牌。只有员工理解并信任品牌，他们才愿意为之努力工作。市场营销人员需要使品牌在员工面前语言化、视觉化，这样，员工才能使品牌在顾客面前语言化、视觉化。品牌内在化，像对顾客树立品牌一样，是一个持续的过程。只有员工对品牌建立了信任感和热情，他们才会更加努力地为创建和维护这一品牌形象提供令顾客满意的服务。品牌内化的过程是必要的，这样可以避免品牌价值传递的异化和不必要的信息扭曲和流失。

2. 中国物流企业品牌的多维度发展战略

"多维度"，指的是物流企业品牌应当拥有不同的层次，比如集团品牌是母品牌，是总领和保证；公司其他品牌是子品牌，是母品牌的有效支撑，众多子品牌有机联系在一起，相互促进。物流企业的多维度发展战略，应把握好以下几方面的内容。

（1）以提升品牌价值为核心

品牌价值实际上是品牌在消费者心理价值的体现，表现为消费者愿意为购买这一品牌而多付出的价格。它一般由三个层次构成：基本层，指企业服务能够满足使用者的基本要求，表现为"能解决问题"，属于实用价值；功能层，强调满足特定消费者的特定需求，表现为"适合我""功能强大"等，属于功能价值；扩展层，包含情感或人文东西，体现为独特、品位、身份象征等，属于心理价值，也是品牌的附加价值。这恰恰与人的消费行为相对应，菲利普·科特勒认为，人们的消费行为变化分为三个阶段：第一是量的阶段，第二是质的阶段，第三是感情阶段。在第三阶段，消费者所看重的已不是产品的数量和质量，而是与自己的关系密切程度，或是为了得到某种情感上的渴求满足，或是追求商品与理想自我概念的吻合。

目前，中国绝大部分物流企业的品牌价值层次还处于基本层和功能层，品牌知名度和美誉度普遍较低，对应消费者的忠诚度也不高。而一个企业经营好坏，在于是否拥有经得起市场竞争无情冲击的强势品牌。

（2）深入拓展集团母子品牌共建体系

母子品牌是市场竞争向品牌化、个性化发展的必然结果。母品牌是涵盖企业行为、形象和精神的总范畴，子品牌是母品牌的细分和强化，有效支撑着母品牌。目前，中国许多大型物流企业通过多年的发展，规模和实力都有了显著提升，为发展母子品牌打下了坚实基础。在母品牌的塑造上要定位高端，充分体现公司整体形象、规模实力和精神文化。子品牌重点在于塑造产品特点和形象，代表一定的业态和市场区分。借助于母品牌的影响力，有效推广子品牌，使子品牌形象在人们心目中不断得到统一和强化，增强子品牌的说服力。在母子品牌的战略选择上，比较适合选择背书品牌战略，即"母贵子荣"型品牌战略。比如美国的宝洁公司和中国的中粮集团，宝洁公司为每个子品牌都打上"P&G优质产品"，中粮集团在每个产品上都打上"中粮"标志，它们均以母品牌的品质和诚信对其子品牌进行背书保证，提升了子品牌的形象。另外，可以通过资本运作的手段，如收购老字号、高端品牌及行业内知名品牌等，快速提升整体品牌档次，丰富品牌资源。最终，通过母品牌的带动，各个子品牌并肩作战、齐头并进，打造出实力雄厚的品牌家族。

8.2 物流企业强势品牌的资产管理

8.2.1 品牌资产的内涵

品牌资产是一种超越生产、商品、服务等内容以外的价值，是企业从事经营活动而投入在品牌建设中的成本及其能带来的产出。品牌资产是一种无形资产，它是品牌知名度、品牌认知度、品牌联想、品牌忠诚度等各种要素的几何体。从财务管理的角度来看，品牌资产是将商品或服务冠上品牌之后所产生的额外收益。这一额外收益来自两个方面：一是对该品牌感兴趣的投资者，他们的投资包含了对品牌的估值；二是购买该品牌产品和服务的消费者，他们的出价包含了此品牌高于市场一般价格的溢价部分。

应该注意到的是，凡是世界的著名品牌或强势品牌，都保持着与消费者长期的、稳定的交易关系，这种关系已经超越了产品或服务功能为基础的利益关系，包含了情感因素和以某种新年为核心的忠诚关系。品牌管理的最高境界，就是打造消费者对品牌的某种信任和在此基础上对品牌的忠诚。可以说，积累品牌资产就是要培养目标顾客对品牌的忠诚关系。

现代的品牌管理研究结果认为，有效的品牌资产管理至少应具备以下三方面的特征：一是清晰、明确的远期品牌资产管理目标，同时有详细的、结构化的明确任务与目标配套，确保目标可以落实；二是决策过程严格遵守逻辑判断与结构化思维，使管理决策在总的方向上遵循已知的品牌资产管理规律，避免主观臆断；三是建立规范的、持续的、具有积累效应的辅助决策系统，对市场的描述与探究建立在科学方法与经验相结合的基础上，具备对自身行为表现与效果进行实时诊断的分析能力。

8.2.2 物流企业品牌资产管理的方法

从具体的品牌资产管理方法来看,物流企业者可以从以下几方面入手。

一是要建立品牌知名度。品牌知名度的建立至少有两方面作用:①可以让目标顾客在众多品牌中识别并记住企业品牌;②能从新产品或新服务类别中产生联想。

二是要建立品质的认知度。目标顾客对品质的认知度来自产品或服务,但它并不完全是指产品或服务质量本身,也包含了营销品质、传播品质等。建立良好品牌认知度可以从以下几个方面入手:①注重对品质的承诺,企业对品质的追求应该是长期的、细致的和无所不在的,决策层必须认清其必要性,并动员全体成员参与其中;②创造一种对品质孜孜不倦追求的文化,好品质不是某个环节就可以完成的,最好的办法是创造出一种对品质不懈追求的文化,并渗透到工作的每个环节当中;③增加培育消费者的投入,经常关注、收集目标群体对不同品牌的反映,企业要强化对消费者需求变化的敏感性;④注重创新,创新是唯一能够变被动为主动,进而对消费者实施成功引导的方法。

三是建立品牌联想。具体包括产品和服务的特性、性价比、适应对象等方面。企业可以用品牌故事、宣传册等方式建立品牌联想。

四是维持品牌的忠诚度。对于企业来讲,开发新市场、发掘新顾客固然重要,但维持现有顾客对品牌的忠诚度同样重要。维持品牌忠诚度的常用做法包括:①给顾客一个不转换品牌的理由,比如推出新服务,适时更新广告来强化偏好,举办优惠活动等;②努力接近顾客,了解市场需求,通过定期的调查与分析,了解消费者的需求动向,进而调整服务、营销策略等;③提高消费者的转移成本,但产品或服务拥有的品牌附加价值越高,消费者的转移成本就越高,因此可以有意识地突出一些转移成本,以此来提高消费者的忠诚度。

8.3 物流企业强势品牌的文化管理

一般而言，企业的品牌文化包含两方面的内容：一是品牌内涵的文化属性，二是以品牌为导向的企业文化。一个品牌之所以能够建立并得以传播，其背后必然有着深厚的文化背景作为支撑，品牌文化是品牌的重要组成部分。另外，随着企业管理水平的提高，对品牌的管理逐渐过渡到文化管理模式，品牌文化管理是使品牌更具有活力的有力手段，成为品牌管理者的有力武器。所以，对于一个品牌而言，建立有利于品牌发展的品牌文化，并对其实施有效的管理是不可忽视的环节。

品牌文化管理对企业的作用主要体现在：一是品牌文化规定了品牌所追求的远大目标，引导品牌健康发展；二是品牌文化是一股很强的凝聚力，它可以将各个层次、各个方面的人员团结在品牌文化的周围，使品牌产生凝聚力和向心力；三是品牌文化能够激励职工奋发进取、提高气势，重视职业道德；四是品牌文化作为一种内化规范和人际伦理关系准则，对每个员工的思想和行为起着约束作用；五是品牌文化满足了人类消费行为的文化性，可以成为品牌营销的重要手段。

8.3.1 品牌文化的内涵

品牌文化包括，内部的管理文化、质量文化、服务文化、营销文化等。一般可以将品牌文化分为三个层次：物质层次、制度层次和精神层次。

物质层次是为生产品牌的产品或服务所需的物质设施等构成的器物层面。物质层次是品牌文化的表层部分，是形成企业文化的制度层和精神层的基础，它主要包括产品牌的名称、标志、广告内容以及形式，品牌内部的报纸、刊物、广播、闭路电视、宣传栏等。物质层次也是品牌经营理念、管理哲学、工作作风以及审美意识的反映。尽管物质层次是品牌文化的最外层，但它集中体现了一个品牌在消费者心目中的外在形象，是消费者对一个品牌总体评价的起点。

制度层次是品牌文化的中间层次，它主要是指与品牌经营理念和管理哲学相适应的规章制度、组织机构等。制度层次对品牌内部所有人的行为产生制约和规范作用，它集中体现了物质层次和精神层次对品牌成员行为的要求，是以书面形式存在的品牌文化。

精神层次是指品牌管理者和所有员工共同信守的品牌愿景、实名、价值观、行为方式以及精神风貌等。精神层是品牌文化的精髓，是在品牌产生和发展过程中形成的独有的意识形态和文化观念。正是精神层面决定了物质层和制度层的内容和形式，它主导着品牌的文化的发展模式，是品牌文化的核心和灵魂。

8.3.2 物流企业品牌文化管理的方法

品牌文化的设计需要从三方面入手：首先，将品牌的核心价值变为企业文化的共享价值观，如果企业文化价值观不支持品牌核心价值，就会导致品牌成为一个虚假的承诺；其次，要在品牌的识别系统中引入故事，包括企业的发展历程、企业传奇或英雄人物等；最后，需要将品牌的体验与文化网络结合起来，这既包括针对员工的体验，也包括针对目标顾客群体的体验。

对于中国物流企业而言，品牌管理者要从宏观的角度进行品牌文化的管理，即建立开放性的品牌文化系统。所谓开放性的品牌文化系统，就是遵循文化的时间性和空间性特点，把对品牌文化的管理看作一个动态的过程，吸收一切可以充实和美化品牌文化的内容，从而使品牌文化既能与时俱进，又能因地制宜，以便更好地引导目标顾客群体，同时最大限度地激起内部员工的积极性和创造性。文化具有趋光性，有着向更先进文化靠近的天性，建立开放性的品牌文化系统正式秉承企业文化的这一特性，使品牌文化能够历久弥新。品牌管理者的工作就是使品牌文化包容一切有利于品牌发展的文化因素，并使它们相互融合，使品牌文化与时俱进。

8.4 物流企业强势品牌的体验管理

物流企业是与消费者直接接触的服务型企业，因此其消费者的体验管理对于维护品牌形象具有十分重要的意义。著名的体验营销学者 Schmitt 指出，体验是个体对于一些刺激的内在反应。消费者的体验是在一系列的活动中被诱发和刺激出来的。体验可以被分成不同的类型，包括感官体验、情感体验、思考体验、关联体验等。从作用范围的角度来看，这些体验类型又可以被整合为个体体验和共同体验等。

8.4.1 消费者体验的内涵

消费者体验具有以下几方面的特性：①主观性，顾客对于服务体验和服务评价具有很强的主观判断色彩，完全按照自身的标准进行；②异质性，同一服务，不同的顾客会有不同的体验，相对而言，同一顾客在不同时刻对相同的服务评价也可能不同；③互动性，服务的过程是互动进行的，顾客也要积极参与到其中；④感知性，对于活动的内容和服务性质等各方面，顾客可以进行感知和评价；⑤动态性，服务活动没有统一的标准，服务质量可能时高时低，并不稳定，顾客的体验也是如此。

消费者体验的这些特征决定了体验管理与传统的顾客关系管理相比是一种全新的模式，即它不仅要更加关注消费者的内心需求，而且将消费者吸纳到体验的创造中来，而不再是将顾客关系管理作为企业单方面的行为；同时，消费者体验管理要采用动态的管理模式，不再遵循固定的产品设计思路与服务标准，而是通过不断变化的环境与流程来维持消费者相对稳定的体验；消费者体验管理也是一种系统性的管理模式，由于顾客的消费体验是综合与企业接触的全过程而形成的，因此需要对所有的接触点和接触渠道加以整合，需要对上至企业文化和管理理念、下至员工培训和环境布置等方面的管理策略进行全方位的革新。

8.4.2 物流企业消费者体验管理的方法

从某种意义上讲，物流企业的消费者体验管理不仅体现了"以消费者为中心"的管理理念，而且体现了"以消费者为中心"的品牌设计理念、营销理念等。在实际操作中，从战略定位到服务流程的制定、从消费者接触点的布置到服务的提供无不蕴涵着提升体验的思想，企业要实施体验管理，必然要掌握与此相关的一整套策略。对于中国物流企业而言，可以建立以消费者体验需求的识别、体验的影响因素分析、体验的创造与完善以及体验实施绩效评价为核心内容的顾客体验管理框架。

1. 消费者体验需求识别

任何一个物流企业在为消费者创造和传递体验时都不可能兼顾所有的市场，因此，对细分市场消费者特征及其需求的认知是对体验加以管理的先决条件。但是消费者体验是以消费者的自身情况为基础、由企业的行为所激发的情绪和感受，不同的消费者有不同的需求。因此，在市场细分的基础上要准确识别目标的需求，企业还必须从消费者的视角重新审视其与企业交互过程中的所有接触点以及在这些接触点上消费者期望得到什么样的感受；此外，消费者与企业发生交互的时间越长他们对企业的预期往往也越高，在这种情况下，企业能否及时识别不同阶段的消费者特征及期望就会显得格外重要。最后，通过对消费者的体验需求进行分析和归纳，企业可以提炼出一定的体验主题或称体验维度，这些主题或维度将会成为企业在消费者体验创造中努力的目标，只有让消费者感受到这些体验主题，才有可能实现高层次的价值体验。

2. 消费者体验的影响因素分析

落实消费者体验可控性的关键方面，是要把握影响体验创造的各种因素。体验是顾客在与企业进行交互的过程中产生的各种感觉感受，因此，企业可以从自身和消费者两个角度来分析体验的影响因素。

从企业自身角度来讲，影响顾客体验创造的因素可以归结为员工、产品、服务、品牌、环境等；从顾客角度来讲则包括顾客的需求动机、个性特征、自信以及知识等要素。需要强调的是，与产品、商品以及服务不同，体验的产生离不开消费者的参与。为此，在影响消费者体验创造的诸多因素中，消费者本身起着极为关键的作用。

3. 消费者体验的创造与完善

消费者体验的创造与完善是体验管理框架的核心内容。通过操控员工、物流服务、广告宣传、消费环境等影响体验的因素，区分企业与消费者交互的不同阶段，企业可以为消费者创造和传递符合其需要和价值层次的特定体验。

由于体验本身的无形性以及不可预测性，消费者在体验之前往往面临着更大的不确定性。因此，在吸引消费者阶段，企业可以实施顾客体验品牌化策略，通过创造生动独特的品牌体验来降低这种不确定性和消费的风险。创造独特的品牌体验通常又分为"体验品牌"和"体验品牌化"两种方式：前者从品牌和品牌价值开始，并将其转变成针对目标消费者的一种承诺，然后将承诺以某种方式传递，最终使得品牌变得鲜活起来，适用于在成熟市场已经建立品牌的企业；后者从消费者体验开始，然后借助于各种资源发展出相应的品牌，适用于初创企业。在发展消费者阶段，体验管理的目标是通过建立与消费者的接触实现企业与顾客之间的良性互动。品牌体验是静态的，但与消费者的接触则是动态的。这种互动包括店内面对面的接触、售后服务等多样形式。在这个阶段，企业可以采取"交互式体验管理"策略，通过渠道整合和建立动态联盟等方式统一协调各个接触点和接触渠道，有目的、无缝隙地为消费者传递一致的目标信息，创造匹配品牌承诺的正面感觉以实现良性互动，最终创造差异化的独特体验。

4. 顾客体验管理实施效果测评

对消费者体验进行测量的研究尤其是实证研究，目前在国内几乎还是空白，但类似的案例如消费者满意度测量、消费者生命周期价值的计算等均可作为参考。在实施体验管理的过程中，企业可以开发利用各种体验测量工具，对消费者体验管理系统的奏效与否加以评估并据此校正策略偏差，考虑是否重新设计体验管理的流程。实际上，消费者体验测量与体验管理实践是在相互促动过程中不断得以完善的。

8.5 物流企业强势品牌的创新管理

8.5.1 品牌创新的内涵

品牌创新，实质上就是赋予品牌要素以创造价值的新能力的行为，即通过技术、质量、商业模式和企业文化创新，增强品牌生命力。这样的话，品牌创新就可分为质量（管理）创新、服务创新、技术创新、商业模式创新和企业文化创新等。针对物流企业来讲，品牌创新最本质上讲就是服务的创新，也可以指与服务创新相配合的技术创新、定位创新等，这种创新是服务面对市场变化的延伸或加强，这是竞争全球化、消费者需求多样化的必然要求。

对于物流企业而言，品牌的创新要遵循以下三条原则。

一是消费者中心原则。物流企业经营和管理者一定要意识到，品牌创新的出发点是消费者，创新的核心是为消费者提供更大的价值满足，包括功能性和情感性满足。"消费者为中心原则"是一切原则中的根本原则。忽略了消费者感受的品牌创新，注定只是企业本身的闭门造车，而不会得到消费者的认可并取得成功。

二是全面性和成本性原则。全面性原则，是指对品牌的某一个维度进行创新时，往往需要其他维度同步创新的配合，从而产生较为一致的品牌形象，不至于因其他纬度没有及时创新而发生形象识别紊乱。成本性原则，即企业必须尽可能"花最少的钱，办最好的事"。任何维度的品牌创新，都是有代价的，包括巨额研发费用、营销费用、管理费用等，如果企业没有做好资源的优化配置，虽然创新有可能具有极大的经济效益或社会效益，但也有可能因资源的不济而半途而废。

三是及时性与持续性原则。创新不是对之前品牌形象及内涵的全盘否定，是一个扬弃的过程，要遵循持续性原则。及时性原则是指品牌创新必须跟上时代步伐、及时迅速地满足消费者对服务的需求变化。创新不及时，服务必将落伍，品牌必然老化。持续性原则和及时性原则是紧密相连的，只有较好地把握住及时性创新，一个个连续不断的及时性创新便构成了有效的持续性创新。持续性创新是多个及时性创新在时间维度上的外在表现，是呈现出来的结果。

8.5.2 物流企业品牌创新管理的方法

对于中国物流企业而言，可以从以下几方面着手进行品牌的创新管理。

1. 要树立品牌创新理念，建立完善的品牌创新机制

这就要求企业首先要建立完善的市场营销系统，适时推动品牌创新。市场营销信息系统是指在企业中由软件和硬件组成的一种相互作用的联合体，它为市场营销决策者收集、整理、分析、评价并传递或提供有用、适时和准确的信息，用于制订或修改营销计划，执行和控制营销活动。企业通过建立营销管理信息系统，可以及时监测品牌的市场表现，消费者的市场动态及需求变化，科技进步及其他的利益相关者对品牌的认知。一旦营销管理信息系统监测到这些信息不利于企业的品牌发展，引起品牌老化现象，导致现有品牌不能适应市场变化时，企业的品牌管理部门就需要考虑创新现有的品牌。

2. 要建立训练有素的品牌创新团队，保证品牌创新的顺利进行

因此，企业平时就需要做好这方面的人才储备，让品牌管理人员熟悉现阶段自身品牌形象，时刻关注外部环境的变化。品牌管理部门根据内外环境的变化，结合自身实力，制订详细、科学的行动计划，合理配置必需的财、物资源，并量化创新要达到的目标，从而保证创新的顺利进行，并取得预计的效果。

3. 要有效利用品牌和服务延伸进行品牌创新

在品牌战略的实施中，企业一般面临着两种品牌策略的选择：一种是单一的品牌策略，即企业生产经营的几种不同产品统一使用一个品牌；另一种是多品牌或子品牌策略，即企业经营的产品根据市场需求分别命名，不同的产品或服务使用不同的品牌。以中国邮政 EMS 为例，除了 EMS 这一核心品牌以外，旗下还包括了吉祥礼、次晨达等多个子品牌，满足消费者多样化的物流需求。企业经营活究竟选择哪一种品牌策略，每个企业可根据自身的特点和企业发展战略有不同的选择。就多品牌策略而言，它是为了满足不同的市场需求，根据不同的产品或服务价值，消费者的不同偏好而采用的一种策略。这种策略可以使企业全面地开拓和占领市场，减少企业的经营风险和产品间的相互影响，增强企业的整体实力和适应市场变化的能力。但这种策略对每一个产品或服务来说都要投入大量的营销费用，成本较高。单一策略的最大特点是企业利用已有的名牌优势，借助已有产品或服务的市场影响力和信誉度迅速进入市场。品牌延伸策略像一把双刃剑，企业不可盲目采用，要注意产品或服务和品牌之间的联系，延伸的新品牌要和原有品牌有一定联系。

4. 要建立品牌创新的激励和保护机制

品牌创新是创建知名品牌的重要前提，因此，加强对品牌的保护，鼓励企业不断地进行创新，是提高中国企业综合竞争力的重要措施。品牌创新和保护是企业创建知名品牌的两个方面。企业除了要创新自主品牌外，还要积极保护品牌，通过法律手段来保护自身品牌的权益。当然，企业品牌创新的激励和保护不仅仅涉及企业本身，还需要全社会的共同力量。当前，由于整个市场竞争激烈，市场竞争秩序有待完善。市场知名品牌面临假冒伪劣产品所带来的伤害。因此，政府应该加大对假冒伪劣产品的打击力度，积极启动品牌保护政策：首先，严格规范驰名商标和评定工作，防止乱评名牌、乱评名优。其次，通过政府和社会的监督来保护名牌产品。

政府监督主要是通过企业主管部门进行监督，以严把品牌产品质量关，促进非名牌产品企业提高质量，争创名牌。通过经常性的监督，促进拥有名牌产品的企业精益求精，不断提高；对于名牌产品和服务，政府应采取有效的措施加以保护。除政府外，社会监督同样重要。社会监督主要是通过各级质量管理协会、消费者协会、行业协会、商标协会等民间团体、组织进行监督。此外，从社会舆论与宣传部门的角度来讲，应加强舆论宣传，增强国民的品牌保护意识，让每个中国人都来保护企业自主品牌，使品牌的保护变成整个社会的活动。

8.6 物流企业强势品牌的员工管理

8.6.1 员工管理的内涵

物流企业是直接与消费者打交道的企业，其员工特别是商品销售人员对企业至关重要，直接决定了消费者的消费满意度。物流企业员工的重要作用体现在：一是员工就是服务；二是在消费者看来，员工代表了整个企业；三是员工就是品牌，消费者对公司的最初印象就是来自与企业员工的接触；四是员工扮演了营销者的角色，是企业活的公告栏。因此，中国所有物流企业都应充分发挥、重视员工在创建和管理强势品牌方面的重要作用。

8.6.2 物流企业员工管理的方法

从关系营销的角度来看，物流品牌不仅要与消费者建立关系，也要与员工建立良好的关系，只有满意的员工才有满意的顾客。从内部营销的角度来看，物流品牌管理应该进行品牌内部化管理，品牌内部化包括向员工解释和宣传品牌，与员工一起实施品牌战略和分享品牌价值，激励员工维护品牌，对员工进行品牌意识和品牌行为培训，充分发挥员工在服务品牌培育和管理方面的作用。从人力资源管理的角度来看，服务品牌管理必须以有效的员工管理为前提。因此，无论从关系营销，还是从内部营销和人力资源管理的角度来讲，物流企业强势品牌建设，必须充分发挥员工在品牌创建和管理中的重要作用。

除让员工充分参与到企业的品牌创建和管理过程中来，物流企业还应对员工进行标准化的培训和管理。这些培训和管理应包括如下内容：一是企业的品牌战略和经营理念，从思想上促使员工与企业达成一致，让企业的品牌战略和经营理念渗透到员工的日常工作中去；二是服务标准化的培训，培训员工与消费者沟通的技巧，包括语言、肢体动作、面部表情等，梳理"顾客就是上帝"的服务理念，在与消费者的接触中做到"尊重人、方便人、诱导人、激发人、打动人"；三是创建员工与企业的双向沟通渠道，企业可以将意志进行上传下达，员工也可以表达意见，特别是表达提高工作效率、提高消费者满意度的建议。

8.7 物流企业强势品牌的信息管理

在与消费者打交道的过程中，物流企业会接触到大量信息，对这些信息进行管理有利于提高企业的经营绩效，提高品牌营销的精准度。在网络应用日益普及，网络购物日益兴起的大背景下，物流企业的品牌信息管理就显得格外重要。

8.7.1 信息管理的内涵

狭义的品牌信息管理是对品牌相关的信息搜集、整理、存储、传播和利用。广义的品牌信息管理不仅是对品牌信息的管理，还涉及品牌信息活动的各种要素，如品牌信息的机构管理、人员管理等。本书所指的物流企业信息管理是狭义的品牌信息管理。

8.7.2 物流企业品牌信息管理的方法

1. 物流企业品牌信息的来源管理

物流企业品牌信息的来源，主要有以下几个渠道。

一是消费者。消费者是最大的信息源，也是企业最重要的信息源，消费者的需求直接决定了品牌的发展方向。消费者的信息包含两大类：第一，消费者对品牌的反应；第二，消费者需求的变化。

二是媒体，包括各种类型的媒体，如报纸、电视等。媒体可以提供实践性最强的信息，如市场状况、竞争对手的情况等。同时，媒体也是引导消费潮流的先锋。

三是内部员工。作为品牌的一员，员工可以从自己的视角对品牌管理提出意见和建议；作为品牌与消费者的桥梁，他们可以为物流企业搜集消费一线的信息。

物流企业应运用各种方法对以上信息进行全面的收集和评价，定期做成研究报告，纠正前期工作的不足，并对未来的发展趋势和潮流提前布局。

2. 物流企业品牌信息的传播管理

前面介绍的内容可以称作物流企业的品牌信息产生管理。在这一阶段，企业管理者需要对信息进行充分的收集和分析，并抽象出有利于消费者需求的品牌信息以及有利于经营决策的信息。在下一个阶段，品牌经营者需要把这些信息应用到企业的经营管理中去，把有价值的信息传播出去，使其能够完整地传达到消费者耳中，从而真正在消费者心目中树立品牌形象，实现品牌推广。

对企业而言，品牌信息的传播内容包括企业形象信息、商品和服务信息。前者是概念，后者是实体，前者是依托后者而存在的。如果没有商品和服务信息的支撑，企业形象信息不过就是空中楼阁。因此，品牌管理者在进行信息传播时，必须将两者适当结合，并采用恰当的传播方式，如广告、消费节庆日活动等。

3. 物流企业品牌信息的反馈管理

品牌信息的反馈管理是品牌信息在传播过程中以及传播活动结束以后，对传播效果进行的评价。品牌信息的反馈分为两个阶段：第一阶段是在传播过程中密切关注消费者的反映，搜集各种信息，对效果进行评价，并不断调整信息传播的内容和方式；第二阶段是品牌信息传播后，将反馈信息经过整理和研究，送回品牌经营的决策者手中，决策者根据新的情况对前一阶段的品牌信息传播进行调整。

8.8 小结

本章从品牌优化的角度出发，结合品牌管理中的概念和原理，对强势品牌创建与管理的主要方面进行了阐释。品牌战略与定位，是物流企业开展品牌管理工作的前提和基础。提升品牌资产与创建强势品牌在许多方面具有一致性，物流企业应当在了解品牌资产含义的基础上将两者统一起来。品牌文化是提升品牌内涵的重要方面，对于创建强势品牌也具有辅助作用。优化品牌体验，要求物流企业从顾客的需求出发，寻找经营改进的方向。品牌创新则是将创新融入品牌建设的结果，其内容与经营创新存在联系和交叉，物流企业可以将两者相互结合。除此以外，员工管理、信息管理等企业内部管理的内容也与品牌建设密切相关，物流企业在创建强势品牌的过程中应当对其中的要点加以重视。

第9章 国内外物流企业创建强势品牌的案例研究

中国物流企业创建强势品牌，需要不断地系统学习、实践品牌管理的相关的理论。同时，不断地研究、借鉴国内外具有代表性的标杆企业的做法，也具有十分重要的实践指导意义。本章精选了顺丰速运、中国邮政 EMS、宅急送、美国 UPS、Fedex 五家著名物流企业的典型案例，从不同的视角展开分析，为中国物流企业创建强势品牌提供有益的参考经验。

9.1 顺丰速运的强势品牌建设

9.1.1 顺丰速运的基本情况介绍

20 世纪 90 年代，贸易公司像雨后春笋般在深港两地展开，而"前店后厂"的模式使得香港与内地之间的物品与单据传送显得非常重要。正是看到这种潜在的巨大的商机，1993 年 3 月 26 日，以转送快件为主要业务的顺丰公司应运而生。而当时快递市场进入门槛低，投资回报率高，大大小小的快递公司在当时一波一波的成立。面对激烈的竞争，顺丰采用了"割价抢滩"的策略，以低于市场均价 30% 的价格揽货，由此吸引了大量的中小商家，业务量迅速提升。在业务量上来以后，顺丰建立了系统化的快递运作模式，并明确了市场定位，即将业务主要定位在中端文件和小件货物上，尤其以商业信函为主。

1993 年到 1997 年间，顺丰处于创业起初阶段，业务范围主要集中在珠江三角，同时积极拓展华中、西南、华北市场；1997—2002 年，顺丰看到加盟模式带来的弊端越来越大，于是在此期间开始了收权行动，终于在 2002 年完成了业务整合，将加盟模式改为直营模式，加强了总部的领导和控制能力。2002—2007 年，是顺丰公司改变经营模式后快速优化发展的几年。由于采用直营模式，公司的服务质量在全国各个地区都有统一的标准，使得顺丰速运迅速在市场上获得了良好的口碑；2007 年至今，顺丰速运在民营快递企业中属于"领头羊"的地位，品牌效应进一步显现。2007 年与深圳泰隆投资有限公司合资组建了"顺丰航空有限公司",并于 2011 年在股权重组后实现对该航空公司的控股。2010 年,顺丰开通"顺丰 E 商圈",建立了一个健康生活购物网站。2012 年 3 月,顺丰又推出"尊礼会",打造出一个高端商务人士的送礼平台;同年 6 月,顺丰旗下网店"顺丰优选"正式上线,这是顺丰踏上电商征途后的第三个网购平台。2014 年,顺丰又强势推出网购服务社区店"顺丰嘿客",通过整合渠道资源,为顾客提供更便捷、更智能化、更灵活的线下社区服务体验。由此看出,顺丰进军电商、打造快递产业链的目标越来越清晰。

截至目前,顺丰员工人数大约有 40 万人,拥有 2 万多台运输车辆,营业网点达 20000 多个,遍布中国大陆及海外市场。目前已开通美国、日本、韩国、新加坡、马来西亚、泰国、越南、澳大利亚等国家的快递服务。

顺丰速运在中国快递市场一直处于较强势地位,其品牌有较强的溢价能力、延伸能力以及较高的识别度,相比于其他民营快递企业,顺丰速运在消费者心目中的认知应是更加便捷、快速,若要寄送比较紧急的物品时,人们首先想到的总会是顺丰。顺丰速运是中国成立较早的民营快递企业,经过 20 多年的发展,公司形成了相对完善的产品运营、管理体系,在市场定位、服务范围、业务范围、服务能力等许多方面与其他快递企业有较大差异。

表 9-1 顺丰与主要民营快递企业的比较

企业名称	顺丰	申通	中通	圆通	韵达
市场定位	中高端	中低端	中低端	中低端	中低端
服务范围	中国(含港、澳、台)、新加坡、美国、泰国、澳大利亚、韩国、越南、马来西亚、日本	大陆市场、香港分公司、澳门网点	以国内市场为主,国际市场目前只开通俄罗斯专线	国内市场、我国港澳台地区及东南亚、中亚和欧美快递专线	以国内市场为主,2014 年开通美国、德国地区

续 表

企业名称	顺丰	申通	中通	圆通	韵达
市场定位	中高端	中低端	中低端	中低端	中低端
业务范围	商务客户业务、电商客户业务、个人客户业务	标准快递、时效快递产品、保价、定时配送、代收货款	电子商务快递、时效件、代收货款、仓配一体化、签单返回、到付、代取件	50千克以内的小包裹快递、代收货款、签单返还、代取件、仓配一体	主营电子商务快递服务，辅营office快递服务
经营模式	直营	加盟	加盟	加盟	加盟
人才素质	较高	较低	较低	较低	较低
服务质量 快递速度	较快	一般	一般	一般	一般
服务质量 投诉率	较低	较高	较低	一般	较高
服务能力	员工34万人，12000多个营业网点，1.6万多台运输车辆，18架自有全货机	员工18万人，独立网点及分公司1300余家，服务网点及门店10000余家	员工14万人，服务网点8000多家，转运中心72个，4万多运输车辆	员工12万多人，网点7000多家，4架自主全货机，2万多运输车辆	春节休
服务时间	365天全年无休	春节视情况而定	春节休	春节休	春节休

注：根据各企业官网数据以及网络数据整理。

1. 服务质量更高，服务范围更广

快递行业服务质量主要从两个方面衡量：一是快递速度，二是服务满意度。首先在速度方面，顺丰快递目前国内快递基本实现1~2天到达，对于即日达产品当日寄件当日即可到达，这个速度目前其他民营快递企业都无法达到；其次在满意度方面，顺丰的申诉率是最低的。

目前顺丰速运的服务范围涵盖了中国（含香港、澳门、台湾）、新加坡、美国、泰国、澳大利亚、韩国、越南、马来西亚、日本等许多国家或地区，且大部分城市都能提供上门取件服务，且随着顺丰速运在各大城市的入驻，在"最后一公里"配送上，顺丰又快人一步。

2. 顺丰速运有良好的品牌形象

品牌形象是消费者根据记忆中的品牌联想而产生的对于该品牌的感知，它是品牌的构成要素之一，它包含的不仅是产品特征或质量，还有实际产品在他人头脑中的总体印象。品牌形象不只是通过企业传播活动而产生的感知现象，它是消费者从参加企业的品牌关联活动中提取出的品牌理解。

对于快递企业来说，品牌形象包含了三个方面的子形象，分别是企业形象、使用者形象和服务自身的形象。顺丰速运凭借标准化、高效化的服务以及对公司的统一管理树立了良好的企业形象；顺丰所提供的快递服务种类多、精细化程度高、质量高、安全性好，更是在消费者心中形成良好的形象。而像申通、圆通等其他民营快递企业，由于采用加盟方式，管理体系较为混乱，服务标准不统一，快递服务人员没有统一的服装，服务标准也因区域不同而不同，多方面造成企业自身形象差、快递服务形象差，从而难以树立良好的品牌形象。

3. 顺丰品牌有较强的溢价能力

顺丰速运的价格相对于其他品牌快递的价格是较高的，非同城快递顺丰标快的价格基本上是首重22元，而其他民营快递价格基本维持在10~15元。顺丰快递的价格基本是其他民营快递的近两倍，然而这并不影响大部分客户选择顺丰。除了速度快之外，还有就是顺丰在强势品牌建立起来后有其相应的品牌溢价能力。

4. 顺丰品牌有较强的延伸能力

品牌延伸是指企业将已在市场取得较大影响力的成功品牌扩展到与原产品不尽相同的产品上，以凭借现有知名品牌推出新产品的过程。品牌延伸策略可以使新产品借助已有品牌的市场信誉顺利地抢市场，且大大节省了推广成本。2012年6月，顺丰旗下全球美食网购商城顺丰优选正式上线，如今已经成为生鲜电商中的一颗新星，顺丰优选的成功正是凭借顺丰品牌的延伸能力，顺丰强大的递送能力让消费者对顺丰优选的配送速度毋庸置疑，而顺丰所建立的良好的品牌形象也让消费者对其旗下网站产生信赖。

9.1.2 顺丰速运强势品牌创建模式

具体而言，顺丰速运通过以下几种途径创建强势品牌。

1. 明确品牌定位

顺丰从创立之初就确立了非常明确的市场细分和产品定位：主要做中端文件和小件业务，尤以商业信函为主。曾有摩托罗拉等一些大型跨国企业邀请顺丰参与其物流项目投标，都被其拒绝。之后，顺丰根据客户细分来设计产品价格体系，与四大国际快递巨头重叠的高端不做，太低端的不做，中端客户就被锁定为唯一目标。除了收费标准逐步调高、取件时间逐渐缩短之外，直到今天顺丰的产品定位一直没有改变。快递业务虽然不是顺丰首创的，但是其通过建立服务标准、确保服务承诺使得整个快递行业的服务质量得到提高。

2. 注重口碑效应

顺丰速运几乎从不进行广告投资，相比于广告营销，顺丰更注重口碑效应。顺丰速运服务体验在整个民营快递行业中算得上是首屈一指的。到目前为止，顺丰速运是国内快递业中唯一一家使用全货运专机的民营快递企业，运输方式的独特性和完善的全国服务网点，再加上快件"今天收明天到""365天无节假日"的服务承诺，使得顺丰速运迅速赢得了广大消费者的心，并且保持着较高的品牌忠诚度。顺丰几乎不需要任何媒体的宣传推广，仅仅通过消费者的口口相传就顺利实现了"快速"这一快递品牌主张的品牌认可。这样做既更好地满足客户需求，又可以有效保障了自身长远发展的利润空间。

3. 直营制经营、标准化服务体系

顺丰还普遍采用合作、代理加盟的方式来扩大企业规模，但加盟制存在很多弊端，例如管理松散、各自为政、服务标准参差不齐等。目前国内民营快递企业为了加速发展、争夺市场均采用加盟方式，而顺丰为了打造独特的品牌价值，向顺丰的客户提供更加统一、便捷、优质、安全的速递服务，对加盟制进行全面改革，从加盟制改为直营制，加强公司统一管理，建立统一化的服务标准，以确保服务质量。

4. 优质化快递服务产品

顺丰的服务时效承诺为客户提供"收一派二"服务即客户下单一个小时内完成上门取件服务，快件到达分、点部后两个小时内完成快递派送服务。目前，顺丰快递是民营快递企业中递送能力最强的，大陆地区基本实现1~2天送达，海外地区3~5天，同时顺丰严格管控快件的遗失类、损坏类、服务类、延误类、一般问题件类等各类问题件的产生，控制在极低的问题失误率内，确保了上门专业收派服务和快件的完整与安全，为客户提供快捷、时效稳定、安全的快递产品。同时，顺丰建立呼叫中心，呼叫中心采用了国际先进多线接入模式，保障客户及时接入下单、及时查询服务。客户代表都是经过严格培训，来专业解决快递服务中的各类需求与问题。经过20多年的发展，顺丰培育出了几十万人的高效、专业的快递服务团队，确保为每位用户提供优质的快递服务。

5. 加强营运能力和网点建设

快递企业既是劳动密集型行业，又是一种高科技行业，尤其是现代信息技术广泛应用于快递业。成立20多年来，顺丰非常重视基础建设以及高新技术与设备的引进和研发，不断优化网络建设，实现了对快件产品流转全过程、全环节的信息监控及资源调度工作，使服务质量得到稳步提升。同时，顺丰不断努力提升末端"一公里"收派能力和服务能力，2014年顺丰嘿客在全国各大城市上线，通过整合渠道资源，为顾客提供更灵活、更

便捷、更智能化的线下社区服务体验。

6. 多样化产品体系和个性化增值服务

目前顺丰的快递业务主要分为三大模块：商务客户业务、电商客户业务以及个人客户业务。根据不同的业务模块，顺丰又进行了相应的产品细分以及提供个性化的增值服务。目前，顺丰的产品种类主要有顺丰标快（国内以及国际）、顺丰即日、顺丰特惠、顺丰特安、物流普运以及全球顺。顺丰特惠是顺丰为涉足电商业务而设计的经济型快递服务；而顺丰特安是为有寄递高价值物品需求的客户提供特殊监控、专车派送、专业理赔的服务，简称特安；全球顺则是一款适用于"港澳台、海外至中国大陆"的电商B2C市场的专属服务。

顺丰目前提供的增值服务可谓是应有尽有，主要有保价、代收货款、签单返还、委托件、货款系统对接、服务安心购、换货服务、等通知派送、超时退费、包装服务、超范围转寄、正式报关、安检报备、特殊入仓服务、电子账单改派、服务收件地址保密、签收短信通知、派件短信通知等。

7. 多元化产业布局打造快递产业链

目前，顺丰旗下公司有顺丰优选、顺丰嘿客、顺丰航空、顺丰海淘以及顺丰分享。航空公司的创立是确保顺丰运送体系的重要手段，而顺丰优选、海淘以及嘿客，则是顺丰顺应电商时代所做出的新的战略布局。2014年，顺丰嘿客上线，用O2O解决"最后一公里"的配送问题。"快递+便利店"是一种成熟的运营模式，联邦快递早在2003年就与柯达合作，设立自助服务专柜。

8. 积极参与公益事业，提升企业社会责任感

企业积极参与公益事业，既是企业回报社会、体现社会责任感的一面，也可提升品牌形象，拉近与消费者的距离。顺丰速运在公益事业方面一直是尽心尽力，尤其是在教育及贫困救灾方面。从2002年至今，顺丰参与公益事业的脚步从未停歇过，2008年汶川地震，顺丰出资1000万元，并

助养地震灾区北川、青川、安县三地的44名孤儿至18周岁。2013年，在雅安地震中，顺丰免费为灾区配送各种救援物资，累计送递运费共达2700万元；同时，顺丰还在甘肃镇原县、甘谷县援建了6所小学，累计投入1200多万元。热心公益事业展现了顺丰良好的企业形象，也让消费者更加信任顺丰品牌。

9.1.3 顺丰速运品牌建设对民营快递的启示

从现实的情况来看，民营快递企业为了快速发展，抢夺市场份额，都忙于做大，而把品牌建设当作可有可无。更有许多企业认为做业务就是做品牌，业务多了品牌自然就打出去了，忽视了品牌建设是一项长期的过程，品牌的内涵要远远高于产品或服务，打造品牌并非一朝一夕，需要长时期的积淀和积累。可以说，中国民营快递企业的发展和品牌建设还存在不少问题，这些问题包括以下几个方面。

一是品牌的管理体系混乱。民营快递企业多数没有标准完整的品牌管理体制，不同地区的品牌策略都不尽相同，且品牌管理被分散在各个职能部门，缺乏系统化的管理。快递企业作为服务企业，其品牌管理工作不仅需要专门的品牌管理部门，更需各个部门及每个员工的协同管理，以保证品牌承诺。

二是不注重对品牌形象的塑造。良好的品牌形象可以使顾客对无形的产品服务更加信任，能够使消费者更好地认知和理解服务，减少消费者购买服务产品时的感知风险，而且企业独特的品牌形象更便于消费者区分服务产品。中国民营快递企业在发展过程中过多追求业务量的提升，对用户体验、用户关系的维护以及品牌的推广多不重视，导致企业在用户心中形象较差。

三是服务质量低、品牌忠诚度低。中国民营快递企业飞速发展的同时，伴随而来的还有投诉率的提高、服务质量低下的呼声。由于民营快递企业为了业务扩张，多采用加盟模式，公司管理体系混乱，人员素质参差不齐，多注重追求业务量的提升而忽视服务质量，民营快递产品同质性高且主要以价格来竞争，所以顾客忠诚度低，缺乏品牌忠诚度。

四是品牌定位模糊、识别度低。美国的联邦快递在成立之初便明确定位为"隔夜快递市场"，而顺丰速运也很早就将业务定位在中段函件市场和小件货运。而大多数民营快递企业都缺乏明确的品牌定位，随波逐流，市场上什么需求量大就做什么，导致在消费者心中的品牌识别度不足。

随着国内快递业务向外资的完全开放，未来快递业的竞争会更加剧烈，而以价格竞争为主要竞争的局面也必将随之改变。因此，中国快递企业除了通过整合提高服务能力，打造核心竞争力，努力创建强势品牌之外别无选择。上述顺丰速运的案例可以给中国民营快递企业想创建强势品牌带来启示。具体而言，民营快递企业建设强势品牌必须做好以下几方面内容。

1. 进行战略性品牌分析

战略性品牌分析是品牌建设的基础，其目的是确保品牌与顾客产生共鸣，与竞争者形成差异，要求企业能够为用户提供独特的价值，同时符合行业本质，满足宏观经济发展趋势。战略品牌分析主要包括五个方面的内容：一是分析企业自身，主要是分析企业各方面的能力以及优势、劣势；二是对消费者进行分析，选定目标客户群，对选定的客户群体的各方面特征进行分析；三是分析竞争对手，对市场上已经存在的同类企业进行比较分析，选择竞争策略；四是对宏观环境以及行业环境进行分析，对宏观环境以及行业环境进行分析有利于企业选择品牌市场定位，作出正确战略选择；五是对利益相关者进行分析，主要包括合作伙伴、社会公众及政府机构等，对于快递企业来说利益相关者主要包括各大企业、电商、航空公司及政府机构，处理好与他们的关系也是快递企业提高市场竞争力的必要条件。

2. 明确品牌定位

定位理论的创始人杰克·特劳特和阿尔·里斯认为，定位是对公司的产品进行设计，从而使其能在目标客户群心目中占有独特位置的行动。顺丰快递在企业建立之初就有明确的定位：结合自身优势以及对目标客户群的选择，只做中端文件和小件业务，如今也成了商务快递的代名词。品牌定位明确后，企业也应相应地提出其品牌价值主张。国内民营快递企业几乎没有明确的价值主张，所以很难在消费者心中产生情感的共鸣。

3. 创建完善的品牌推广体系

这里所说的品牌推广体系包括品牌要素设计和营销策略两个方面：

品牌要素是指用以识别和区分品牌的标志性元素，主要包括：品牌名称、标识、象征物、广告语、广告曲和包装等。它是提高品牌知名度和品牌联想的重要途径，是创建强势品牌的基础。品牌名称是品牌最基本的组成部分，也是品牌要素中最核心的内容。当前，中国民营快递企业品牌名称"克隆"现象非常突出，很多消费者至今都分不清圆通、申通、中通有什么区别。关于品牌标识，国内民营快递企业的品牌标识大都简单设计，未融入品牌的内涵及价值主张。顺丰快递的品牌标识是由字母"SF"及其衍生出的圆点与弧线组成了非常亲和力的笑脸图案，以红黑作为标志的主色调。其中，红色充满激情，体现着顺丰人创新活力的风貌；而黑色内敛深沉，体现稳健务实的风格，整个设计灵动活现，非常好地传达了品牌主张。

从顺丰的角度讲，除常规营销方案外，其公益营销为品牌增色不少。公益营销是结合公众利益，勇于承担社会责任而开展的各类营销活动。公益营销的本质在于企业通过公益活动与消费者进行沟通，树立良好的企业形象，从而提高品牌知名度与在消费者心中的认可度。企业开展公益营销，既有利于社会，也利于企业本身。企业开展公益活动，要确定符合企业品牌战略的公益主题，顺丰快递在救助雅安地震时，不是以直接捐款的形式，而是免费运输救灾物资，这既向社会体现了其积极承担社会责任，又很好地体现了其配送能力，起了很好的宣传效果。

4. 提升服务质量，创造品牌体验

品牌的内涵要比品质深刻很多，但是品质也是形成品牌尤其是强势品牌不可或缺的组成部分，品质可以说是品牌的基础。在国内快递市场，顺丰之所以能获得如此高的知名度和口碑，便是其能提供更高的服务质量：更快捷更安全。品牌体验是利益相关者在与品牌接触的过程中形成的对品牌的感知，在与品牌预期进行比较的基础上，形成对品牌满意与否的判断。快递企业在塑造品牌时要重视对各类品牌体验线索的管理，为客户创造一个独特难忘的体验。

9.2 中国邮政 EMS 的整合品牌推广

9.2.1 中国邮政 EMS 的基本情况介绍

中国邮政是依照《中华人民共和国全民所有制工业企业法》组建的大型国有独资企业，依法经营各项邮政业务，承担邮政普遍服务义务，受政府委托提供邮政特殊服务，对竞争性邮政业务实行商业化运营。中国邮政经营的主要业务包括国内和国际信函寄递业务，国内和国际包裹快递业务，报刊、图书等出版物发行业务，邮票发行业务，邮政汇兑业务，机要通信业务，邮政金融业务，邮政物流业务，电子商务业务，各类邮政代理业务，国家规定开办的其他业务。本案例主要关注的是中国邮政的快递业务整合品牌推广。

中国邮政 EMS 是中国邮政旗下重要的快递物流品牌，是中国邮政集团公司直属全资公司，主要经营国际、国内特快专递业务，是中国速递服务的最早供应商，中国速递行业的最大运营商。中国邮政 EMS 一贯秉承"全心、全速、全球"的核心服务理念，为客户提供快捷、可靠的门到门速递服务，最大限度地满足客户和社会的多层次需求，曾先后荣获"中国消费者十大满意品牌""全国名优产品售后服务十佳"和"中国货运业快递信息系统和服务规范金奖"等奖项。

目前，中国邮政 EMS 旗下拥有许多子品牌，包括吉祥礼、次晨达、次日递、全夜航等。中国邮政 EMS 在品牌发展过程中，也经历了由混乱到一致的过程，这主要归功于中国邮政 EMS 的整合品牌推广策略。

9.2.2 中国邮政 EMS 的整合品牌推广策略

中国邮政 EMS 旗下子品牌众多，曾经出现过无法统一协调、发展混乱的窘境。近年来，通过统一品牌形象、开展全员品牌管理、多渠道推广以及积极的事件传播等措施，中国邮政 EMS 得以以全新的、统一的品牌面貌面向市场，取得了不小的成功。

1. 统一品牌形象

中国邮政首先集中企业资源，坚持统一化和多元化并举的品牌战略，让吉祥礼、次晨达、次日递、全夜航等子品牌都对 EMS 这一核心品牌的品牌资产积累有所贡献。中国邮政 EMS 的产品、包装、传播、推广各营销行为都围绕同一个主题展开，子品牌与中国邮政 EMS 核心品牌均同时使用，并在各类宣传活动上达到了统一形象、统一宣传、统一口号、统一效果的目的。通过统一化的行动，中国邮政 EMS 解决了曾经品牌管理混乱的问题，使得目标顾客群体对核心品牌和子品牌都有了比较统一的认知，同时对"全心、全速、全球"的品牌理念有了更为深刻的了解。

2. 开展全员品牌管理

品牌的根本要素是人，一个成功品牌的塑造不是一个人、一个部门或一个咨询公司能够独立完成的，它需要企业全体员工的参与，有意识地维护品牌形象。中国邮政 EMS 充分认识到，在快递物流这一服务行业，人是品牌的核心要素之一。企业品牌要以企业员工的个人品牌为基础，只有良好的个人品牌形象才能传播良好的企业品牌形象，因为对顾客而言，代表品牌的人就是品牌。如果员工表现不当，品牌与顾客之间的关系就会崩溃，企业的品牌形象就失去了赖以生存的根基。中国邮政业务全程全网、联合作业的特点，决定了中国邮政 EMS 的品牌塑造，不仅需要优秀的窗口收寄能力、快捷的内部处理，也需要优质和真诚的投递服务。只有在每一个环节都有强烈的责任心和自觉的品牌意识基础上，才能最终塑造出良好的品牌形象。因此，无论是业务品牌的打造还是企业品牌的管理，都需要开展全员品牌管理。

中国邮政围绕全员品牌管理组织企业运营，将品牌建设放至企业发展的战略高度，融入企业文化建设范畴。通过组织相关培训，制作宣传视频和宣传手册等来影响员工，让每个部门都理解品牌代表什么，在部门该为品牌做些什么。让员工能亲历品牌、感受品牌、喜爱品牌，使他们认识到在接待客户时自身就是品牌的展示，而不仅仅是完成一项工作。

从具体工作角度出发，中国邮政加强了员工服务礼仪、服务技巧的培训，以此来改善服务水平、服务能力和服务技巧。这样的措施使得每个员工的工作中就对品牌进行了无形的推广，提升了品牌知名度和美誉度。

3. 多渠道的品牌推广

在同一品牌形象和培养全员品牌意识之后，中国邮政 EMS 着力通过多种渠道宣传业务品牌、提升企业品牌形象，进行品牌推广。目前，中国邮政的品牌宣传渠道已经不仅仅是传统的电视广告等，各种新型媒体和社交媒体都成为中国邮政 EMS 进行品牌推广的有效手段，微信公众号"EMS 中国邮政速递物流""邮政速递便民通"，官方微博"EMS 员工"等都成为其有效的品牌推广途径，实时向消费者传递品牌消息和行业信息，对企业品牌形象的建立和推广起了积极的作用。

4. 积极的事件传播

企业是"社会人"，它的发展离不开社会。中国邮政 EMS 更是一个与普通老百姓有着密切关联的企业。近年来，中国邮政着力打造企业就在身边的形象，提升公众对企业的美誉度，积极开展事件营销和传播。事件营销是近年来国内外十分流行的一种公关传播与市场推广手段，为新产品推介、建立品牌识别和品牌定位，形成了一种快速提升品牌知名度与美誉度的营销手段。举例来说，2014 年 10 月，上海邮政与腾讯公司倾力合作开展上海校园行活动，依托学生主体，开拓校园市场，推广企业品牌。

整个校园行活动分为三个阶段进行。第一阶段为预热期，由中国邮政向全市 2014 年大学新生寄递"福利小礼包"。学生们可通过扫描礼包上的二维码下载"新生福利社"主题App，该App将三个阶段线上线下活动内容巧妙地予以串联，便于互动。第二阶段为引爆期，通过各种手段扩大活动的宣传受众面。学生只需扫描"邮上海""腾讯移动互联网先锋队"微信订阅号二维码并关注，即可前往学校附近的邮政网点领取青春类杂志等"开学大礼包"。同时，邮政与腾讯在线上、线下持续进行活动宣传，引爆学生参与热情。第三阶段为延伸期，通过各类主题活动提高校园用户黏性。经过与校方的持续接触，在邮政与校方逐步熟悉并建立起信任的基础上，共同举办"我的手绘校园地图"征集活动，安置上海邮政"校园先锋"快件箱，并随之推出特别为学生定制的个性化"快寄校园封"，打开学校同城快件寄递市场。同时，各区（县）分公司通过与学生的不断接触，进一步融合邮政各方资源，将各专业适合校园主题的产品和业务引入校园市场。

截至当年年底，"邮上海"网站注册用户增加6817人，"邮上海"微信公众号关注人数增加3160人。另外，初步达成"快寄校园封"代销事宜的高校达到5所。上海邮政为此次活动专门设计了主题为"可爱"和"商务"的两款"快寄校园封"，学生只需直接投入"校园先锋"快件箱即可完成交寄。邮政工作人员将统一着装、佩戴证件，每日准点进入学校收取邮件，其便捷、安全的特点获得了校方的认可以及师生们的普遍欢迎。特别是杨浦区分公司与上海理工大学通过微信平台开展了"企鹅快件箱拍照有礼"活动，吸引学生的关注。

9.2.3 中国邮政EMS品牌整合推广策略的启示

物流企业的发展壮大必然会面临延伸服务、增设子品牌的情况，进而面临核心品牌和子品牌同步推广的问题。在这种情况下，中国邮政EMS的品牌整合推广，为广大物流企业提供了很好的参考和借鉴。当然，即使没有子品牌的物流公司，也应该从品牌形象、品牌理念、品牌推广手段等多个方面进行统一的品牌推广，这样有利于宣传和维护企业品牌形象，使企业沿着统一的路径前行。

9.3 宅急送的品牌公关传播策略

9.3.1 宅急送的基本情况介绍

宅急送于1994年诞生于北京。作为一家以物流运输为主营业务的企业，宅急送自建立之初以项目物流为依托，逐渐创建起仓储、分拣、包装、配送"一条龙"服务，积累了丰富的项目运作经验。2007年，在项目物流达到规模化运营之后，宅急送抓住市场机会，进军快速增长的快递业务。通过8年的努力，宅急送已搭建起一张覆盖省、地、县、乡近4500个网点的庞大快递网络，沉淀了丰富的B2C快递业务运作经验。2012年，宅急送开启的国际快递业务，更是将宅急送的快递之旅拓展至全球220多个国家和地区，助推宅急送开拓国际快递市场新蓝图。2014年，宅急送引进复星、招商、海通等战略投资方，资本助力，使得宅急送在耕耘了20年的物流快递领域有了更大的想象空间。2015年，宅急送明确以"为品牌商提供线上线下一站式综合物流服务"为战略指向，将通过物流、信息流、资金流、商流"四流合一"的有效整合，矢志成为互联网经济时代企业客户主流的销售渠道服务商。宅急送曾连续多年被评为"中国快运50强企业"，目前已经成为中国快运领域的知名品牌，影响力巨大。

9.3.2 宅急送的品牌公关传播与管理

目前，宅急送已经拥有很高的知名度，受到公众和政府的密切关注。从企业外部到企业内部，宅急送全方位的品牌传播策略给社会公众留下了良好的企业形象，为品牌的不断壮大发展打下了良好的基础。

宅急送的品牌传播策略是在其企业发展战略和品牌策略的统领下，完成品牌建设这一使命的主要工具。品牌传播的目标是促进企业与如消费者、雇员、供应商、投资人、政府、一般民众等不同公众建立良好关系，结合其他促销方式如广告、营业推广与人员推销等，为企业树立品牌知名度，建立有利于品牌的公众态度以及鼓励消费者购买行为。就宅急送而言，其品牌公关传播策略主要体现在以下几方面。

1. 传播渠道和媒体组合策略

公关传播策略首先要解决的问题就是传播渠道和媒体组合。公关传播过程中良好的传播渠道和媒体组合对传播效果起着决定性作用。

公关传播渠道指公关传播选择的媒介载体。宅急送品牌公关传播渠道应根据企业实际状况，将考虑参与论坛并发表演讲、报纸传媒和企业视觉标识系统等三方面。

媒体组合指在品牌传播中，在一定的时间段内应用两种以上不同媒体或是同一媒体应用两种以上不同的发布形式、不同的发布时间的组合状态。品牌公关传播过程中会涉及各种各样的媒体，分析并选择合适媒体非常重要，媒体的综合运用能够使传播效果扩大，但这一选择并不是一味根据媒介传播受众量大小而定，主要要求善于对将要选择的媒体进行有效的组合。媒体组合应该有助于扩大品牌信息的受众总量，有助于对品牌信息进行重复，有助于品牌信息的相互补充，有助于媒体在周期上的配合，实现效益最大化。

媒体组合的选择过程中，媒体间的互补性优先于叠加性考虑，同时还需要考虑企业实际的资金投入预算。预算的大小决定了究竟是选择报纸还是电视。前者的价格较低，后者的价格较高。不同的目标对象即商品的需求群体具有不同的特点，包括性别、年龄、职业、收入、信仰、地域等差异。男性和女性，老人和小孩，白领和工人等无论在生活习惯、消费品位和心理承受能力等都不尽相同，此外，电视媒体相对比较感性，报纸、杂志等印刷媒体偏向理性，因此确定了以理性诉求为主还是以感性诉求为主决定了应选择什么样类型的媒体。

宅急送公司在公关传播策略制定中，需要全面考虑国家政策环境、市场竞争环境、公关传播对象、企业自身实力等多方面因素，遵循适用性原则、投资收益最佳原则。放弃投入成本较高的媒介如电视等，充分发挥企业相对优势，尽可能选择各类专业论坛、高校演讲、报纸、杂志、企业标识系统等渠道策略，采取专业媒体、全国性媒体和企业内部刊物的媒体组合策略。

（1）重视报纸媒体使用

宅急送公司对报纸媒体的应用情有独钟，可以说正是借助报纸媒体才有了宅急送公司今天这样的形势。在创业初期，宅急送的资金并不宽裕，客户不断增长的物流需求与公司操作能力、规模之间形成尖锐的矛盾，制约了企业迅速发展，资金缺口成为制约企业发展的根本。宅急送抓住媒体机会，利用很多企业想不到的方式完成了首次融资。

1995年3月，日本交通新闻访问团来中国访问，顺便参观了当时规模还很小的宅急送公司。就在这次参观访问的过程中，陈平表达了想引进外资的意愿。访问团成员被有着流日求学背景的陈平诚恳言辞及艰难的创业经历所打动，表示愿意帮助引进外资。访问团回国后，日本多家媒体上对宅急送的创业经历及计划引进外资的思路予以报道，引起了日本国内许多投资者的关注，日本长野县一城株式会社社长小林利夫在多家投资商中因为熟悉中国投资环境和熟悉快递市场的运作方式脱颖而出，当年10月就投资100万元人民币。这一成功运作，使得发展初期的宅急送脱离资金匮乏困境，业务得到了突飞猛进的发展。

研究表明，即使在当今的网络时代，报纸依然是目前公关传播中最常用、最重要的媒介，大多数公众依然通过报纸了解信息，并且信任具有良好信誉的报纸。报纸报道能够在很多方面对企业造成影响。

（2）企业视觉标识系统应用

公关传播内容中最重要的就是不断强化公众对于企业形象的认知和好感。宅急送已经建立起了企业视觉标识系统，在宅急送10多年的经营过程中，也从来未放弃这一标识。但是随着企业规模和网点的增加，原有的标识系统则不一定能够完全地适应企业需求。比如在少数民族地区，比如面对国际业务，就需要与时俱进，不断改进标识系统。将其应用到企业所能涉及的办公大楼、车辆、纸张、包装材料、馈赠礼品、员工服装等每一个角落。通过全国500多家网点、1500多台车辆、8000多名员工、无数的企业包装材料上标记着这样同一个名字、同一个图案，最终让宅急送品牌发展成为清晰的、可分辨、可与其他品牌区别的显性元素，并且随着企业的不断发展，继续为这个品牌注入更多的内涵和外延。

2. 公关传播内容选择策略

公关传播内容的选择对于传播效果是至关重要的，宅急送公关传播内容的选择应该坚持民族主题传播策略，提升企业形象。

宅急送以"扛起民族快运的旗帜为己任"，刻意打造了企业民族快运代表形象。现在这一形象定位为宅急送的公关传播插上了翅膀。原因来自两个方面：一方面，宅急送的公司内部有着大量的转业退伍军人，在整个宅急送的管理体系中无论高层还是基层都有相当一部分的军人，军人长期以来的荣誉感让他们更加能够认同为国奋斗的理念，这样的一个提法能够凝聚士气。另一方面，为宅急送的社会公关找到了一个非常好的立足点。陈平曾经讲，放眼世界强国，没有哪一个快递企业能让别国同行在本国称主称霸，日本能够诞生佐川急便、宅急便，美国能够诞生UPS、Fedex，中国也应该拥有自己民族的宅急送。

现在宅急送是否能够成为民族快运的代表不再是问题的关键，关键是民族快运需要一个代表，而目前还没有企业站出来承担这样一个角色。其主动站出来承担了这一角色，经过长期传播后，公众已经逐渐认同了其民族快递代表的角色，进一步为企业品牌形象注入了深厚的内涵。

因此，宅急送在其后续的品牌传播内容选择策略中需要坚持民族特色主题，并且要能够在日常的各项操作中通过细节完善民族形象，最终在公众心目中打造出宅急送就是民族物流企业形象代表的结果。

3. 树立"主动曝光"的传播理念

物流行业在日常工作中因为其服务流程的特殊性，所以产生的服务事故的概率就更高。这些事故问题，有的是企业本身操作能力、流程、员工技能的问题，但是更多的是在当前的环境中不可控制的问题，如天气、道路交通堵塞、第四方的不守约定、委托方与收货方沟通协调不够等多种因素造成的问题。无论哪种因素造成的问题，最终体现出来就是在物流的环节上不够顺畅，这就让矛盾很可能直接转化为物流公司责任，物流公司无奈地要承担起很多本不属于自己的责任。

面对这类问题，宅急送公司要求建立主动沟通、主动"曝光"的公关传播理念。该理念强调沟通，要求在沟通中主动出击，不能等待，对于在自己服务的过程中出现的任何事故都要能够及时取得第一手信息，然后将信息反馈给关键人物，通过主动地将问题显性化，明确问题原因，需求理解和支持，最终将获得更多的认可和信赖，强化企业品牌形象。

4. 宅急送公司网络公关策略

信息技术使得公关传播在内容和速度上发生了革命性变化。网络公关突破了传统公关的时空限制、传统媒体的限制，使组织拥有更大的主动权和传播优势。网络媒体具有即时性、互动性、无地域时间限制、信息化、全球化多媒体、低成本以及全方位传播等多重特性。

网络的普遍应用已经深入影响了整个世界，物流行业业务流程和环节众多导致的事故具有易发性，而有些投诉在不能解释或者得到解决的情况下，客户很容易就可以在网络上发出不利于企业形象的信息。同时，电子商务模式更是给物流业带来巨大的变化，全世界已经没有任何一家物流公司不受这种影响。网络对物流公司不再仅仅是一种媒介，还有可能是客户，宅急送公司2006年开始也设立电子商务部，专门为电子商务客户服务。网络公关的重要性与电子商务对物流行业的影响这双重因素要求宅急送公司必须对网络公关传播问题采取积极的应对策略。

（1）重视网络信息

问题没有解决主要在于不够重视，很多人总觉得网络上的信息鱼龙混杂，而且信息量非常大，很多信息很容易被忽略。但事实上对于在网络传播的信息企业不能因为其可能被其他海量信息所湮没就忽视，要充分重视在网络上发现的任何有关于公司的言论，并对其进行分析。毕竟，"千里之堤，毁于蚁穴"。网络上的小事件带来的大危机已经屡见不鲜。

（2）广泛监控、及时反映

公司对于一些对物流比较关注的网站或者门户网站的栏目进行日常监控，及时发现问题，对于网络上出现的任何对于公司负面或者难以判断意图的信息及时反馈公共传播服务公司，对相应信息给予及时反馈和处理，不忽视任何一个可能的问题。

(3) 强化正面宣传

企业需要考虑通过关注各类网站上的信息回馈，及时地解决提出的问题，建立正面形象。比如，开通企业领导个人博客与网民进行互动沟通，这一方式可有效强化企业在网络上的正面形象。

(4) 积极维护与网站的关系

与门户网站建立良好的关系，尽可能在不利的信息发布前获得消息，将问题解决在萌芽状态。对于公司的新闻或者行业的新闻需要发布时，重视网络编辑，第一时间沟通情况，让其了解公司的主张、理念，从而在报道过程中能够以相对公平的角度出发，为公司的形象维护留有余地。

在网络时代，对于网络公关传播给予什么样的重视都不为过。毕竟网络公关摈弃了传统公关必须借助传统传媒以及必须通过其"把关人"信息过滤，使组织能够即时发布信息而不必借助传统媒体，可以直接与公众交流对公众产生影响，从而绕开新闻媒体严格的审查以免贻误商机。网络公关可以充当组织的新闻发言人，成为媒体获知组织最新信息的新闻源。网络公关即时、灵敏的反应速度为组织的信息传播提供了有力的工具，也为组织提供更多人性化的增值服务创造了可能。

9.3.3 宅急送品牌公关传播的启示

宅急送公司通过公关传播策略实施品牌战略取得了阶段性的成功，其品牌建设的成功经验不仅对物流业，对目前致力于打造名牌的其他类型服务企业也具有深刻的借鉴意义。总结宅急送走过的十多年历史，其采用公关传播策略塑造品牌能够带来以下几点启示。

1. 品牌意识决定品牌战略制定

如同态度决定命运一般，品牌意识决定了品牌战略。企业要进行品牌建设，领导层必须拥有良好的品牌意识。领导层对企业品牌重视，制定了企业品牌战略，才有可能进行品牌建设策略的研究。宅急送品牌的成功就是其创办者从企业创立开始就不断坚持塑造的结果。

拥有品牌意识的企业在日常经营中更诚信，更能获得成功。企业通过服务客户获得生存和发展的机会，客户对于企业的评价是通过长期的认知获得的。没有品牌意识的企业在其经营中，可能会随时调整经营策略，不注意企业形象的维护，唯利是图。但拥有品牌意识的经营者则会坚持品牌理念，在经营中秉持诚信的原则，不只是为客户提供服务，还为客户提供一种信任和安全。虽然这比无品牌意识的经营者要付出更高的成本，但是当品牌树立成功，该企业就具有了不可替代性，品牌也成了企业核心竞争力组成部分，为企业获取更大的成功奠定了基础。

2. 公关传播意识促进品牌战略实施

被誉为"现代公共关系之父"的美国博雅公关公司创始人 Harold Burson 基于 40 年的丰富从业经验提出，"公关是认知管理，是通过管理公众对事物、企业或个人的看法，来使他们改变行为方式及决策，最终获得他们的认同。认知管理是企业无形资产的创造者。"只有具备了公关传播意识才能够认识到双向沟通的重要性，认识到公关传播对品牌建设的重要和优势作用，才能够有效地运用公关传播理论服务于企业品牌战略。可以说，公关传播策略只有通过有公关传播意识的人才能发挥作用。

此外，企业领导具备公关传播意识，在日常的对外发言中就能够有效地发挥公司新闻发言人作用，吸引媒体关注，就可以在和公众双向信息交流中，调整着自己，也引导着公众，培育了市场，加大了企业公关传播效率和效果。可以说，只有企业领导人具备良好的公共传播意识，才能为品牌建设作出贡献，促进企业品牌战略的实现。

3. 公关传播策略需要创新

公关传播策略需要根据企业发展战略和品牌战略不断地调整和改进，通过企业在不同时期的主要任务确立企业传播策略。企业必须清醒地认识到，曾经成功的公关策略可能在下一刻就是一个失败的案例，公关传播策略只有不断创新才能促进企业品牌形象的建设，促成企业传播的形象和公众预期的形象一致，只有通过创新才能保证企业公关传播的有效性。

宅急送从创办《宅急送简报》到出版《陈平专辑》，从在行业论坛上敢于发表不同于主流论调的演说到为了企业人才走遍各个有关高校发表演讲，宅急送公关传播策略通过综合运用报纸、电视、演讲、公益活动等各种方式，根据社会需求，不断创新，保证了企业公关传播策略行之有效。

9.4 美国 UPS 的核心竞争力与强势品牌创建

9.4.1 UPS 的基本情况介绍

UPS（United Parcel Service）于 1907 年成立于美国西雅图，其品牌是世界上最知名、最值得景仰的全球性品牌之一。UPS 是目前世界上最大的快递承运商与包裹递送公司，也是运输、物流、资本与电子商务服务的领导性的提供者。目前，UPS 每天都在世界上 200 多个国家和地区管理着物流、资金流与信息流。通过结合货物流、信息流和资金流，UPS 不断开发供应链管理、物流和电子商务的新领域，如今已发展成为拥有资产 300 亿美元、年营业额超过 500 美元、员工 40 余万人的国际性大公司。

UPS 能够发展成为全球知名的物流强势品牌，除了成功的品牌管理措施外，更应归因于其强有力的竞争力，而其竞争力的来源正是其优质的物流核心服务。本案例将着重分析 UPS 的核心竞争力，即物流服务，以期对中国物流企业强势品牌创建带来启示。

9.4.2 UPS 的物流服务建设

从表面上看，UPS 的核心竞争优势来源于其由数十万辆卡车和数百架飞机组成的运输队伍和庞大的物流网络系统，但实际上 UPS 今天的成功并非仅仅如此，信息技术的广泛应用在其中起了十分重要的作用，信息技术大范围提高了物流效率和服务水平，同时根据不同客户群体的要求发展了特色化的物流服务和物流延伸服务，提升了客户黏性以及忠诚度，为UPS强势品牌的创建打下了良好的基础。

1. UPS对信息技术的应用

20世纪80年代初，UPS以其大型的棕色卡车车队和及时的递送服务，控制了美国路面和陆路的包裹速递市场。然而，到了80年代后期，随着竞争对手利用不同的定价策略以及跟踪和开单的创新技术对联邦快递的市场进行蚕食，UPS的收入开始下滑。许多大型托运人希望通过单一服务来源提供全程的配送服务，进一步，顾客们希望通过掌握更多的物流信息，以利于自身控制成本和提高效率。随着竞争的白热化，这种服务需求变得越来越迫切。正是基于这种服务需求，UPS从90年代初开始了致力于物流信息技术的广泛利用和不断升级。今天，提供全面物流信息服务已经成为包裹速递业务中的一个至关重要的核心竞争要素。

UPS快递公司通过应用三项以物流信息技术为基础的服务，提高了竞争能力：

一是在信息技术上，UPS配备了第三代速递资料收集器Ⅲ型DIAD，这是业界最先进的手提式计算机，可几乎同时收集和传输实时包裹传递信息，也可让客户及时了解包裹的传送现状。这台DIAD配置了一个内部无线装置，可在所有传递信息输入后立即向联邦快递数据中心发送信息。司机只需扫描包裹上的条形码，获得收件人的签字，输入收件人的姓名，并按动一个键，就可同时完成交易并送出数据。Ⅲ型DIAD的内部无线装置还在送货车司机和发货人之间建立了双向文本通信。专门负责某个办公大楼或商业中心的司机可缩短约30分钟的上门收货时间。每当接收到一个信息，DIAD角上的指示灯就会闪动，提醒司机注意。这对消费者来说，不仅意味着所寄送的物品能很快发送，还可随时"跟踪"到包裹的行踪。通过这一过程速递业真正实现了从点到点、户对户的单一速递模式，除为客户提供传统速递服务外，还包括库房、运输及售后服务等全方位物流服务的发展，从而大大地拓展了传统物流概念。此外，UPS还广泛应用了移动通信手段、全球卫星定位（GPS）技术、地理信息（GIS）技术等先进技术手段，大幅提升了物流服务效率和服务水平。

二是在信息系统上，UPS将美国国内运输货物的物流信息系统，扩展到了所有国际运输货物上。这些物流信息系统包括署名追踪系统及比率运算系统等，其解决方案包括自动仓库、指纹扫描、光拣技术、产品跟踪和决策软件工具等。这些解决方案从商品原起点流向市场或者最终消费者的供应链上帮助客户改进了业绩，真正实现了双赢。

三是在信息管理上，最典型的应用是UPS在美国国家半导体公司位于新加坡仓库的物流信息管理系统，该系统有效地减少了仓储量及节省货品运送时间。今天我们可以看到，在UPS物流管理体系中的美国国家半导体公司新加坡仓库，一位管理员像挥动树枝一样将一台扫描仪扫过一箱新制造的电脑芯片。随着这个简单的举动，他启动了高效和自动化、几乎像魔术般的送货程序。这座巨大仓库是由UPS的运输奇才们设计建造的。UPS的物流信息管理系统将这箱芯片发往码头，而后送上卡车和飞机，接着又是卡车，在短短的12个小时内，这些芯片就会送到国家半导体公司的客户，远在万里之外硅谷的个人电脑制造商手中。在整个途中，芯片中嵌入的电子标签将让客户以高达三英尺的精确度跟踪订货。

从UPS的经验来看，物流信息技术通过切入物流企业的业务流程来实现对物流企业各生产要素（车、仓、驾等）进行合理组合与高效利用，降低了经营成本，直接产生了明显的经营效益，大幅提升了服务水平和企业的核心竞争力。它有效地把各种零散数据变为商业智慧，赋予了物流企业新型的生产要素，即信息，大大提高了物流企业的业务预测和管理能力，通过的立体式综合管理，实现了物流企业内部一体化和外部供应链的统一管理，有效地帮助物流企业提高了服务质量，提升了物流企业的整体效益。

2. UPS提升物流服务水平的其他措施

除了通过加强技术应用提升物流核心业务服务水平以外，UPS还为广大客户提供其他延伸服务，以此进一步增强了企业的核心竞争力，其中最为重要的延伸服务就是 UPS 的全程供应链服务。

一是提供全程供应链服务。进入 21 世纪，UPS 开始强调"全球商务同步协调"的概念，实际上就是要把公司打造成供应链管理解决方案提供商。全球同步商务是全球供应链的一个新的发展方向，UPS 向客户所提供的不仅仅是物流服务，而是物流、资金流和信息流这三种服务的整合。UPS 与美国快乐脚公司的合作，就是其供应链解决方案的典型案例。

快乐脚公司创立于 1995 年，是一家小型企业，主要研制、销售矫形鞋。该企业引以为自豪的是其产品老少皆宜、优质、舒适，奉行的理念是健康的双脚是幸福人生的第一步。该公司在美国的销售渠道有直销、分销、零售、足疗师和足病专家等多种方式。快乐脚专业鞋类的供应链的基本情况是产品在中国制造，首先运抵中国的盐田港，以离岸价结算，然后运往快乐脚在美国的分销中心，也是最终目的地。这是一条传统型供应链由许多环节组成，这些环节分别由不同的供应商操控。这种供应链的重点是应付日常业务，即如何以最快和最廉价的方式把产品运抵美国，把主要精力放在解决纯粹的战术问题上。在企业成长的早期阶段，这种供应链还是行之有效的。但是，随着新产品的推广、区域市场的扩大，这种供应链就不再适合了。快乐脚公司适时找到 UPS 寻找解决方案。

UPS 首先全力将快乐脚的战术型、反应型的供应链转变成战略型、精益型和敏捷化的供应链。UPS 旗下的资本公司与快乐脚紧密合作，共同设计了一套独特的全球供应链金融方案。该方案将远洋集装箱融资和 UPS 供应链解决方案的运输服务结合起来。这种集物流和财务于一身的解决方案的前提是，UPS 具备同时管理物流、信息流、现金流的能力。UPS 资本公司与其姊妹公司——UPS 供应链解决方案集团一道，重新设计了快乐脚从中国制造商到美国分销中心的运输系统。

首先，终止了原来多个运输服务提供商，取而代之的是 UPS 的海运服务。作为全球领先的无船承运商，UPS 能够优化运输路线和运输时间，实现门到门的运输。这种端到端的物流能力也意味着 UPS 对货物拥有控制权，让 UPS 资本公司可以放心地为在途货物提供融资。与此同时，快乐脚也开始感觉到 UPS 对其供应链的控制力，包括预订船舶、装卸计划、货物保险、处理运输文件，在 UPS 全球可视化系统中，供应链所有成员都能知道运输过程中的重要事项。在 UPS 海运网络中，快乐脚和 UPS 资本公司都能获取关键事件的重要信息。这些信息经过汇总，通过 UPS 全球可视系统可以进行查询。这种信息透明度为快乐脚制订到货计划、预计供需双方都能接受的到货时间提供了数据支持。UPS 的供应链解决方案很好地解决了快乐脚公司遇到的问题。

当物流、信息流和资金流能够无缝地结合的时候，标志着一条同步化的供应链也就取得了成功。快乐脚之所以做到同步化运作，就是因为它通过利用 UPS 的海运服务对货物实现了控制，提高了供应链的透明度。当 UPS 资本公司为快乐脚提供海运融资时，意味着问题已经得到解决。一般情况下，金融机构不太愿意为处在国外或运输中的货物提供融资。但是，UPS 资本公司很乐意为处在 UPS 网络中的国外货物或在途货物进行贷款，因为 UPS 资本公司对货物情况了如指掌，完全有把握为这些货物提供抵押贷款。UPS 的融资加速了快乐脚对中国供应商的支付过程，为追加订单提供了条件，解决了延迟交货的问题。特别值得一提的是，UPS 资本公司使得快乐脚可以在货物从中国起航后 24~48 个小时内给中国供应商提供全额付款。快乐脚通过与 UPS 合作，达到了物流、信息流和资金流的协调一致，实现了实体供应链和资金供应链的同步化运作。结果是，公司在以下几方面的绩效得到明显改善：①支付条件的改善密切了与中国供应商之间的关系；②中国至分销中心之间的运输时间至少缩短了 10%；③通过使用 UPS 的全球化可视化系统，运输环节的可预计性大为增加，公司因而可以与客户沟通，承诺具体交货日期；④由于 UPS 资本公司的融资，快乐脚增加订单并获得相应融资成为可能，所以，延期交货就可以大为减少；⑤产品供应的增加改善了顾客关系，减少了顾客流失的威胁；⑥将以前与多个物流提供商沟通的时间和精力降低到最低程度，现在只需与 UPS 一个物流服务提供商沟通即可；⑦现金流和应收账款的增加，对于加速快乐脚的资金周转具有积极的影响。

二是全面提升服务水平和质量。对于快递行业来说，获取成功一个决定性的因素是要有专业素质高且认同企业价值观的员工。UPS 非常注重员工的发展，在 UPS，人力资源部门是决定企业未来发展的重要战略部门之一。UPS 提升员工服务水平的措施包括常规性的培训和特色化的培训两部分。从常规性培训来看，每个 UPS 的员工都有一本《UPS 员工手册》。其中对员工应具备和采取的品德、礼仪进行了详细的规范，甚至对顾客说话的语气、走路速度等都进行了详尽阐述。UPS 的卡车司机及快递员不能留长发、蓄胡须；外套只能打开最上方的第一个纽扣；在客户面前不能抽烟；送件时只能疾行不能跑步；皮鞋只能是棕色或黑色；登车后，必须用左手系安全带，同时马上用右手将钥匙插入油门发动引擎。UPS 的司机每天在工作前必须先完成三分钟的体能测试，飞行人员为避免耽误第二天登机，必须在当天工作完成后将桌面清理干净。UPS 对递送员的培训会细致到指导他们应该用哪一根手指勾着车钥匙，才能有效地节约时间。UPS 规定：全球的 UPS 司机都要用右手的小指头来勾住钥匙，这样上车后就不用去找钥匙，至少能节约 3 秒钟时间。所有的细节都保证了 UPS 高效地完成服务，并且取得客户信任与喜爱，树立良好的品牌形象。特色化培训主要用于应对顾客的特殊需求。举例来说，曾有客户委托 UPS 寄送一批吉他，客户要求吉他送到收件方手中时音色不能发生变化，为了圆满完成递送服务，UPS 专门挑选一些快递人员去学习调音，果然等收件人收到吉他时，吉他的音色没有发生丝毫改变。

9.4.3 UPS 给中国物流企业提升核心竞争力的启示

在信息时代和网络时代，信息技术的应用是提升物流企业服务水平和核心竞争力的必由之路。飞速发展的计算机网络技术的应用使物流信息技术达到新的水平，物流信息技术也是物流技术中发展最快的领域，从数据采集的条形码系统，到办公自动化系统中的微机、互联网，各种终端设备等硬件以及计算机软件等都在日新月异地发展。同时，随着物流信息技术的不断发展，产生了一系列新的物流理念和新的物流经营方式，推进了物流的变革。在尖端技术的支撑下，现代的物流企业可以形成以移动通信、资源管理、监控调度管理、自动化仓储管理、业务管理、客户服务管理、财务处理等多种信息技术集成的一体化现代物流管理体系。

除信息技术的应用外，合理的业务延伸也是物流企业使自己区别于其他竞争对手、提升核心竞争力和服务水平的可选措施。但是，中国物流企业应该注意的是，延伸服务的应用是建立在物流核心业务充分发展的基础之上，如果物流基础服务和网络不完善，发展延伸业务不但不可能成功，还会分散企业资源，降低核心竞争力。

最后，企业的管理者可以制订计划，但最终的执行者却是员工。中国物流企业必须加大对员工的培训力度，才能真正提升服务水平、服务质量和服务效率，进而提升其核心竞争力。

9.5 美国 Fedex 进军中国市场的差异化品牌营销

9.5.1 Fedex 的基本情况介绍

Fedex，也称联邦快递，是全球最具规模的快递运输公司之一，为全球超过 200 个国家及地区提供快捷、可靠的快递服务。联邦快递在全球约有 30 万名员工，拥有架飞机约 700 架，专用车辆超过 40000 辆，每天处理约 650 万件包裹。联邦快递设有环球航空及陆运网络，通常只需 1~2 个工作日，就能迅速运送时限紧迫的货件，而且确保准时送达。目前，Fedex 在全球拥有 9 个国际快件转运中心，并在中国杭州设有国内快递转运中心，以每小时 9000 个包裹的分拣速度处理全国 200 多个城市的包裹，以保证在最短时间内将包裹完好无损地送到客户手中。从成立一开始，Fedex 的宗旨就是"通过集中全球所有的分公司从而提供高价值增长的供应链、运输、商业以及相关的信息服务，最终为股东生产出高额的经济回报"。

1984 年，Fedex 开始通过代理商，利用商务航班在中国市场提供服务。1995 年，Fedex 收购了常青国际航空公司，常青国际航空公司是当时唯一的一家可以直飞中美的国际航空公司，从而成为第一家提供由美国直飞至中国的国际快递物流公司，这标志着其开始正式进军中国市场。20世纪90年代，受政府政策和中国邮政法的限制，外资快递公司不得在中国境内拥有自己的配送网络或提供地面运输、仓储联合服务。1995年，Fedex与中外运集装箱有限公司建立了合资企业进入中国市场。1996年1月，Fedex获得中国民航总局的批准，获准开通飞行中美之间全货运航线，成为当时唯一一家拥有进出中国航空权的美国全货运公司。2006年，中国的快递市场对外资全部放开，中国政策允许外资快递公司以独资在中国开展业务。2006年1月，Fedex收购大田有限公司中的50%股权和大田集团在中国的国内速递网络。2006年4月，Fedex正式收购天津大田集团，成为第一家在中国运营的全外资快递公司，并推出国内快递服务，并迅速推广到多个国内城市，加大在华扩张的步伐。2012年，中国国家邮政局批准Fedex经营国内快递业务。截至目前，Fedex已经形成了覆盖全国主要城市的物流服务网络和节点。

9.5.2 Fedex的品牌差异化营销战略

Fedex的差异化品牌营销战略是世界物流企业的典范，具体而言，Fedex的品牌营销差异化主要包括服务差异化、价格差异化以及营销渠道差异化。

1. Fedex服务差异化战略

Fedex在国际快递上推出了优先快递服务和经济快递服务，以及在此基础上衍生出的优先快递重货服务和经济快递重货服务。这些服务主要的目标客户群分别是高端客户和中低端客户。优先快递服务是国际快递中最为普及的服务。它主要针对的是68千克以下的货件，包括文件和普通包裹。优先快递适合于对转运时间要求特别严格的客户，为更好地服务这些客户，联邦快递提供了独特的电子清关系统，提高了清关效率。优先快递重货服务是优先快递衍生服务，主要针对68千克以上货件。通过区分，联邦快递能够最大限度地安排舱位，保证客户货件准时高效地递送。经济快递服务是优先快递的补充，重要针对的是普通货件。该服务适合于对价格比较苛刻，对转运时间不敏感的客户。

2. Fedex 价格差异化战略

Fedex 在实施不同类型服务的同时，从不同价格因素的角度出发，拉大不同服务产品的价格差，做到价格的差异化。目前，Fedex 经济快递和优先快递上的价差大概在 20% 左右。考虑到 Fedex 在未来服务上的差异化，经济性快递的成本将会越来越低，将会接近普通空运的价格。Fedex 经济快递服务的目标客户群是中小客户。这些客户通常对转运时间要求不是很高，但是对价格相对敏感。因此，降低经济快递的价格有利于增加客户的数量，增加市场占有率，增加客户黏性，特别是针对中小客户的市场。包括 UPS、DHL 在内的其他国际快递企业，目前由于所使用的商业航班较多，他们将经济型快递的价格定为优先快递 70% 的左右。

Fedex 国内服务主要针对的是国内高端客户，服务主打时效和安全牌。所以在价格策略上采取了高价的原则。在价格推广上，Fedex 国内服务根据货运和航班的淡旺季的情况，对于单票重货提供季节性的重货折扣和动态重货折扣。通过一系列价格的促销，有效地提高了航班舱位和车辆配载的效率，提升了快递国内服务品牌的知名度。此外，Fedex 还积极拓展服务区域，着力为更深层次的发展打基础。

3. Fedex 营销渠道差异化战略

行业内的"四通一达"都采用连锁加盟的模式，这种模式优点是投资少，扩张快，能迅速提升市场占有率。申通、圆通等民营快递通过加盟扩张，上千个一级和二级加盟商使得它们能够迅速覆盖到县级城市，部分快递企业还将触角覆盖到乡镇级别。但缺点也很明显，对加盟商的管理控制力度较小，在发展中容易出现"各自为政"的被动局面。由于加盟体系相当于无数个利益体，总部的协调和管控能力都不强。这样的经营模式就会造成宏观上可能显示的是供不应求，但微观上却是竞争激烈，网点之间存在竞争，不同的利益体间很难统一行动。这样的后果也造成了企业处于低利润率甚至亏损边缘运营。没有更多的利润就没有资金扩大网络规模，也就无法应付仍在增长的快递需求，这就形成了一个恶性循环。

由于直接营销与间接营销各有优缺点，因此结合自身能力、客户服务购买的频率和各细分市场的地理分布、人口、目标市场等特点，Fedex目前选择以直接营销渠道为主营销渠道策略。Fedex的直营店目前主要集中在长三角，珠三角和环渤海的一二线城市，所能服务的区域有限，中西部大部分城市都无法覆盖到。由于直营店的成本相对高昂，而且中西部城市距离国际航空空港又有巨大的空间距离，物流服务和交通都不便利，因此可以预见的是，Fedex可能会在中西部城市采用加盟商这一间接营销渠道。

9.5.3 Fedex品牌差异化营销战略给中国物流企业的启示

差异化品牌营销是物流企业品牌营销的重要可选方案之一，其中服务的差异化、价格的差异化和渠道的差异化是基本方法。企业在选择差异化营销战略时，首先要对市场、竞争对手、目标客户群体进行细致的分析，具体可以采用市场调研、SWOT等分析方法。此外，差异化营销战略实施的基础是自身服务水平的提升和服务手段的多样化，因此中国物流企业应该首先修炼内功，具备一定的服务基础和企业实力后再实施企业差异化营销战略。

9.6 小结

本章通过对典型案例的分析来体现物流强势品牌创建过程中的关键举措。我们看到，这些具有相对强势品牌的物流企业都在不断地追求服务质量的提升，将更好地满足客户需求作为其经营发展的主攻方向，而开展经营创新，尝试新技术、新模式，则为这些企业改善客户服务注入了活力。在完善经营的基础上，这些企业根据自身的情况，针对其目标顾客群体采取合适的营销传播手段，并将企业社会责任建设作为其品牌经营的重要方面。在危机应对与处理方面，这些企业也曾有过各自的经验和教训。在摸索中不断提升危机公关的能力，对于维护品牌形象来说也显得尤为重要。

第10章 研究总结与展望

10.1 主要结论

从目前中国的物流业发展状况以及国内和国际两个市场的竞争情况来看，中国物流业亟须提升竞争力。作为行业微观主体的物流企业，其竞争能力的提升是行业竞争力提升的重要基础。从国外物流业的发展经验来看，要提高物流企业的竞争力，必须走品牌化经营道路。因为从市场竞争的态势来看，无论是国内还是国外，物流企业之间的竞争已经由价格等方面的竞争上升到品牌竞争。现实情况是，中国物流企业规模普遍偏小、集中度偏低、流通效率不高、资源配置能力较弱的现状使得物流企业建设现状不容乐观。从物流企业的品牌建设现状来看，中国物流企业依然存在品牌意识薄弱、品牌管理能力低下等重要问题，发展中国物流企业品牌，特别是具有世界影响力的强势物流品牌，已经到了迫在眉睫的地步。

在以上背景下，本书针对中国物流企业的特殊情况，寻找创建物流企业强势品牌、提升企业核心竞争力的有效途径。本书以现实分析和理论研究为起点，首先阐述了中国物流企业面临的发展环境和发展强势品牌的重要性。随后，本书提出以提升竞争力为核心，打造企业的强势品牌。作为服务型企业，物流企业的核心竞争力的提升取决于其服务消费者的能力。接着，本书采取定量方法，通过层次分析法考察强势物流品牌的突出特征，明确应当将忠诚度、美誉度和领先度作为强势物流品牌创建中的目标方向，然后结合文献分析和结构方程模型，验证了服务质量、经营创新、企业社会责任、营销传播、危机应对这五大影响强势物流品牌突出特征的关键因素。

从中国物流企业的现实出发，本书认为，致力于创建强势品牌的中国物流企业，需要把提升服务质量与开展经营创新作为核心举措，把营销传播、承担企业社会责任、做好危机管理作为重要举措，同时要在物流企业品牌的战略管理、资产管理、文化管理、体验管理、创新管理、员工管理、信息管理等方面做好管理工作。

与此相对应，本书详细讨论了物流企业强势品牌创建的具体做法，并以品牌管理的主要内容为基础，结合现实案例进行了分析。

希望本书的研究结果，能够真正有效地帮助中国物流企业创建强势品牌，提升核心竞争能力，更加广泛地参与世界范围内的竞争，为中国经济的进一步发展提供助力。

10.2 政策建议

进入 21 世纪以来，伴随着国内国外两个市场开放程度的不断加大，物流业在国民经济发展中的重要作用日益凸显。发展壮大物流产业，促进物流企业的品牌化、国际化发展，已成为国家的共识，因此，有必要从国家层面对物流企业的品牌化发展进行制度性保障，促进物流企业强势品牌建设，形成一批具有国际视野和国际竞争力的大型物流企业集团。具体而言，国家层面促进物流企业品牌化发展的措施可以包括以下几个方面。

一是要从国家层面制定政策，支持中国物流企业自主品牌建设。改革开放以来，为了促进中国企业品牌的发展，中央和地方各级政府制定了一些支持品牌发展的政策，但很少涉及物流业的内容。2009 年 3 月，国务院下发了《关于印发〈物流业调整和振兴规划〉的通知》，2014 年 10 月，国务院下发了《关于印发〈物流业发展中长期规划（2014—2020 年）〉的通知》，2016 年 7 月，国家发展改革委下发了《"互联网+"高效物流实施意见》。这三个文件都从宏观层面，制定了加快物流业发展的行动纲领，几乎没有涉及中国物流企业品牌化建设的内容。鉴于服务业发展品牌的重要性，建议从中央政府层面出台一份《关于加快发展服务业自主知名品牌建设指导意见》的文件，全面系统地提出加快中国服务业自主知名品牌建设的指导意见和政策措施，让全社会高度重视。在此基础上，建议由物流业主管部门商务部牵头出台《关于加强物流业自主知名品牌建设指导意见》的文件，进一步明确具体地引导中国物流业加快自主知名品牌建设。从中国的经验和实际情况来看，有中央和政府主管部门的高度重视，物流业自主品牌建设一定会大大加速，效果会更加突出。

二是要进一步完善市场秩序，创造公平竞争的市场环境。经过多年的治理整顿，中国物流业的市场环境有了较大程度的改善，但是各种各样的不规范行为依然突出，小、散、乱的特点依然广泛存在。与此同时，与制造业和金融服务业等行业相比，国家对物流业重视程度依然有待提高，需要创造一个公平竞争的市场环境。因此，要加快中国物流企业强势品牌建设，还需政府进一步规范市场秩序，加大对各种违法违纪行为的检查和处理力度，同时为中国物流企业强势品牌建设创造公平、公正的竞争环境。

三是要制定品牌培育政策。政府各部门协调配合，通过设立专门的品牌建设组织，制定品牌培育政策，如制定品牌的支持政策、品牌发展的产业政策等，为企业提供财政支持、资金融通、税收优惠、信息交流、管理培训、法律咨询等服务，推进企业的品牌建设。

四是要加强品牌的评价、认定和宣传管理。政府部门要加强对中国自主物流品牌评价、认定和宣传活动的引导与管理，严厉打击各种乱评价、乱认定活动。通过制定品牌宣传政策，规范新闻媒体及其他传媒机构的品牌宣传工作，鼓励新闻媒体加大对中国物流企业品牌建设的宣传工作，积极宣传先进经验和成果，慎重对待知名品牌的曝光问题，有效发挥媒体对自主品牌的宣传作用。

五是要与企业一道，加强对自主品牌的推广。政府积极组织中国物流企业，通过展会、比赛、交流等形式帮助企业推广品牌。在推广物流业自主品牌的工作中，政府部门要不断总结和学习借鉴国外先进的推广经验，积极推广自主知名品牌建设方面的实践经验，争取获得更多的市场认同。

10.3 研究展望

从目前的情况来看，中国物流企业创建强势品牌还有很长的一段路要走。本书是针对中国物流企业创建强势品牌有效路径的探索性研究，重点在于说明企业应当凭借提高服务质量与强化创新经营来提升核心竞争力，并通过基于品牌战略定位的营销传播、企业社会责任建设、危机应对及其他有效的品牌管理措施来创建强势品牌。本书的结论，还有待实践的进一步检验，学者们也可以继续从其他的研究方向，探索中国物流企业强势品牌创建之路。

随着国际环境的不断变化和"双循环"新发展格局的不断推进，消费需求和供给竞争的日益变化，社会资本的科技力量的大力推动，商业模式和经营理念的创新发展，信息技术与传播方式的快速变革，电子商务与新兴媒体的持续演化，云计算、大数据、人工智能、虚拟现实等一批新技术的不断应用，中国物流企业创建强势品牌的未来之路，将越来越精彩。在以"移动互联、颠覆创新、跨界融合、智能链接、技术迭代、数据驱动、高速学习、分享共赢"为核心特点的现代商业环境中，"决策精准化、传播数字化、营销场景化、体验娱乐化、运营智能化、发展资本化、平台创客化、组织扁平化、战略生态化、空间国际化"等诸多视角，都是未来值得探索和研究的重要方向。

但是，我们应该始终注意，作为服务业范畴的物流企业，其强势品牌的创建离不开核心竞争力的提升，离不开服务质量和创新水平的提升。这是因为服务质量和创新水平是物流企业的灵魂，是物流企业区别于其他企业的根本。

参考文献

[1]Aaker D A.创建强势品牌[M].李兆丰,译.北京:机械工业出版社,2013.

[2]斯蒂芬森.美国的交通运输[M].北京:人民交通出版社,2010.

[3]汤浅和夫.物流管理[M].张鸿,译.上海:文汇出版社,2002.

[4]白光.品牌经营的故事[M].北京:中国经济出版社,2005.

[5]毕新华,顾穗珊.现代物流管理[M].北京:科学出版社,2004.

[6]陈秋双.现代物流系统概论[M].北京:中国水利水电出版社,2005.

[7]崔介何.物流学[M].北京:北京大学出版社,2003.

[8]范丽君,王丽娟.物流基础[M].北京:清华大学出版社,2011.

[9]高飞,薛艳明,王爱华.物联网核心技术——RFID原理与应用[M].北京:人民邮电出版社,2010.

[10]石明明.流通机制研究[M].北京:经济科学出版社,2015.

[11]高四维,吴刚.现代物流治理导论［M］.北京:科学出版社,2008.

[12]顾东晓,章蕾.物流学概论［M］.北京:清华大学出版社,2012.

[13]胡俞越.流通品牌:从中国制造到中国创造［M］.北京:机械工业出版社,2006.

[14]蒋长兵,王珊珊.国际物流学教程[M].北京:中国物资出版社,2008.

[15]刘华.现代物流治理与实务[M].北京:清华大学出版社,2008.

[16]彭志忠.物流治理学[M].济南:山东大学出版社,2005.

[17]彭志忠,周新平.现代物流与供给链治理理论[M].济南:山东大学出版社,2004.

[18]日本通运综合研究所.物流知识[M].南宁:广西人民出版社,1982.

[19]宋杨.第三方物流模式与运作[M].北京:中国物资出版社,2006.

[20]汪鸣,冯浩.中国物流业发展政策研究[M].北京:中国计划出版社,2002.

[21]王健.现代物流概论[M].北京:北京大学出版社,2005.

[22]谢长海.步步为赢——三步创建强势品牌[M].上海:上海社会科学院出版社,2015.

[23]徐康平.现代物流法导论[M].北京:中国物资出版社,2007.

[24]张理.现代物流案例分析[M].第二版.北京:中国水利水电出版社,2008.

[25]祝合良.品牌创建与管理[M].北京:首都经济贸易大学出版社,2007.

[26]祝合良.战略品牌管理[M].北京:首都经济贸易大学出版社,2013.

[27]安祥林.我国物流业发展现状及营销策略的选择[J].物流科技,2006(6):70-71.

[28]冯路.现代物流企业品牌塑造实证研究[J].东岳论丛,2010(8):119-122.

[29]冯蕾音,钱天放.品牌经济的产生、构成、性质——内涵式释义[J].山东经济,2004(6):111-112.

[30]关冠军,祝合良.中国商贸流通业品牌建设现状与特征[J].中国流通经济,2015(5):11-19.

[31]金真.全面认识物流服务[J].商业经济文荟,2000(6):20-22.

[32] 李朝晖，刘长涛，刘长军.浅谈中国物流业现状与发展趋势[J].物流科技，2007（3）：99-101.

[33] 李蕾.第三方物流企业品牌化战略的经济学分析[J].中国储运，2007（6）：102-103.

[34] 李深，彭礼坤.服务企业品牌营销的发展及实施[J].商业时代，2008（14）：23-24.

[35] 李陶，何婧婧.电子商务环境下我国物流业发展的问题与对策研究[J].物流科技，2009（5）：3-6.

[36] 林丽金.中国物流品牌发展状况及建议[J].现代商贸工业，2007（6）：1-2.

[37] 林启彬.现代物流企业实施品牌战略探析[J].物流科技，2008（1）：6-8.

[38] 闫琼洁，王运雷.物流企业品牌战略研究[J].物流科技，2006（7）：97-99.

[39] 商迎秋，祝合良.强势服务品牌创建路径[J].中国流通经济，2015（3）：94-100.

[40] 沈巧纯.电子商务环境下的企业营销策略变化[J].财经界（学术版），2014（7）：130.

[41] 王庆丰.论现代物流服务品牌建设与管理[J].商业经济，2008（3）：14-16.

[42] 王述英，王青，刘彦平.西方物流理论发展与比较[J].南开经济研究，2004（2）：107-112.

[43] 王晓华.电子商务背景下企业营销模式的创新方向[J].电子商务，2014（3：28-29.

[44] 魏际刚，张瑗.新形势下中国物流产业的发展战略[J].物流技术，2009（5）：1-3.

[45] 魏际刚.发达国家现代物流发展的特点、经验及对中国的启示[J].中国流通经济，2006（10）：15-18.

[46] 邬跃，梁晨，温卫娟.外资进入中国物流产业的影响[J].中国流

通经济，2007（5）：18-20.

[47]吴峰.物流企业品牌建设策略研究[J].九江学院学报，2008（6）：101-103.

[48]叶杰刚.国内外物流理论研究概况[J].经济学动态，2000（11）：43-45.

[49]袁平红.外资物流业进入中国市场的现状与影响[J].物流科技，2008（3）：8-10.

[50]张瑷，魏际刚.全球物流业形势与中国物流产业发展[J].中国流通经济，2009（10）：30-33.

[51]周启蕾，朱国宝，萧汉梁.中国物流理论研究的现状与未来[J].中国流通经济，2000（2）：4-7.

[52]张广玲，邹捷.自主品牌创新的若干思考[J].中国工商管理研究，2006（10）：27-30.

[53]祝合良，王平.中国品牌发展的现状、问题与对策[J].经济与管理研究，2007（8）：23-28.

[54]祝合良.对中国商贸流通企业创建品牌的几点思考[J].中国流通经济，2009（2）：39-42.

[55]祝合良.中国商贸流通业自主品牌培育发展思路[J].中国流通经济，2011（8）：97-101.

[56]黄昌富.品牌竞争：买方市场条件下的系统竞争[J].中国流通经济，1999（3）18-20.

[57]冯蕾音，钱天放.品牌经济的产生、构成、性质——内涵式释义[J].山东经济，2004（6）：111-112.

[58]刘刚.中国物流产业现状分析[D].北京：对外经济贸易大学，2004.

[59]贾玉敏.美国物流业发展分析分析[D].长春：吉林大学，2014.

[60]刘冰.日本现代物流的发展经验及借鉴[D].长春：吉林大学，2004.

[61]任珊珊.中国社会物流发展与国外经验对比分析及建议[D].上海：

同济大学，2008.

[62] 李俊青.Fedex（联邦快递）在中国市场的经营发展策略研究[D].北京：北京交通大学，2014.

[63] 王千峰.中国快递企业强势品牌建设研究[D].北京：首都经济贸易大学，2014.

[64] 黎莎.中国民营快递企业创建强势品牌研究[D].北京：首都经济贸易大学，2015.

[65] 吴锦.星巴克的连锁经营模式研究[D].上海：上海海事大学，2007.

[66] 肖龙文.麦德龙（中国）自有品牌管理模式研究[D].长沙：中南大学，2008.

[67] 李婧煜.第三方物流服务创新研究[D].天津：河北工业大学，2012.

[68] 逄锦荣.基于服务模式创新的物流业与制造业协同联动体系研究[D].北京：北京邮电大学，2012.

[69] 舒尔茨.全球整合营销传播[M].北京：机械工业出版社，2012.

[70] 方芳.零售企业创建强势品牌策略研究[D].北京：首都经济贸易大学，2008.

[71] 谢治春.强势金融品牌特征与中国商业银行品牌发展[J].上海金融，2010（7）：76-80.

[72] 李扬丰.强势品牌下的产品情境研究[D].武汉：武汉理工大学，2008.

[73] 孙梦.中国房地产企业创建强势品牌策略研究[D].北京：首都经济贸易大学，2010.

[74] 陈太春.对中国企业建设强势品牌的探讨[D].成都：西南财经大学，2005.

[75] 董平.企业社会责任、消费者响应与品牌资产提升路径研究[J].特区经济，2012（8）：215-217.

[76] 刘威岩.台湾农民健康保险发展状况及其对大陆的启示[C].长春：

第五届国有经济论坛"海峡两岸企业改革与重组"学术研讨会，2005.

[77]宋洪义.企业社会责任与品牌竞争力关系研究[D].上海：华东师范大学，2012.

[78]辛杰.企业社会责任与品牌资产：消费者CSR体验与儒家价值观的作用[J].南方经济，2013（1）：71-82.

[79]孙晓强.品牌代言人对品牌资产的影响研究[D].上海：复旦大学，2008.

[80]孙娟,李艳军.植入广告传播效果及影响因素：品牌资产的视角[J].广东财经大学学报，2015（3）：64-73.

[81]汪纯孝，温碧燕，姜彩芬.服务质量、消费价值、旅客满意感与行为意向[J].南开管理评论，2001（6）：11-15.

[82]侯兴起.服务质量对顾客满意与顾客忠诚度的影响研究[D].济南：山东大学，2008.

[83]韦家华，林西.物流服务质量满意度和忠诚度影响机制研究[J].物流技术，2013（5）：300-301.

[84]崔金欢，符国群.产品危害事件对品牌资产变动的影响[J].南开管理评论，2002（5）：17-22.

[85]侯兴军.可辩解型产品伤害危机对品牌资产的影响研究[D].济南：山东大学，2011.

[86]陈姝，王正斌，刘伟，等.感知产品创新性对品牌资产的影响机制研究[J].预测，2015（3）：21-27.

[87]张耀辉，牛卫平，韩波勇.技术领先战略与技术创新价值[J].中国工业经济，2008（11）：56-65.

[88]吴丹妮.基于提升品牌忠诚度整合营销传播研究[D].武汉：华中科技大学，2007.

[89]郑兵，金玉芳，董大海，等.中国本土物流服务质量测评指标创建及其实证检验[J].管理评论，2007（4）：49-55+64.

[90]卜亚君.产品伤害危机对品牌资产的影响研究[D].长春：吉林大学，2013.

[91] 白元龙.创新驱动下物流企业的经营战略模式研究[J].南京社会科学,2014(4):38-43.

[92] 黄斐,王佳.中国网购中物流服务质量评价的实证研究[J].技术经济与管理研究,2011(10):54-58.

[93] 何晨,张琦沛,王莹.领先品牌与追随品牌差异初探[J].中国市场,2010(44):30-32.

[94] 张琼芳.基于系统动力学的快递物流服务质量测评研究[D].北京:北京交通大学,2015.

[95] 严圣杰.奢侈品品牌资产模型构建与实证研究[D].上海:上海交通大学,2013.

[96] 侯杰泰,温忠麟,成子娟.结构方程模型及其应用[M].北京:教育科学出版社,2004.

[97]Saaty, Thomas L.The Analytic Hierarchy Process[M].New York: McGraw-Hill, 1980.

[98]José A A, Teresa L.Consistency In The Analytic Hierarchy Process: A New Approach[J].International Journal of Uncertainty, Fuzziness and Knowledge-Based Systems, 2006, 14(4):445-459.

[99]Yoo B, Donthu N.An Examination of Selected Marketing Mix Elements and Brand Equity[J].Journal of the Academy of Marketing Science, 2000(2):195-211.

[100]Cronin J J, Brady M K, Hult G T.Assessing the effects of quality, value, and customer satisfaction on consumer behavioral intentions in service environments[J].Journal of Retailing, 2000, 76(2):193-218.

[101]Fajer, Schouten.Breakdown and dissolution of Person-Brand Relationships[J].Advances in Consumer Research, 1995, 22:663-667.

[102]Siomokos, Kurzbard.The hidden crisis in product-harm crisis management[J].European Journal of Marketing, 1994, 28(2):30-41.

[103]Panayides P M, So M.Logistics service provider-client

relationships[J].Transportation Research: Part E, Logistics and Transportation Review, 2005, 41（3）: 179-200.

[104]Richey R G, Genchev S E, Daugherty P J.The role of resource commitment and innovation in reverse logistics performance[J]. International Journal of Physical Distribution & Logistics Management, 2005, 35（3/4）: 233-257.

[105]Persson G.Achieving competitiveness through logistics[J].The International Journal of Logistics Management, 1991, 2（1）: 1-11.

[106]Aaker D A.Measuring Brand Equity Across Products and Markets[J].California Management Review, 1996, 28（3）: 102-120.

[107]Ganesh J, Arnold M J, Reynolds K E.Understanding the Customer Base of Service Providers: An Examination of the Differences between Switchers and Stayers[J].Journal of Marketing, 2000, 64（3）: 65-87.

[108]Biel A L.How Brand Image Drives Brand Equity[J].Journal of Advertising Research, 1992, 32（6）: 6-12.

[109]Goepel K D.Implementing the analytic hierarchy process as a standard method for multi-criteria decision making in corporate enterprises-a new AHP excel template with multiple inputs[C]. Proceedings of the international symposium on the analytic hierarchy process, Kuala Lumpur, Malaysia, 2013.

[110]Berry, Leonard L.Cultivating service brand equity[J].Journal of the Academy of Marketing Science, 2000（1）: 128-138.

[111]Yonghwa Park, Jung Kyu, Choi, Anming Zhang.Evaluating competitiveness of air cargo express services[J].Transportation Research Part E, 2009, 45（2）: 321-334.

[112]Riley.Francesca Dall'Olmo and de Chernatony, Leslie. The service brand as relationships builder[J].British Journal of Management, 2000（2）: 137-150.

[113]Mentzer J T, Lisa R W.The Role of Logistics Leverage in Marketing Strategy[J].Journal of Marketing, 2001, 8（3/4）: 29-48.

[114]Mentzer J T, Danierl J F, John L K.Developing a logistics service quality scale[J].Journal of Business Logistics, 1999, 20（1）: 9-32.

[115]Hoffler S, Keller K L.Building brand equity through corporate societal marketing[J].Journal of Public Policy & Marketing, 2002, 21（1）: 78-89.

[116]Chesbrough H, Crowther A K.Beyond high tech: early adopters of open innovation in other Industries[J].R&D Management, 2006, 36（3）: 229-236.

调查问卷

一、中国物流企业强势品牌的突出特征调查

尊敬的业内专家：

您好！

我们正在开展一项题为《中国物流企业创建强势品牌研究》的课题研究，旨在提升物流企业的品牌发展能力。

通过前期研究，我们总结出以下强势品牌的识别特征，需要您判断、比较这些特征之间的重要性。其中相关概念的含义如下：

1. 强势品牌：指在市场上处于强势地位的品牌。
2. 知名度：指一个品牌被公众知晓、了解的程度。
3. 认知度：指公众对品牌内涵及价值的理解程度。
4. 美誉度：指公众对某一品牌的好感和信任程度。
5. 忠诚度：指公众在多次购买中体现出的对特定品牌的偏爱程度。
6. 延伸度：指一个品牌名称从一种原有产品拓展到其他新产品时的接受度。
7. 区分度：指一个品牌与其他同类品牌间的区别或差距大小。
8. 内涵度：指一个品牌在名称、历史、文化等方面含义的丰富性。
9. 领先度：指一个品牌在同类品牌中所处的发展前沿地位。

以下问题没有对错，请根据您的认识来选择。

1. 知名度与认知度相比，哪个更加重要？
   A. 知名度　　B. 认知度
2. 知名度和认知度的重要性差距（1为非常接近，9为相差非常大）
   A. 1　B. 3　C. 5　D. 7　E. 9
3. 知名度与美誉度相比，哪个更加重要？
   A. 知名度　　B. 美誉度

4.知名度和美誉度的重要性差距（1为非常接近，9为相差非常大）

A.1　B.3　C.5　D.7　E.9

5.知名度与忠诚度相比，哪个更加重要？

A.知名度　　B.忠诚度

6.知名度和忠诚度的重要性差距（1为非常接近，9为相差非常大）

A.1　B.3　C.5　D.7　E.9

7.知名度与延伸度相比，哪个更加重要？

A.知名度　　B.延伸度

8.知名度和延伸度的重要性差距（1为非常接近，9为相差非常大）

A.1　B.3　C.5　D.7　E.9

9.知名度与区分度相比，哪个更加重要？

A.知名度　　B.区分度

10.知名度和区分度的重要性差距（1为非常接近，9为相差非常大）

A.1　B.3　C.5　D.7　E.9

11.知名度与领先度相比，哪个更加重要？

A.知名度　　B.领先度

12.知名度和领先度的重要性差距（1为非常接近，9为相差非常大）

A.1　B.3　C.5　D.7　E.9

13.知名度与内涵度相比，哪个更加重要？

A.知名度　　B.内涵度

14.知名度和内涵度的重要性差距（1为非常接近，9为相差非常大）

A.1　B.3　C.5　D.7　E.9

15.认知度与美誉度相比，哪个更加重要？

A.认知度　　B.美誉度

16.认知度和美誉度的重要性差距（1为非常接近，9为相差非常大）

A.1　B.3　C.5　D.7　E.9

17.认知度与忠诚度相比，哪个更加重要？

A.认知度　　B.忠诚度

18.认知度和忠诚度的重要性差距（1为非常接近，9为相差非常大）

A. 1　B. 3　C. 5　D. 7　E. 9

19. 认知度与延伸度相比，哪个更加重要？

A. 认知度　　B. 延伸度

20. 认知度和延伸度的重要性差距（1为非常接近，9为相差非常大）

A. 1　B. 3　C. 5　D. 7　E. 9

21. 认知度与区分度相比，哪个更加重要？

A. 认知度　　B. 区分度

22. 认知度和区分度的重要性差距（1为非常接近，9为相差非常大）

A. 1　B. 3　C. 5　D. 7　E. 9

23. 认知度与领先度相比，哪个更加重要？

A. 认知度　　B. 领先度

24. 认知度和领先度的重要性差距（1为非常接近，9为相差非常大）

A. 1　B. 3　C. 5　D. 7　E. 9

25. 认知度与内涵度相比，哪个更加重要？

A. 认知度　　B. 内涵度

26. 认知度和内涵度的重要性差距（1为非常接近，9为相差非常大）

A. 1　B. 3　C. 5　D. 7　E. 9

27. 美誉度与忠诚度相比，哪个更加重要？

A. 美誉度　　B. 忠诚度

28. 美誉度和忠诚度的重要性差距（1为非常接近，9为相差非常大）

A. 1　B. 3　C. 5　D. 7　E. 9

29. 美誉度与延伸度相比，哪个更加重要？

A. 美誉度　　B. 延伸度

30. 美誉度和延伸度的重要性差距（1为非常接近，9为相差非常大）

A. 1　B. 3　C. 5　D. 7　E. 9

31. 美誉度与区分度相比，哪个更加重要？

A. 美誉度　　B. 区分度

32. 美誉度和区分度的重要性差距（1为非常接近，9为相差非常大）

A. 1　B. 3　C. 5　D. 7　E. 9

33. 美誉度与领先度相比,哪个更加重要?

A. 美誉度　　B. 领先度

34. 美誉度和领先度的重要性差距（1为非常接近,9为相差非常大）

A. 1　B. 3　C. 5　D. 7　E. 9

35. 美誉度与内涵度相比,哪个更加重要?

A. 美誉度　　B. 内涵度

36. 美誉度和内涵度的重要性差距（1为非常接近,9为相差非常大）

A. 1　B. 3　C. 5　D. 7　E. 9

37. 忠诚度与延伸度相比,哪个更加重要?

A. 忠诚度　　B. 延伸度

38. 忠诚度和延伸度的重要性差距（1为非常接近,9为相差非常大）

A. 1　B. 3　C. 5　D. 7　E. 9

39. 忠诚度与区分度相比,哪个更加重要?

A. 忠诚度　　B. 区分度

40. 忠诚度和区分度的重要性差距（1为非常接近,9为相差非常大）

A. 1　B. 3　C. 5　D. 7　E. 9

41. 忠诚度与领先度相比,哪个更加重要?

A. 忠诚度　　B. 领先度

42. 忠诚度和领先度的重要性差距（1为非常接近,9为相差非常大）

A. 1　B. 3　C. 5　D. 7　E. 9

43. 忠诚度与内涵度相比,哪个更加重要?

A. 忠诚度　　B. 内涵度

44. 忠诚度和内涵度的重要性差距（1为非常接近,9为相差非常大）

A. 1　B. 3　C. 5　D. 7　E. 9

45. 延伸度与区分度相比,哪个更加重要?

A. 延伸度　　B. 区分度

46. 延伸度和区分度的重要性差距（1为非常接近,9为相差非常大）

A. 1　B. 3　C. 5　D. 7　E. 9

47. 延伸度与领先度相比,哪个更加重要?

A. 延伸度　B. 领先度

48. 延伸度和领先度的重要性差距（1为非常接近，9为相差非常大）

A. 1　B. 3　C. 5　D. 7　E. 9

49. 延伸度与内涵度相比，哪个更加重要？

A. 延伸度　B. 内涵度

50. 延伸度和内涵度的重要性差距（1为非常接近，9为相差非常大）

A. 1　B. 3　C. 5　D. 7　E. 9

51. 区分度与领先度相比，哪个更加重要？

A. 区分度　B. 领先度

52. 区分度和领先度的重要性差距（1为非常接近，9为相差非常大）

A. 1　B. 3　C. 5　D. 7　E. 9

53. 区分度与内涵度相比，哪个更加重要？

A. 区分度　B. 内涵度

54. 区分度和内涵度的重要性差距（1为非常接近，9为相差非常大）

A. 1　B. 3　C. 5　D. 7　E. 9

55. 领先度与内涵度相比，哪个更加重要？

A. 领先度　B. 内涵度

56. 领先度和内涵度的重要性差距（1为非常接近，9为相差非常大）

A. 1　B. 3　C. 5　D. 7　E. 9

您的年龄段：

A. 25岁以下　B. 26~30岁　C. 31~40岁　D. 41~50岁

E. 51~60岁　F. 60岁以上

您目前从事的职业：

A. 全日制学生

B. 生产人员

C. 销售人员

D. 市场/公关人员

E. 客服人员

F. 行政 / 后勤人员

G. 人力资源

H. 财务 / 审计人员

I. 文职 / 办事人员

J. 技术 / 研发人员

L. 教师

M. 顾问 / 咨询

N. 专业人士（如会计师、律师、建筑师、医护人员、记者等）

O. 其他

二、中国物流企业创建强势品牌的关键举措调查

尊敬的受访者：

您好！

我们正在开展一项题为《中国物流企业创建强势品牌研究》的课题研究，旨在提升物流企业的品牌发展能力。为了更好地了解物流企业创建强势品牌的重点，我们设计了下面的问卷。其中的问题没有对错，请您根据自己的认识来选择。

非常感谢！

您最近使用的是哪家物流公司的服务？（选项略）

针对这家物流公司，请对下面的表述进行评价：

1. 我对该物流公司的品牌有好感。

A. 完全同意　B. 同意　C. 不好说　D. 不同意　E. 完全不同意

2. 该品牌有着良好的口碑和声誉。

A. 完全同意　B. 同意　C. 不好说　D. 不同意　E. 完全不同意

3. 我认为这个品牌是值得信任的。

A. 完全同意　B. 同意　C. 不好说　D. 不同意　E. 完全不同意

4. 我会一直继续使用该品牌的物流服务。

A. 完全同意　　B. 同意　　C. 不好说　　D. 不同意　　E. 完全不同意

5. 我会向亲友同事推荐该物流服务的品牌。

A. 完全同意　　B. 同意　　C. 不好说　　D. 不同意　　E. 完全不同意

6. 我会在同类品牌中优先选择该物流公司。

A. 完全同意　　B. 同意　　C. 不好说　　D. 不同意　　E. 完全不同意

7. 如果该品牌提高服务价格，我仍然会使用。

A. 完全同意　　B. 同意　　C. 不好说　　D. 不同意　　E. 完全不同意

8. 该公司的品牌是在同类中脱颖而出的。

A. 完全同意　　B. 同意　　C. 不好说　　D. 不同意　　E. 完全不同意

9. 与其他品牌相比，该品牌能使我联想到更多的特点。

A. 完全同意　　B. 同意　　C. 不好说　　D. 不同意　　E. 完全不同意

10. 其他公司在许多方面的做法是该物流品牌的追随者。

A. 完全同意　　B. 同意　　C. 不好说　　D. 不同意　　E. 完全不同意

11. 该品牌的物流公司积极采取环境保护措施。

A. 完全同意　　B. 同意　　C. 不好说　　D. 不同意　　E. 完全不同意

12. 该公司品牌为员工提供良好的工作保障。

A. 完全同意　　B. 同意　　C. 不好说　　D. 不同意　　E. 完全不同意

13. 该品牌的物流公司积极支援社会公益项目。

A. 完全同意　　B. 同意　　C. 不好说　　D. 不同意　　E. 完全不同意

14. 我经常见到该物流品牌的广告。

A. 完全同意　　B. 同意　　C. 不好说　　D. 不同意　　E. 完全不同意

15. 该物流公司的品牌经常有优惠活动。

A. 完全同意　　B. 同意　　C. 不好说　　D. 不同意　　E. 完全不同意

16. 该物流品牌有着完善的会员计划。

A. 完全同意　　B. 同意　　C. 不好说　　D. 不同意　　E. 完全不同意

17. 该品牌经常出现在新闻报道当中。

A. 完全同意　　B. 同意　　C. 不好说　　D. 不同意　　E. 完全不同意

18. 该物流品牌的服务网点覆盖面广。

A. 完全同意　　B. 同意　　C. 不好说　　D. 不同意　　E. 完全不同意

19. 该物流品牌能够提供高时效性的服务。

　　A. 完全同意　　B. 同意　　C. 不好说　　D. 不同意　　E. 完全不同意

20. 该品牌的物流公司能够提供多样化的服务。

　　A. 完全同意　　B. 同意　　C. 不好说　　D. 不同意　　E. 完全不同意

21. 该物流品牌能准确地满足客户的服务要求。

　　A. 完全同意　　B. 同意　　C. 不好说　　D. 不同意　　E. 完全不同意

22. 该品牌的物流公司能够提供及时准确的进度追踪信息。

　　A. 完全同意　　B. 同意　　C. 不好说　　D. 不同意　　E. 完全不同意

23. 该物流品牌的公司员工有着良好的服务态度。

　　A. 完全同意　　B. 同意　　C. 不好说　　D. 不同意　　E. 完全不同意

24. 该物流品牌能保证货物安全、包装完好。

　　A. 完全同意　　B. 同意　　C. 不好说　　D. 不同意　　E. 完全不同意

25. 该物流品牌在出现行业性的负面报道（如野蛮装运等）时能妥善处理。

　　A. 完全同意　　B. 同意　　C. 不好说　　D. 不同意　　E. 完全不同意

26. 该品牌的物流公司采取了有效措施来防范危机。

　　A. 完全同意　　B. 同意　　C. 不好说　　D. 不同意　　E. 完全不同意

27. 一旦出现问题，我能够通过该物流品牌客户服务热线等有效地加以解决。

　　A. 完全同意　　B. 同意　　C. 不好说　　D. 不同意　　E. 完全不同意

28. 如果出现货物遗失或毁损，该物流品牌能迅速给出合理的解决办法。

　　A. 完全同意　　B. 同意　　C. 不好说　　D. 不同意　　E. 完全不同意

29. 该品牌的物流公司总是致力于研究开发新技术或新模式。

　　A. 完全同意　　B. 同意　　C. 不好说　　D. 不同意　　E. 完全不同意

30. 该品牌的物流公司始终采用处于行业前沿的最新技术手段。

　　A. 完全同意　　B. 同意　　C. 不好说　　D. 不同意　　E. 完全不同意

31. 该品牌的物流公司投入了许多精力来探求提升服务水平的途径。

　　A. 完全同意　　B. 同意　　C. 不好说　　D. 不同意　　E. 完全不同意

32. 该品牌的物流公司能够促成先进技术手段或经营模式的实际运用。
A. 完全同意　B. 同意　C. 不好说　D. 不同意　E. 完全不同意

您的性别：
A. 男　B. 女

您的年龄段：
A. 25 岁以下　B. 26~30 岁　C. 31~40 岁　D. 41~50 岁　E. 51~60 岁
F. 60 岁以上

您目前从事的职业：
（选项同附录 1）

感谢您的配合！

附录

国务院关于印发《物流业调整和振兴规划》的通知

国发〔2009〕8号

各省、自治区、直辖市人民政府，国务院各部委、各直属机构：

现将《物流业调整和振兴规划》（以下简称《规划》）印发给你们，请结合本地区、本部门实际，认真贯彻执行。

当前，国际金融危机对我国实体经济造成了较大冲击，物流业作为重要的服务产业，也受到较为严重的影响。制定实施物流业调整和振兴规划，不仅是促进物流业自身平稳较快发展和产业调整升级的需要，也是服务和支撑其他产业的调整与发展、扩大消费和吸收就业的需要，对于促进产业结构调整、转变经济发展方式和增强国民经济竞争力具有重要意义。

各地区、各部门要把思想和行动统一到党中央、国务院的决策部署上来，以邓小平理论和"三个代表"重要思想为指导，深入贯彻落实科学发展观，进一步增强大局意识、责任意识，加强领导，密切配合，切实按照《规划》要求，做好统筹协调、改革体制、完善政策、企业重组、优化布局、工程建设等各项工作，确保《规划》目标的实现，促进物流业健康发展。

各地区要按照《规划》确定的目标、任务和政策措施，结合当地实际抓紧制定具体工作方案，切实抓好组织实施，确保取得实效。国务院各有关部门要根据《规划》明确的任务分工和工作要求，做到责任到位、措施到位，加强调查研究，尽快制定和完善各项配套政策措施，切实加强对《规划》实施的指导和支持。

国务院

二〇〇九年三月十日

物流业调整和振兴规划

物流业是融合运输业、仓储业、货代业和信息业等的复合型服务产业，是国民经济的重要组成部分，涉及领域广，吸纳就业人数多，促进生产、拉动消费作用大，在促进产业结构调整、转变经济发展方式和增强国民经济竞争力等方面发挥着重要作用。

为应对国际金融危机的影响，落实党中央、国务院保增长、扩内需、调结构的总体要求，促进物流业平稳较快发展，培育新的经济增长点，特制定本规划，作为物流产业综合性应对措施的行动方案。规划期为2009—2011年。

一、发展现状与面临的形势

（一）发展现状

进入21世纪以来，我国物流业总体规模快速增长，服务水平显著提高，发展的环境和条件不断改善，为进一步加快发展奠定了坚实基础。

1. 物流业规模快速增长。2008年，全国社会物流总额达89.9万亿元，比2000年增长4.2倍，年均增长23%；物流业实现增加值2.0万亿元，比2000年增长1.9倍，年均增长14%。2008年，物流业增加值占全部服务业增加值的比重为16.5%，占GDP的比重为6.6%。

2. 物流业发展水平显著提高。一些制造企业、商贸企业开始采用现代物流管理理念、方法和技术，实施流程再造和服务外包；传统运输、仓储、货代企业实行功能整合和服务延伸，加快向现代物流企业转型；一批新型的物流企业迅速成长，形成了多种所有制、多种服务模式、多层次的物流企业群体。全社会物流总费用与GDP的比率，由2000年的19.4%下降到2008年的18.3%，物流费用成本呈下降趋势，促进了经济运行质量的提高。

3. 物流基础设施条件逐步完善。交通设施规模迅速扩大，为物流业发展提供了良好的设施条件。截至2008年底，全国铁路营业里程8.0万公里，高速公路通车里程6.03万公里，港口泊位3.64万个，其中沿海万吨级以上泊位1167个，拥有民用机场160个。物流园区建设开始起步，仓储、配送设施现代化水平不断提高，一批区域性物流中心正在形成。物流技术设备加快更新换代，物流信息化建设有了突破性进展。

4. 物流业发展环境明显好转。国家"十一五"规划纲要明确提出"大力发展现代物流业"，中央和地方政府相继建立了推进现代物流业发展的综合协调机制，出台了支持现代物流业发展的规划和政策。物流统计核算和标准化工作，以及人才培养和技术创新等行业基础性工作取得明显成效。

但是，我国物流业的总体水平仍然偏低，还存在一些突出问题。一是全社会物流运行效率偏低，社会物流总费用与GDP的比率高出发达国家1倍左右；二是社会化物流需求不足和专业化物流供给能力不足的问题同时存在，"大而全""小而全"的企业物流运作模式还相当普遍；三是物流基础设施能力不足，尚未建立布局合理、衔接顺畅、能力充分、高效便捷的综合交通运输体系，物流园区、物流技术装备等能力有待加强；四是地方封锁和行业垄断对资源整合和一体化运作形成障碍，物流市场还不够规范；五是物流技术、人才培养和物流标准还不能完全满足需要，物流服务的组织化和集约化程度不高。

2008年下半年以来，随着国际金融危机对我国实体经济的影响逐步加深，物流业作为重要的服务产业也受到了严重冲击。物流市场需求急剧萎缩，运输和仓储等收费价格及利润大幅度下跌，一大批中小物流企业经营出现困难，提供运输、仓储等单一服务的传统物流企业受到严重冲击。整体来看，国际金融危机不但造成物流产业自身发展的剧烈波动，而且对其他产业的物流服务供给也产生了不利影响。

（二）面临的形势

应该看到，实施物流业的调整和振兴、实现传统物流业向现代物流业的转变，不仅是物流业自身结构调整和产业升级的需要，也是整个国民经济发展的必然要求。

1. 调整和振兴物流业是应对国际金融危机的迫切需要。一是要解决当前物流企业面临的困难，需要加快企业重组步伐，做强做大，提高产业集中度和抗风险能力，保持产业的平稳发展；二是物流业自身需要转变发展模式，向以信息技术和供应链管理为核心的现代物流业发展，通过提供低成本、高效率、多样化、专业化的物流服务，适应复杂多变的市场环境，提高自身竞争力；三是物流业对其他产业的调整具有服务和支撑作用，发展第三方物流可以促进制造业和商贸业优化内部分工、专注核心业务、降低物流费用，提高这些产业的竞争力，增强其应对国际金融危机的能力。

2. 调整和振兴物流业是适应经济全球化趋势的客观要求。一是随着经济全球化的发展和我国融入世界经济的步伐加快，全球采购、全球生产和全球销售的发展模式要求加快发展现代物流业，优化资源配置，提高市场响应速度和产品供给时效，降低企业物流成本，增强国民经济的竞争力。二是为了适应国际产业分工的变化，要求加快发展现代物流业，完善物流服务体系，改善投资环境，抓住国际产业向我国转移的机遇，吸引国际投资，促进我国制造业和高技术产业的发展。三是随着全球服务贸易的迅猛发展，要求加快发展现代物流业，培育国内现代物流服务企业，提高物流服务能力，应对日益激烈的全球物流企业竞争。

3. 调整和振兴物流业是国民经济持续快速发展的必要保证。根据全面建设小康社会的新要求，我国经济规模将进一步扩大，居民消费水平将进一步提高，货物运输量、社会商品零售额、对外贸易额等将大幅度增长，农产品、工业品、能源、原材料和进出口商品的流通规模将显著增加，对全社会物流服务能力和物流效率提出了更高的要求。同时，中西部地区要求改善物流条件，缩小与东部地区的物流成本差距，承接东部沿海地区产业梯度转移，促进区域间协调和可持续发展。

4. 调整和振兴物流业是贯彻落实科学发展观和构建社会主义和谐社会的重要举措。调整和振兴物流业，有利于加快商品流通和资金周转，降低社会物流成本，优化资源配置，提高国民经济的运行质量；有利于提高服务业比重，优化产业结构，促进经济发展方式的转变；有利于增加城乡就业岗位，扩大社会就业；有利于提高运输效率，降低能源消耗和废气排放，缓解交通拥堵，实现经济和社会的协调发展；有利于促进国内外、城乡和地区间商品流通，满足人民群众对多样化、高质量的物流服务需求，扩大居民消费；有利于国家救灾应急、处理突发性事件，保障经济稳定和社会安全。

二、指导思想、原则和目标

（一）指导思想

以邓小平理论和"三个代表"重要思想为指导，深入贯彻落实科学发展观，按照保增长、扩内需、调结构的总体部署，以应对国际金融危机对我国经济的影响为切入点，以改革开放为动力，以先进技术为支撑，以物流一体化和信息化为主线，积极营造有利于物流业发展的政策环境，加快发展现代物流业，建立现代物流服务体系，以物流服务促进其他产业发展，为全面建设小康社会提供坚实的物流体系保障。

（二）基本原则

1. 立足应对危机，着眼长远发展。既要应对国际金融危机，解决当前物流业发展面临的突出问题，保先进生产力，保重点骨干企业，促进企业平稳发展；又要从产业长远发展的角度出发，解决制约物流产业振兴的体制、政策和设施瓶颈，促进产业升级，提高产业竞争力。

2. 市场配置资源，政府营造环境。充分发挥市场配置资源的作用，调动企业的积极性，从满足物流需求的实际出发，注重投资的经济效益。政府要为物流业的发展营造良好的政策环境，扶持重要的物流基础设施项目建设。

3. 加强规划指导，注重协调联动。统筹国内与国际、全国与区域、城市与农村物流协调发展，做好地区之间、行业之间和部门之间物流基础设施建设与发展的协调和衔接，走市场化、专业化、社会化的发展道路，合理布局重大项目。各地区要从本地区经济发展的实际出发，因地制宜，统筹规划，科学引导物流业的发展，防止盲目攀比和重复建设。

4. 打破分割封锁，整合现有资源。改革现行物流业相关行业管理体制，打破部门间和地区间的分割和封锁，创造公平的竞争环境，促进物流服务的社会化和资源利用的市场化，优先整合和利用现有物流资源，提高物流设施的利用率。

5. 建立技术标准，推进一体化运作。按照现代物流理念，加快技术标准体系建设，综合集成仓储、运输、货代、包装、装卸、搬运、流通加工、配送、信息处理等多种功能，推进物流一体化运作，提高物流效率。

6. 创新服务方式，坚持科学发展。以满足生产者和消费者不断增长的物流需求为出发点，不断创新物流服务方式，提升服务水平。积极推进物流服务的信息化、现代化、合理化和企业社会责任建设，坚持最严格的节约用地制度，注重节约能源，保护环境，减少废气污染和交通拥堵，保证交通安全，实现经济和社会可持续协调发展。

（三）规划目标

力争在2009年改善物流企业经营困难的状况，保持产业的稳定发展。到2011年，培育一批具有国际竞争力的大型综合物流企业集团，初步建立起布局合理、技术先进、节能环保、便捷高效、安全有序并具有一定国际竞争力的现代物流服务体系，物流服务能力进一步增强；物流的社会化、专业化水平明显提高，第三方物流的比重有所增加，物流业规模进一步扩大，物流业增加值年均递增10%以上；物流整体运行效率显著提高，全社会物流总费用与GDP的比率比目前的水平有所下降。

三、主要任务

（一）积极扩大物流市场需求

进一步推广现代物流管理，努力扩大物流市场需求。运用供应链管理与现代物流理念、技术与方法，实施采购、生产、销售和物品回收物流的一体化运作。鼓励生产企业改造物流流程，提高对市场的响应速度，降低库存，加速周转。合理布局城乡商业设施，完善流通网络，积极发展连锁经营、物流配送和电子商务等现代流通方式，促进流通企业的现代化。在农村广泛应用现代物流管理技术，发展农产品从产地到销地的直销和配送，以及农资和农村日用消费品的统一配送。

（二）大力推进物流服务的社会化和专业化

鼓励生产和商贸企业按照分工协作的原则，剥离或外包物流功能，整合物流资源，促进企业内部物流社会化。推动物流企业与生产、商贸企业互动发展，促进供应链各环节有机结合。鼓励现有运输、仓储、货代、联运、快递企业的功能整合和服务延伸，加快向现代物流企业转型。积极发展多式联运、集装箱、特种货物、厢式货车运输以及重点物资的散装运输等现代运输方式，加强各种运输方式运输企业的相互协调，建立高效、安全、低成本的运输系统。加强运输与物流服务的融合，为物流一体化运作与管理提供条件。鼓励邮政企业深化改革，做大做强快递物流业务。大力发展第三方物流，提高企业的竞争力。

（三）加快物流企业兼并重组

鼓励中小物流企业加强信息沟通，创新物流服务模式，加强资源整合，满足多样性的物流需要。加大国家对物流企业兼并重组的政策支持力度，缓解当前物流企业面临的困难，鼓励物流企业通过参股、控股、兼并、联合、合资、合作等多种形式进行资产重组，培育一批服务水平高、国际竞争力强的大型现代物流企业。

（四）推动重点领域物流发展

加强石油、煤炭、重要矿产品及相关产品物流设施建设，建立石油、煤炭、重要矿产品物流体系。加快发展粮食、棉花现代物流，推广散粮运输和棉花大包运输。加强农产品质量标准体系建设，发展农产品冷链物流。完善农资和农村日用消费品连锁经营网络，建立农村物流体系。发展城市统一配送，提高食品、食盐、烟草和出版物等的物流配送效率。实行医药集中采购和统一配送，推动医药物流发展。加强对化学危险品物流的跟踪与监控，规范化学危险品物流的安全管理。推动汽车和零配件物流发展，建立科学合理的汽车综合物流服务体系。鼓励企业加快发展产品与包装物回收物流和废弃物物流，促进资源节约与循环利用。鼓励和支持物流业节能减排，发展绿色物流。发挥邮政现有的网络优势，大力发展邮政物流，加快建立快递物流体系，方便生产生活。加强应急物流体系建设，提高应对战争、灾害、重大疫情等突发性事件的能力。

（五）加快国际物流和保税物流发展

加强主要港口、国际海运陆运集装箱中转站、多功能国际货运站、国际机场等物流节点的多式联运物流设施建设，加快发展铁海联运，提高国际货物的中转能力，加快发展适应国际中转、国际采购、国际配送、国际转口贸易业务要求的国际物流，逐步建成一批适应国际贸易发展需要的大型国际物流港，并不断增强其配套功能。在有效监管的前提下，各有关部门要简化审批手续，优化口岸通关作业流程，实行申办手续电子化和"一站式"服务，提高通关效率。充分发挥口岸联络协调机制的作用，加快"电子口岸"建设，积极推进大通关信息资源整合。统筹规划、合理布局，积极推进海关特殊监管区域整合发展和保税监管场所建设，建立既适应跨国公司全球化运作又适应加工制造业多元化发展需求的新型保税物流监管体系。积极促进口岸物流向内地物流节点城市顺畅延伸，促进内地现代物流业的发展。

（六）优化物流业发展的区域布局

根据市场需求、产业布局、商品流向、资源环境、交通条件、区域规划等因素，重点发展九大物流区域，建设十大物流通道和一批物流节点城市，优化物流业的区域布局。

九大物流区域分布为：以北京、天津为中心的华北物流区域，以沈阳、大连为中心的东北物流区域，以青岛为中心的山东半岛物流区域，以上海、南京、宁波为中心的长江三角洲物流区域，以厦门为中心的东南沿海物流区域，以广州、深圳为中心的珠江三角洲物流区域，以武汉、郑州为中心的中部物流区域，以西安、兰州、乌鲁木齐为中心的西北物流区域，以重庆、成都、南宁为中心的西南物流区域。十大物流通道为：东北地区与关内地区物流通道，东部地区南北物流通道，中部地区南北物流通道，东部沿海与西北地区物流通道，东部沿海与西南地区物流通道，西北与西南地区物流通道，西南地区出海物流通道，长江与运河物流通道，煤炭物流通道，进出口物流通道。

要打破行政区划的界限，按照经济区划和物流业发展的客观规律，促进物流区域发展。积极推进和加深不同地区之间物流领域的合作，引导物流资源的跨区域整合，逐步形成区域一体化的物流服务格局。长江三角洲、珠江三角洲物流区域和华北、山东半岛、东北、东南沿海物流区域，要加强技术自主创新，加快发展制造业物流、国际物流和商贸物流，培育一批具有国际竞争力的现代物流企业，在全国率先做强。中部物流区域要充分发挥中部地区承东启西、贯通南北的区位优势，加快培育第三方物流企业，提升物流产业发展水平，形成与东部物流区域的有机衔接。西北、西南物流区域要加快改革步伐，进一步推广现代物流管理理念和技术，按照本区域承接产业转移和发挥资源优势的需要，加快物流基础设施建设，改善区域物流环境，缩小与东中部地区差距。

物流节点城市分为全国性物流节点城市、区域性物流节点城市和地区性物流节点城市。全国性和区域性物流节点城市由国家确定，地区性物流节点城市由地方确定。全国性物流节点城市包括：北京、天津、沈阳、大连、青岛、济南、上海、南京、宁波、杭州、厦门、广州、深圳、郑州、武汉、重庆、成都、南宁、西安、兰州、乌鲁木齐共21个城市。区域性物流节点城市包括：哈尔滨、长春、包头、呼和浩特、石家庄、唐山、太原、合肥、福州、南昌、长沙、昆明、贵阳、海口、西宁、银川、拉萨共17个城市。物流节点城市要根据本地的产业特点、发展水平、设施状况、市场需求、功能定位等，完善城市物流设施，加强物流园区规划布局，有针对性地建设货运服务型、生产服务型、商业服务型、国际贸易服务型和综合服务型的物流园区，优化城市交通、生态环境，促进产业集聚，努力提高城市的物流服务水平，带动周边所辐射区域物流业的发展，形成全国性、区域性和地区性物流中心和三级物流节点城市网络，促进大中小城市物流业的协调发展。

（七）加强物流基础设施建设的衔接与协调

按照全国货物的主要流向及物流发展的需要，依据《综合交通网中长期发展规划》《中长期铁路网规划》《国家高速公路网规划》《全国沿海港口布局规划》《全国内河航道与港口布局规划》及《全国民用机场布局规划》，加强交通运输设施建设，完善综合运输网络布局，促进各种运输方式的衔接和配套，提高资源使用效率和物流运行效率。发展多式联运，加强集疏运体系建设，使铁路、港口码头、机场及公路实现"无缝对接"，着力提高物流设施的系统性、兼容性。充分发挥市场机制的作用，整合现有运输、仓储等物流基础设施，加快盘活存量资产，通过资源的整合、功能的拓展和服务的提升,满足物流组织与管理服务的需要。加强新建铁路、港口、公路和机场转运设施的统一规划和建设,合理布局物流园区,完善中转联运设施,防止产生新的分割和不衔接。加强仓储设施建设,在大中城市周边和制造业基地附近合理规划、改造和建设一批现代化的配送中心。

（八）提高物流信息化水平

积极推进企业物流管理信息化,促进信息技术的广泛应用。尽快制订物流信息技术标准和信息资源标准,建立物流信息采集、处理和服务的交换共享机制。加快行业物流公共信息平台建设,建立全国性公路运输信息网络和航空货运公共信息系统,以及其他运输与服务方式的信息网络。推动区域物流信息平台建设,鼓励城市间物流平台的信息共享。加快构建商务、金融、税务、海关、邮政、检验检疫、交通运输、铁路运输、航空运输和工商管理等政府部门的物流管理与服务公共信息平台,扶持一批物流信息服务企业成长。

（九）完善物流标准化体系

根据物流标准编制规划,加快制订、修订物流通用基础类、物流技术类、物流信息类、物流管理类、物流服务类等标准,完善物流标准化体系。密切关注国际发展趋势,加强重大基础标准研究。要对标准制订实施改革,加强物流标准工作的协调配合,充分发挥企业在制订物流标准中的主体作用。加快物流管理、技术和服务标准的推广,鼓励企业和有关方面采用标准化的物流计量、货物分类、物品标识、物流装备设施、工具器具、信息系统和作业流程等,提高物流的标准化程度。

（十）加强物流新技术的开发和应用

大力推广集装技术和单元化装载技术,推行托盘化单元装载运输方式,大力发展大吨位厢式货车和甩挂运输组织方式,推广网络化运输。完善并推广物品编码体系,广泛应用条形码、智能标签、无线射频识别（RFID）等自动识别、标识技术以及电子数据交换（EDI）技术,发展可视化技术、货物跟踪技术和货物快速分拣技术,加大对 RFID 和移动物流信息服务技术、标准的研发和应用的投入。积极开发和利用全球定位系统（GNSS）、地理信息系统（GIS）、道路交通信息通信系统（VICS）、不停车自动交费系统（ETC）、智能交通系统（ITS）等运输领域新技术，加强物流信息系统安全体系研究。加强物流技术装备的研发与生产，鼓励企业采用仓储运输、装卸搬运、分拣包装、条码印刷等专用物流技术装备。

四、重点工程

（一）多式联运、转运设施工程

依托已有的港口、铁路和公路货站、机场等交通运输设施，选择重点地区和综合交通枢纽，建设一批集装箱多式联运中转设施和连接两种以上运输方式的转运设施，提高铁路集装箱运输能力，重点解决港口与铁路、铁路与公路、民用航空与地面交通等枢纽不衔接以及各种交通枢纽相互分离带来的货物在运输过程中多次搬倒、拆装等问题，促进物流基础设施协调配套运行，实现多种运输方式"无缝衔接"，提高运输效率。

（二）物流园区工程

在重要物流节点城市、制造业基地和综合交通枢纽，在土地利用总体规划、城市总体规划确定的城镇建设用地范围内，按照符合城市发展规划、城乡规划的要求，充分利用已有运输场站、仓储基地等基础设施，统筹规划建设一批以布局集中、用地节约、产业集聚、功能集成、经营集约为特征的物流园区，完善专业化物流组织服务，实现长途运输与短途运输的合理衔接，优化城市配送，提高物流运作的规模效益，节约土地占用，缓解城市交通压力。物流园区建设要严格按规划进行，充分发挥铁路运输优势，综合利用已有、规划和在建的物流基础设施，完善配套设施，防止盲目投资和重复建设。

（三）城市配送工程

鼓励企业应用现代物流管理技术，适应电子商务和连锁经营发展的需要，在大中城市发展面向流通企业和消费者的社会化共同配送，促进流通的现代化，扩大居民消费。加快建设城市物流配送项目，鼓励专业运输企业开展城市配送，提高城市配送的专业化水平，解决城市快递、配送车辆进城通行、停靠和装卸作业问题，完善城市物流配送网络。

（四）大宗商品和农村物流工程

加快煤炭物流通道建设，以山西、内蒙古、陕西煤炭外运为重点，形成若干个煤电路港一体化工程，完善煤炭物流系统。加强油气码头和运输管网建设，提高油气物流能力。加强重要矿产品港口物流设施建设，改善大型装备物流设施条件。加快粮食现代物流设施建设，建设跨省粮食物流通道和重要物流节点。加大投资力度，加快建设"北粮南运"和"西煤东运"工程。加强城乡统筹，推进农村物流工程。进一步加强农副产品批发市场建设，完善鲜活农产品储藏、加工、运输和配送等冷链物流设施，提高鲜活农产品冷藏运输比例，支持发展农资和农村消费品物流配送中心。

（五）制造业与物流业联动发展工程

加强对制造业物流分离外包的指导和促进，支持制造企业改造现有业务流程，促进物流业务分离外包，提高核心竞争力。培育一批适应现代制造业物流需求的第三方物流企业，提升物流业为制造业服务的能力和水平。制定鼓励制造业与物流业联动发展的相关政策，组织实施一批制造业与物流业联动发展的示范工程和重点项目，促进现代制造业与物流业有机融合、联动发展。

（六）物流标准和技术推广工程

加快对现有仓储、转运设施和运输工具的标准化改造，鼓励企业采用标准化的物流设施和设备，实现物流设施、设备的标准化。推广实施托盘系列国家标准，鼓励企业采用标准化托盘，支持专业化企业在全国建设托盘共用系统，开展托盘的租赁回收业务，实现托盘标准化、社会化运作。鼓励企业采用集装单元、射频识别、货物跟踪、自动分拣、立体仓库、配送中心信息系统、冷链等物流新技术，提高物流运作管理水平。实施物流标准化服务示范工程，选择大型物流企业、物流园区开展物流标准化试点工作并逐步推广。

（七）物流公共信息平台工程

加快建设有利于信息资源共享的行业和区域物流公共信息平台项目，重点建设电子口岸、综合运输信息平台、物流资源交易平台和大宗商品交易平台。鼓励企业开展信息发布和信息系统外包等服务业务，建设面向中小企业的物流信息服务平台。

（八）物流科技攻关工程

加强物流新技术的自主研发，重点支持货物跟踪定位、智能交通、物流管理软件、移动物流信息服务等关键技术攻关，提高物流技术的自主创新能力。适应物流业与互联网融合发展的趋势，启动物联网的前瞻性研究工作。加快先进物流设备的研制，提高物流装备的现代化水平。

（九）应急物流工程

建立应急生产、流通、运输和物流企业信息系统，以便在突发事件发生时能够紧急调用。建立多层次的政府应急物资储备体系，保证应急调控的需要。加强应急物流设施设备建设，提高应急反应能力。选择和培育一批具有应急能力的物流企业，建立应急物流体系。

五、政策措施

（一）加强组织和协调

现代物流业是新型服务业，涉及面广。要加强对现代物流业发展的组织和协调，在相关部门各司其职、各负其责的基础上，发挥由发展改革委牵头、有关部门参加的全国现代物流工作部际联席会议的作用，研究协调现代物流业发展的有关重大问题和政策。各省、自治区、直辖市政府也要建立相应的协调机制，加强对地方现代物流业发展有关问题的研究和协调。

（二）改革物流管理体制

继续深化铁路、公路、水运、民航、邮政、货代等领域的体制改革，按照精简、统一、高效的原则和决策、执行、监督相协调的要求，建立政企分开、决策科学、权责对等、分工合理、执行顺畅、监督有力的物流综合管理体系，完善政府的公共服务职能，进一步规范运输、货代等行业的管理，促进物流服务的规范化、市场化和国际化。改革仓储企业经营体制，推进仓储设施和业务的社会化。打破行业垄断，消除地区封锁，依法制止和查处滥用行政权力阻碍或限制跨地区、跨行业物流服务的行为，逐步建立统一开放、竞争有序的全国物流服务市场，促进物流资源的规范、公平、有序和高效流动。加强监管，规范物流市场秩序，强化物流环节质量安全管理。进一步完善对物流企业的交通安全监管机制，督促企业定期对车辆技术状况、驾驶人资质进行检查，从源头上消除安全隐患，落实企业的安全生产主体责任。

（三）完善物流政策法规体系

在贯彻落实好现有推动现代物流业发展有关政策的基础上，进一步研究制定促进现代物流业发展的有关政策。加大政策支持力度，抓紧解决影响当前物流业发展的土地、税收、收费、融资和交通管理等方面的问题。引导和鼓励物流企业加强管理创新，完善公司治理结构，实施兼并重组，尽快做强做大。针对当前产业发展中出现的新情况和新问题，研究制定系统的物流产业政策。清理有关物流的行政法规，加强对物流领域的立法研究，完善物流的法律法规体系，促进物流业健康发展。

（四）制订落实专项规划

有关部门要制订专项规划，积极引导和推动重点领域和区域物流业的发展。发展改革委会同有关部门制订煤炭、粮食、农产品冷链、物流园区、应急物流等专项规划，商务部会同供销总社等有关部门制订商贸物流专项规划，国家标准委会同有关部门制订物流标准专项规划。物流业发展的重点地区，各级地方政府也要制订本地区物流业规划，指导本地区物流业的发展。

（五）多渠道增加对物流业的投入

物流业的发展，主要依靠企业自身的投入。要加快发展民营物流企业，扩大对外开放步伐，多渠道增加对物流业的投入。对列入国家和地方规划的物流基础设施建设项目，鼓励其通过银行贷款、股票上市、发行债券、增资扩股、企业兼并、中外合资等途径筹集建设资金。银行业金融机构要积极给予信贷支持。对涉及全国性、区域性重大物流基础设施项目，中央和地方政府可根据项目情况和财力状况适当安排中央和地方预算内建设投资，以投资补助、资本金注入或贷款贴息等方式给予支持，由企业进行市场化运作。

（六）完善物流统计指标体系

进一步完善物流业统计调查制度和信息管理制度，建立科学的物流业统计调查方法和指标体系。加强物流统计基础工作，开展物流统计理论和方法研究。认真贯彻实施社会物流统计核算与报表制度。积极推动地方物流统计工作，充分发挥行业组织的作用和力量，促进物流业统计信息交流，建立健全共享机制，提高统计数据的准确性和及时性。

（七）继续推进物流业对外开放和国际合作

充分利用世界贸易组织、自由贸易区和区域经济合作机制等平台，与有关国家和地区相互进一步开放与物流相关的分销、运输、仓储、货代等领域，特别是加强与日韩、东盟和中亚国家的双边和区域物流合作，开展物流方面的政策协调和技术合作，推动物流业"引进来"和"走出去"。加强国内物流企业同国际先进物流企业的合资、合作与交流，引进和吸收国外促进现代物流发展的先进经验和管理方法，提高物流业的全球化与区域化程度。加强国际物流"软环境"建设，包括鼓励运用国际惯例、推动与国际贸易规则及货代物流规则接轨、统一单证、加强风险控制和风险转移体系建设等。建立产业安全保障机制，完善物流业外资并购安全审查制度。

（八）加快物流人才培养

要采取多种形式，加快物流人才的培养。加强物流人才需求预测和调查，制订科学的培养目标和规划，发展多层次教育体系和在职人员培训体系。利用社会资源，鼓励企业与大学、科研机构合作，编写精品教材，提高实际操作能力，强化职业技能教育，开展物流领域的职业资质培训与认证工作。加强与国外物流教育与培训机构的联合与合作。

（九）发挥行业社团组织的作用

物流业社团组织应履行行业服务、自律、协调的职能，发挥在物流规划制订、政策建议、规范市场行为、统计与信息、技术合作、人才培训、咨询服务等方面的中介作用，成为政府与企业联系的桥梁和纽带。

六、规划实施

国务院各有关部门要按照《规划》的工作分工，加强沟通协商，密切配合，尽快制定和完善各项配套政策措施，明确政策措施的实施范围和进度，并加强指导和监督，确保实现物流业调整和振兴目标。有关部门要适时开展《规划》的后评价工作，及时提出评价意见。

各地区要按照《规划》确定的目标、任务和政策措施，结合当地实际抓紧制订具体工作方案，细化落实，确保取得实效。各省、自治区、直辖市要将具体工作方案和实施过程中出现的新情况、新问题及时报送发展改革委和交通运输、商务等有关部门。

国务院关于印发《物流业发展中长期规划（2014—2020年）》的通知

国发〔2014〕42号

各省、自治区、直辖市人民政府，国务院各部委、各直属机构：

现将《物流业发展中长期规划（2014—2020年）》印发给你们，请认真贯彻执行。

国务院

2014年9月12日

物流业发展中长期规划（2014—2020年）

物流业是融合运输、仓储、货代、信息等产业的复合型服务业，是支撑国民经济发展的基础性、战略性产业。加快发展现代物流业，对于促进产业结构调整、转变发展方式、提高国民经济竞争力和建设生态文明具有重要意义。为促进物流业健康发展，根据党的十八大、十八届三中全会精神和《中华人民共和国国民经济和社会发展第十二个五年规划纲要》《服务业发展"十二五"规划》等，制定本规划。规划期为2014—2020年。

一、发展现状与面临的形势

（一）发展现状

"十一五"特别是国务院印发《物流业调整和振兴规划》以来，我国物流业保持较快增长，服务能力显著提升，基础设施条件和政策环境明显改善，现代产业体系初步形成，物流业已成为国民经济的重要组成部分。

产业规模快速增长。全国社会物流总额 2013 年达到 197.8 万亿元，比 2005 年增长 3.1 倍，按可比价格计算，年均增长 11.5%。物流业增加值 2013 年达到 3.9 万亿元，比 2005 年增长 2.2 倍，年均增长 11.1%，物流业增加值占国内生产总值的比重由 2005 年的 6.6% 提高到 2013 年的 6.8%，占服务业增加值的比重达到 14.8%。物流业吸纳就业人数快速增加，从业人员从 2005 年的 1780 万人增长到 2013 年的 2890 万人，年均增长 6.2%。

服务能力显著提升。物流企业资产重组和资源整合步伐进一步加快，形成了一批所有制多元化、服务网络化和管理现代化的物流企业。传统运输业、仓储业加速向现代物流业转型，制造业物流、商贸物流、电子商务物流和国际物流等领域专业化、社会化服务能力显著增强，服务水平不断提升，现代物流服务体系初步建立。

技术装备条件明显改善。信息技术广泛应用，大多数物流企业建立了管理信息系统，物流信息平台建设快速推进。物联网、云计算等现代信息技术开始应用，装卸搬运、分拣包装、加工配送等专用物流装备和智能标签、跟踪追溯、路径优化等技术迅速推广。

基础设施网络日趋完善。截至 2013 年底，全国铁路营业里程 10.3 万公里，其中高速铁路 1.1 万公里；全国公路总里程达到 435.6 万公里，其中高速公路 10.45 万公里；内河航道通航里程 12.59 万公里，其中三级及以上高等级航道 1.02 万公里；全国港口拥有万吨级及以上泊位 2001 个，其中沿海港口 1607 个、内河港口 394 个；全国民用运输机场 193 个。2012 年全国营业性库房面积约 13 亿平方米，各种类型的物流园区 754 个。

发展环境不断优化。"十二五"规划纲要明确提出"大力发展现代物流业"。国务院印发《物流业调整和振兴规划》，并制定出台了促进物流业健康发展的政策措施。有关部门和地方政府出台了一系列专项规划和配套措施。社会物流统计制度日趋完善，标准化工作有序推进，人才培养工作进一步加强，物流科技、学术理论研究及产学研合作不断深入。

总体上看，我国物流业已步入转型升级的新阶段。但是，物流业发展总体水平还不高，发展方式比较粗放。主要表现为：一是物流成本高、效率低。2013 年全社会物流总费用与国内生产总值的比率高达 18%，高于发达国家水平1倍左右，也显著高于巴西、印度等发展中国家的水平。二是条块分割严重，阻碍物流业发展的体制机制障碍仍未打破。企业自营物流比重高，物流企业规模小，先进技术难以推广，物流标准难以统一，迂回运输、资源浪费的问题突出。三是基础设施相对滞后，不能满足现代物流发展的要求。现代化仓储、多式联运转运等设施仍显不足，布局合理、功能完善的物流园区体系尚未建立，高效、顺畅、便捷的综合交通运输网络尚不健全，物流基础设施之间不衔接、不配套问题比较突出。四是政策法规体系还不够完善，市场秩序不够规范。已经出台的一些政策措施有待进一步落实，一些地方针对物流企业的乱收费、乱罚款问题突出。信用体系建设滞后，物流业从业人员整体素质有待进一步提升。

（二）面临的形势

当前，经济全球化趋势深入发展，网络信息技术革命带动新技术、新业态不断涌现，物流业发展面临的机遇与挑战并存。伴随全面深化改革，工业化、信息化、新型城镇化和农业现代化进程持续推进，产业结构调整和居民消费升级步伐不断加快，我国物流业发展空间越来越广阔。

物流需求快速增长。农业现代化对大宗农产品物流和鲜活农产品冷链物流的需求不断增长。新型工业化要求加快建立规模化、现代化的制造业物流服务体系。居民消费升级以及新型城镇化步伐加快，迫切需要建立更加完善、便捷、高效、安全的消费品物流配送体系。此外，电子商务、网络消费等新兴业态快速发展，快递物流等需求也将继续快速增长。

新技术、新管理不断出现。信息技术和供应链管理不断发展并在物流业得到广泛运用，为广大生产流通企业提供了越来越低成本、高效率、多样化、精益化的物流服务，推动制造业专注核心业务和商贸业优化内部分工，以新技术、新管理为核心的现代物流体系日益形成。随着城乡居民消费能力的增强和消费方式的逐步转变，全社会物流服务能力和效率持续提升，物流成本进一步降低、流通效率明显提高，物流业市场竞争加剧。

资源环境约束日益加强。随着社会物流规模的快速扩大、能源消耗和环境污染形势的加重、城市交通压力的加大，传统的物流运作模式已难以为继。按照建设生态文明的要求，必须加快运用先进运营管理理念，不断提高信息化、标准化和自动化水平,促进一体化运作和网络化经营,大力发展绿色物流,推动节能减排,切实降低能耗、减少排放、缓解交通压力。

国际竞争日趋激烈。随着国际产业转移步伐不断加快和服务贸易快速发展,全球采购、全球生产和全球销售的物流发展模式正在日益形成,迫切要求我国形成一批深入参与国际分工、具有国际竞争力的跨国物流企业,畅通与主要贸易伙伴、周边国家便捷高效的国际物流大通道,形成具有全球影响力的国际物流中心,以应对日益激烈的全球物流企业竞争。

二、总体要求

(一)指导思想

以邓小平理论、"三个代表"重要思想、科学发展观为指导,深入贯彻党的十八大和十八届二中、三中全会精神,全面落实党中央、国务院各项决策部署,按照加快转变发展方式、建设生态文明的要求,适应信息技术发展的新趋势,以提高物流效率、降低物流成本、减轻资源和环境压力为重点,以市场为导向,以改革开放为动力,以先进技术为支撑,积极营造有利于现代物流业发展的政策环境,着力建立和完善现代物流服务体系,加快提升物流业发展水平,促进产业结构调整和经济提质增效升级,增强国民经济竞争力,为全面建成小康社会提供物流服务保障。

(二)主要原则

市场运作,政府引导。使市场在资源配置中起决定性作用和更好发挥政府作用,强化企业的市场主体地位,积极发挥政府在战略、规划、政策、标准等方面的引导作用。

优化结构,提升水平。加快传统物流业转型升级,建立和完善社会化、专业化的物流服务体系,大力发展第三方物流。形成一批具有较强竞争力的现代物流企业,扭转"小、散、弱"的发展格局,提升产业规模和发展水平。

创新驱动,协同发展。加快关键技术装备的研发应用,提升物流业信息化和智能化水平,创新运作管理模式,提高供应链管理和物流服务水平,形成物流业与制造业、商贸业、金融业协同发展的新优势。

节能减排,绿色环保。鼓励采用节能环保的技术、装备,提高物流运作的组织化、网络化水平，降低物流业的总体能耗和污染物排放水平。

完善标准，提高效率。推动物流业技术标准体系建设，加强一体化运作，实现物流作业各环节、各种物流设施设备以及物流信息的衔接配套，促进物流服务体系高效运转。

深化改革，整合资源。深化物流业管理体制改革，进一步简政放权，打破行业、部门和地区分割，反对垄断和不正当竞争，统筹城市和乡村、国际和国内物流体系建设，建立有利于资源整合和优化配置的体制机制。

（三）发展目标

到 2020 年，基本建立布局合理、技术先进、便捷高效、绿色环保、安全有序的现代物流服务体系。

物流的社会化、专业化水平进一步提升。物流业增加值年均增长 8% 左右，物流业增加值占国内生产总值的比重达到 7.5% 左右。第三方物流比重明显提高。新的物流装备、技术广泛应用。

物流企业竞争力显著增强。一体化运作、网络化经营能力进一步提高，信息化和供应链管理水平明显提升，形成一批具有国际竞争力的大型综合物流企业集团和物流服务品牌。

物流基础设施及运作方式衔接更加顺畅。物流园区网络体系布局更加合理，多式联运、甩挂运输、共同配送等现代物流运作方式保持较快发展，物流集聚发展的效益进一步显现。

物流整体运行效率显著提高。全社会物流总费用与国内生产总值的比率由 2013 年的 18% 下降到 16% 左右，物流业对国民经济的支撑和保障能力进一步增强。

三、发展重点

（一）着力降低物流成本

打破条块分割和地区封锁，减少行政干预，清理和废除妨碍全国统一市场和公平竞争的各种规定和做法，建立统一开放、竞争有序的全国物流服务市场。进一步优化通行环境，加强和规范收费公路管理，保障车辆便捷高效通行，积极采取有力措施，切实加大对公路乱收费、乱罚款的清理整顿力度，减少不必要的收费点，全面推进全国主要高速公路不停车收费系统建设。加快推进联通国内、国际主要经济区域的物流通道建设，大力发展多式联运，努力形成京沪、京广、欧亚大陆桥、中欧铁路大通道、长江黄金水道等若干条货畅其流、经济便捷的跨区域物流大通道。

（二）着力提升物流企业规模化、集约化水平

鼓励物流企业通过参股控股、兼并重组、协作联盟等方式做大做强，形成一批技术水平先进、主营业务突出、核心竞争力强的大型现代物流企业集团，通过规模化经营提高物流服务的一体化、网络化水平，形成大小物流企业共同发展的良好态势。鼓励运输、仓储等传统物流企业向上下游延伸服务，推进物流业与其他产业互动融合，协同发展。鼓励物流企业与制造企业深化战略合作，建立与新型工业化发展相适应的制造业物流服务体系，形成一批具有全球采购、全球配送能力的供应链服务商。鼓励商贸物流企业提高配送的规模化和协同化水平，加快电子商务物流发展，建立快速便捷的城乡配送物流体系。支持快递业整合资源，与民航、铁路、公路等运输行业联动发展，加快形成一批具有国际竞争力的大型快递企业，构建覆盖城乡的快递物流服务体系。支持航空货运企业兼并重组、做强做大，提高物流综合服务能力。充分发挥邮政的网络、信息和服务优势，深入推动邮政与电子商务企业的战略合作，发展电商小包等新型邮政业务。进一步完善邮政基础设施网络，鼓励各地邮政企业因地制宜地发展农村邮政物流服务，推动农资下乡和农产品进城。

（三）着力加强物流基础设施网络建设

推进综合交通运输体系建设，合理规划布局物流基础设施，完善综合运输通道和交通枢纽节点布局，构建便捷、高效的物流基础设施网络，促进多种运输方式顺畅衔接和高效中转，提升物流体系综合能力。优化航空货运网络布局，加快国内航空货运转运中心、连接国际重要航空货运中心的大型货运枢纽建设。推进"港站一体化"，实现铁路货运站与港口码头无缝衔接。完善物流转运设施，提高货物换装的便捷性和兼容性。加快煤炭外运、"北粮南运"、粮食仓储等重要基础设施建设，解决突出的运输"卡脖子"问题。加强物流园区规划布局，进一步明确功能定位，整合和规范

现有园区，节约、集约用地，提高资源利用效率和管理水平。在大中城市和制造业基地周边加强现代化配送中心规划，在城市社区和村镇布局建设共同配送末端网点，优化城市商业区和大型社区物流基础设施的布局建设，形成层级合理、规模适当、需求匹配的物流仓储配送网络。进一步完善应急物流基础设施，积极有效应对突发自然灾害、公共卫生事件以及重大安全事故。

四、主要任务

（一）大力提升物流社会化、专业化水平

鼓励制造企业分离外包物流业务，促进企业内部物流需求社会化。优化制造业、商贸业集聚区物流资源配置，构建中小微企业公共物流服务平台，提供社会化物流服务。着力发展第三方物流，引导传统仓储、运输、国际货代、快递等企业采用现代物流管理理念和技术装备，提高服务能力；支持从制造企业内部剥离出来的物流企业发挥专业化、精益化服务优势，积极为社会提供公共物流服务。鼓励物流企业功能整合和业务创新，不断提升专业化服务水平，积极发展定制化物流服务，满足日益增长的个性化物流需求。进一步优化物流组织模式，积极发展共同配送、统一配送，提高多式联运比重。

（二）进一步加强物流信息化建设

加强北斗导航、物联网、云计算、大数据、移动互联等先进信息技术在物流领域的应用。加快企业物流信息系统建设，发挥核心物流企业整合能力，打通物流信息链，实现物流信息全程可追踪。加快物流公共信息平台建设，积极推进全社会物流信息资源的开发利用，支持运输配载、跟踪追溯、库存监控等有实际需求、具备可持续发展前景的物流信息平台发展，鼓励各类平台创新运营服务模式。进一步推进交通运输物流公共信息平台发展，整合铁路、公路、水路、民航、邮政、海关、检验检疫等信息资源，促进物流信息与公共服务信息有效对接，鼓励区域间和行业内的物流平台信息共享，实现互联互通。

（三）推进物流技术装备现代化

加强物流核心技术和装备研发，推动关键技术装备产业化，鼓励物流企业采用先进适用技术和装备。加快食品冷链、医药、烟草、机械、汽车、干散货、危险化学品等专业物流装备的研发，提升物流装备的专业化水平。积极发展标准化、厢式化、专业化的公路货运车辆，逐步淘汰栏板式货车。推广铁路重载运输技术装备，积极发展铁路特种、专用货车以及高铁快件等运输技术装备，加强物流安全检测技术与装备的研发和推广应用。吸收引进国际先进物流技术，提高物流技术自主创新能力。

（四）加强物流标准化建设

加紧编制并组织实施物流标准中长期规划，完善物流标准体系。按照重点突出、结构合理、层次分明、科学适用、基本满足发展需要的要求，完善国家物流标准体系框架，加强通用基础类、公共类、服务类及专业类物流标准的制定工作，形成一批对全国物流业发展和服务水平提升有重大促进作用的物流标准。注重物流标准与其他产业标准以及国际物流标准的衔接，科学划分推荐性和强制性物流标准，加大物流标准的实施力度，努力提升物流服务、物流枢纽、物流设施设备的标准化运作水平。调动企业在标准制修订工作中的积极性，推进重点物流企业参与专业领域物流技术标准和管理标准的制定和标准化试点工作。加强物流标准的培训宣传和推广应用。

（五）推进区域物流协调发展

落实国家区域发展整体战略和产业布局调整优化的要求，继续发挥全国性物流节点城市和区域性物流节点城市的辐射带动作用，推动区域物流协调发展。按照建设丝绸之路经济带、海上丝绸之路、长江经济带等重大战略规划要求，加快推进重点物流区域和联通国际国内的物流通道建设，重点打造面向中亚、南亚、西亚的战略物流枢纽及面向东盟的陆海联运、江海联运节点和重要航空港，建立省际和跨国合作机制，促进物流基础设施互联互通和信息资源共享。东部地区要适应居民消费加快升级、制造业转型、内外贸一体化的趋势，进一步提升商贸物流、制造业物流和国际物流的服务能力，探索国际国内物流一体化运作模式。按照推动京津冀协同发展、环渤海区域合作和发展等要求，加快商贸物流业一体化进程。中部地区要发挥承东启西、贯通南北的区位优势，加强与沿海、沿边地区合作，加快陆港、航空口岸建设，构建服务于产业转移、资源输送和南北区域合作的物流通道和枢纽。西部地区要结合推进丝绸之路经济带建设，打造物流通道，改善区域物流条件，积极发展具有特色优势的农产品、矿产品等大宗商品物流产业。东北地区要加快构建东北亚沿边物流带，形成面向俄罗斯、连接东北亚及欧洲的物流大通道，重点推进制造业物流和粮食等大宗资源型商品物流发展。物流节点城市是区域物流发展的重要枢纽，要根据产业特点、发展水平、设施状况、市场需求、功能定位等，加强物流基础设施的规划布局，改善产业发展环境。

（六）积极推动国际物流发展

加强枢纽港口、机场、铁路、公路等各类口岸物流基础设施建设。以重点开发开放试验区为先导，结合发展边境贸易，加强与周边国家和地区的跨境物流体系和走廊建设，加快物流基础设施互联互通，形成一批国际货运枢纽，增强进出口货物集散能力。加强境内外口岸、内陆与沿海、沿边口岸的战略合作，推动海关特殊监管区域、国际陆港、口岸等协调发展，提高国际物流便利化水平。建立口岸物流联检联动机制，进一步提高通关效率。积极构建服务于全球贸易和营销网络、跨境电子商务的物流支撑体系，为国内企业"走出去"和开展全球业务提供物流服务保障。支持优势物流企业加强联合，构建国际物流服务网络，打造具有国际竞争力的跨国物流企业。

（七）大力发展绿色物流

优化运输结构，合理配置各类运输方式，提高铁路和水路运输比重，促进节能减排。大力发展甩挂运输、共同配送、统一配送等先进的物流组织模式，提高储运工具的信息化水平，减少返空、迂回运输。鼓励采用低能耗、低排放运输工具和节能型绿色仓储设施，推广集装单元化技术。借鉴国际先进经验，完善能耗和排放监测、检测认证制度，加快建立绿色物流评估标准和认证体系。加强危险品水运管理，最大限度减少环境事故。鼓励包装重复使用和回收再利用，提高托盘等标准化器具和包装物的循环利用水平,构建低环境负荷的循环物流系统。大力发展回收物流,鼓励生产者、再生资源回收利用企业联合开展废旧产品回收。推广应用铁路散堆装货物运输抑尘技术。

五、重点工程

(一)多式联运工程

加快多式联运设施建设,构建能力匹配的集疏运通道,配备现代化的中转设施,建立多式联运信息平台。完善港口的铁路、公路集疏运设施,提升临港铁路场站和港站后方通道能力。推进铁路专用线建设,发挥铁路集装箱中心站作用,推进内陆城市和港口的集装箱场站建设。构建与铁路、机场和公路货运站能力匹配的公路集疏运网络系统。发展海铁联运、铁水联运、公铁联运、陆空联运,加快推进大宗散货水铁联运、集装箱多式联运,积极发展干支直达和江海直达等船舶运输组织方式,探索构建以半挂车为标准荷载单元的铁路驮背运输、水路滚装运输等多式联运体系。

(二)物流园区工程

在严格符合土地利用总体规划、城市总体规划的前提下,按照节约、集约用地的原则,在重要的物流节点城市加快整合与合理布局物流园区,推进物流园区水、电、路、通信设施和多式联运设施建设,加快现代化立体仓库和信息平台建设,完善周边公路、铁路配套,推广使用甩挂运输等先进运输方式和智能化管理技术,完善物流园区管理体制,提升管理和服务水平。结合区位特点和物流需求,发展货运枢纽型、生产服务型、商贸服务型、口岸服务型和综合服务型物流园区,以及农产品、农资、钢铁、煤炭、汽车、医药、出版物、冷链、危险货物运输、快递等专业类物流园区,发挥物流园区的示范带动作用。

(三)农产品物流工程

加大粮食仓储设施建设和维修改造力度,满足粮食收储需要。引进先进粮食仓储设备和技术,切实改善粮食仓储条件。积极推进粮食现代物流设施建设,发展粮食储、运、装、卸"四散化"和多式联运,开通从东北入关的铁路散粮列车和散粮集装箱班列,加强粮食产区的收纳和发放设施、南方销区的铁路和港口散粮接卸设施建设,解决"北粮南运"运输"卡脖子"问题。推进棉花运输装卸机械化、仓储现代化、管理信息化,加强主要产销区的物流节点及铁路专用线建设,支持企业开展纺织配棉配送服务。加强"南糖北运"及产地的运输、仓储等物流设施建设。加强鲜活农产品冷链物流设施建设,支持"南菜北运"和大宗鲜活农产品产地预冷、初加工、冷藏保鲜、冷链运输等设施设备建设,形成重点品种农产品物流集散中心,提升批发市场等重要节点的冷链设施水平,完善冷链物流网络。

（四）制造业物流与供应链管理工程

支持建设与制造业企业紧密配套、有效衔接的仓储配送设施和物流信息平台,鼓励各类产业聚集区域和功能区配套建设公共外仓,引进第三方物流企业。鼓励传统运输、仓储企业向供应链上下游延伸服务,建设第三方供应链管理平台,为制造业企业提供供应链计划、采购物流、入厂物流、交付物流、回收物流、供应链金融以及信息追溯等集成服务。加快发展具有供应链设计、咨询管理能力的专业物流企业,着力提升面向制造业企业的供应链管理服务水平。

（五）资源型产品物流工程

依托煤炭、石油、铁矿石等重要产品的生产基地和市场,加快资源型产品物流集散中心和物流通道建设。推进晋陕蒙（西）宁甘、内蒙古东部、新疆等煤炭外运重点通道建设,重点建设环渤海等大型煤炭储配基地和重点煤炭物流节点。统筹油气进口运输通道和国内储运体系建设,加快跨区域、与周边国家和地区紧密连接的油气运输通道建设,加强油气码头建设,鼓励发展油船、液化天然气船,加强铁矿石等重要矿产品港口（口岸）物流设施建设。

（六）城乡物流配送工程

加快完善城乡配送网络体系,统筹规划、合理布局物流园区、配送中心、末端配送网点等三级配送节点,搭建城市配送公共服务平台,积极推进县、乡、村消费品和农资配送网络体系建设。进一步发挥邮政及供销合作社的网络和服务优势,加强农村邮政网点、村邮站、"三农"服务站等邮政终端设施建设,促进农村地区商品的双向流通。推进城市绿色货运配送体系建设，完善城市配送车辆标准和通行管控措施，鼓励节能环保车辆在城市配送中的推广应用。加快现代物流示范城市的配送体系发展，建设服务连锁经营企业和网络销售企业的跨区域配送中心。发展智能物流基础设施，支持农村、社区、学校的物流快递公共取送点建设。鼓励交通、邮政、商贸、供销、出版物销售等开展联盟合作，整合利用现有物流资源，进一步完善存储、转运、停靠、卸货等基础设施，加强服务网络建设，提高共同配送能力。

（七）电子商务物流工程

适应电子商务快速发展需求，编制全国电子商务物流发展规划，结合国家电子商务示范城市、示范基地、物流园区、商业设施等建设，整合配送资源，构建电子商务物流服务平台和配送网络。建成一批区域性仓储配送基地，吸引制造商、电商、快递和零担物流公司、第三方服务公司入驻，提高物流配送效率和专业化服务水平。探索利用高铁资源，发展高铁快件运输。结合推进跨境贸易电子商务试点，完善一批快递转运中心。

（八）物流标准化工程

重点推进物流技术、信息、服务、运输、货代、仓储、粮食等农产品及加工食品、医药、汽车、家电、电子商务、邮政（含快递）、冷链、应急等物流标准的制修订工作，积极着手开展钢铁、机械、煤炭、铁矿石、石油石化、建材、棉花等大宗产品物流标准的研究制订工作。支持仓储和转运设施、运输工具、停靠和卸货站点的标准化建设和改造，制定公路货运标准化电子货单，推广托盘、集装箱、集装袋等标准化设施设备，建立全国托盘共用体系，推进管理软件接口标准化，全面推广甩挂运输试点经验。开展物流服务认证试点工作，推进物流领域检验检测体系建设，支持物流企业开展质量、环境和职业健康安全管理体系认证。

（九）物流信息平台工程

整合现有物流信息服务平台资源，形成跨行业和区域的智能物流信息公共服务平台。加强综合运输信息、物流资源交易、电子口岸和大宗商品交易等平台建设，促进各类平台之间的互联互通和信息共享。鼓励龙头物流企业搭建面向中小物流企业的物流信息服务平台，促进货源、车源和物流服务等信息的高效匹配，有效降低货车空驶率。以统一物品编码体系为依托，建设衔接企业、消费者与政府部门的第三方公共服务平台，提供物流信息标准查询、对接服务。建设智能物流信息平台，形成集物流信息发布、在线交易、数据交换、跟踪追溯、智能分析等功能为一体的物流信息服务中心。加快推进国家交通运输物流公共信息平台建设，依托东北亚物流信息服务网络等已有平台，开展物流信息化国际合作。

（十）物流新技术开发应用工程

支持货物跟踪定位、无线射频识别、可视化技术、移动信息服务、智能交通和位置服务等关键技术攻关，研发推广高性能货物搬运设备和快速分拣技术，加强沿海和内河船型、商用车运输等重要运输技术的研发应用。完善物品编码体系，推动条码和智能标签等标识技术、自动识别技术以及电子数据交换技术的广泛应用。推广物流信息编码、物流信息采集、物流载体跟踪、自动化控制、管理决策支持、信息交换与共享等领域的物流信息技术。鼓励新一代移动通信、道路交通信息通信系统、自动导引车辆、不停车收费系统以及托盘等集装单元化技术普及。推动北斗导航、物联网、云计算、大数据、移动互联等技术在产品可追溯、在线调度管理、全自动物流配送、智能配货等领域的应用。

（十一）再生资源回收物流工程

加快建立再生资源回收物流体系，重点推动包装物、废旧电器电子产品等生活废弃物和报废工程机械、农作物秸秆、消费品加工中产生的边角废料等有使用价值废弃物的回收物流发展。加大废弃物回收物流处理设施的投资力度，加快建设一批回收物流中心，提高回收物品的收集、分拣、加工、搬运、仓储、包装、维修等管理水平，实现废弃物的妥善处置、循环利用、无害环保。

（十二）应急物流工程

建立统一协调、反应迅捷、运行有序、高效可靠的应急物流体系，建设集满足多种应急需要为一体的物流中心，形成一批具有较强应急物流运作能力的骨干物流企业。加强应急仓储、中转、配送设施建设，提升应急物流设施设备的标准化和现代化水平，提高应急物流效率和应急保障能力。

建立和完善应急物流信息系统，规范协调调度程序，优化信息流程、业务流程和管理流程，推进应急生产、流通、储备、运输环节的信息化建设和应急信息交换、数据共享。

六、保障措施

（一）深化改革开放

加快推进物流管理体制改革，完善各层级的物流政策综合协调机制，进一步发挥全国现代物流工作部际联席会议作用。按照简政放权、深化行政审批制度改革的要求，建立公平透明的市场准入标准，进一步放宽对物流企业资质的行政许可和审批条件，改进审批管理方式。落实物流企业设立非法人分支机构的相关政策，鼓励物流企业开展跨区域网络化经营。引导企业改革"大而全""小而全"的物流运作模式，制定支持企业分离外包物流业务和加快发展第三方物流的措施，充分整合利用社会物流资源，提高规模化水平。加强与主要贸易对象国及台港澳等地区的政策协调和物流合作，推动国内物流企业与国际先进物流企业合作交流，支持物流企业"走出去"。做好物流业外资并购安全审查工作，扩大商贸物流、电子商务领域的对外开放。

（二）完善法规制度

尽快从国民经济行业分类、产业统计、工商注册及税目设立等方面明确物流业类别，进一步明确物流业的产业地位。健全物流业法律法规体系，抓紧研究制修订物流业安全监管、交通运输管理和仓储管理等相关法律法规或部门规章，开展综合性法律的立法准备工作，在此基础上择机研究制订物流业促进方面的法律法规。

（三）规范市场秩序

加强对物流市场的监督管理，完善物流企业和从业人员信用记录，纳入国家统一的信用信息平台。增强企业诚信意识，建立跨地区、跨行业的联合惩戒机制，加大对失信行为的惩戒力度。加强物流信息安全管理，禁止泄露转卖客户信息。加强物流服务质量满意度监测，开展安全、诚信、优质服务创建活动。鼓励企业整合资源、加强协作，提高物流市场集中度和集约化运作水平，减少低水平无序竞争。加强对物流业市场竞争行为的监督检查，依法查处不正当竞争和垄断行为。

（四）加强安全监管

加强对物流企业的安全管理，督促物流企业切实履行安全主体责任，严格执行国家强制标准，保证运输装备产品的一致性。加强对物流车辆和设施设备的检验检测，确保车辆安全性符合国家规定、设施设备处于良好状态。禁止超载运输，规范超限运输。危险货物运输要强化企业经理人员安全管理职责和车辆动态监控。加大安全生产经费投入，及时排查整改安全隐患。加大物流业贯彻落实国家信息安全等级保护制度力度，按照国家信息安全等级保护管理规范和技术标准要求同步实施物流信息平台安全建设，提高网络安全保障能力。建立健全物流安全监管信息共享机制，物流信息平台及物流企业信息系统要按照统一技术标准建设共享信息的技术接口。道路、铁路、民航、航运、邮政部门要进一步规范货物收运、收寄流程，进一步落实货物安全检查责任，采取严格的货物安全检查措施并增加开箱检查频次，加大对瞒报货物品名行为的查处力度，严防普通货物中夹带违禁品和危险品。推广使用技术手段对集装箱和货运物品进行探测查验，提高对违禁品和危险品的发现能力。加大宣传教育力度，曝光违法违规托运和夹带违禁品、危险品的典型案件和查处结果，增强公众守法意识。

（五）完善扶持政策

加大土地等政策支持力度，着力降低物流成本。落实和完善支持物流业发展的用地政策，依法供应物流用地，积极支持利用工业企业旧厂房、仓库和存量土地资源建设物流设施或者提供物流服务，涉及原划拨土地使用权转让或者租赁的，应按规定办理土地有偿使用手续。认真落实物流业相关税收优惠政策。研究完善支持物流企业做强做大的扶持政策，培育一批网络化、规模化发展的大型物流企业。严格执行鲜活农产品运输"绿色通道"政策。研究配送车辆进入城区作业的相关政策，完善城市配送车辆通行管控措施。完善物流标准化工作体系，建立相关部门、行业组织和标准技术归口单位的协调沟通机制。

（六）拓宽投资融资渠道

多渠道增加对物流业的投入，鼓励民间资本进入物流领域。引导银行业金融机构加大对物流企业的信贷支持，针对物流企业特点推动金融产品创新，推动发展新型融资方式，为物流业发展提供更便利的融资服务。支持符合条件的物流企业通过发行公司债券、非金融企业债务融资工具、企业债券和上市等多种方式拓宽融资渠道。继续通过政府投资对物流业重点领域和薄弱环节予以支持。

（七）加强统计工作

提高物流业统计工作水平，明确物流业统计的基本概念，强化物流统计理论和方法研究，科学划分物流业统计的行业类别，完善物流业统计制度和评价指标体系，促进物流统计台账和会计核算科目建设，做好社会物流总额和社会物流成本等指标的调查统计工作，及时准确反映物流业的发展规模和运行效率；构建组织体系完善、调查方法科学、技术手段先进、队伍素质优良的现代物流统计体系，推动各省（区、市）全面开展物流统计工作，进一步提高物流统计数据质量和工作水平，为政府宏观管理和企业经营决策提供参考依据。

（八）强化理论研究和人才培养

加强物流领域理论研究，完善我国现代物流业理论体系，积极推进产学研用结合。着力完善物流学科体系和专业人才培养体系，以提高实践能力为重点，按照现代职业教育体系建设要求，探索形成高等学校、中等职业学校与有关部门、科研院所、行业协会和企业联合培养人才的新模式。完善在职人员培训体系，鼓励培养物流业高层次经营管理人才，积极开展职业培训，提高物流业从业人员业务素质。

（九）发挥行业协会作用

要更好地发挥行业协会的桥梁和纽带作用，做好调查研究、技术推广、标准制订和宣传推广、信息统计、咨询服务、人才培养、理论研究、国际合作等方面的工作。鼓励行业协会健全和完善各项行业基础性工作，积极推动行业规范自律和诚信体系建设，推动行业健康发展。

七、组织实施

各地区、各部门要充分认识促进物流业健康发展的重大意义，采取有力措施，确保各项政策落到实处、见到实效。地方各级人民政府要加强组织领导，完善协调机制，结合本地实际抓紧制定具体落实方案，及时将实施过程中出现的新情况、新问题报送发展改革委和交通运输部、商务部等有关部门。国务院各有关部门要加强沟通，密切配合，根据职责分工完善各项配套政策措施。发展改革委要加强统筹协调，会同有关部门研究制定促进物流业发展三年行动计划，明确工作安排及时间进度，并做好督促检查和跟踪分析，重大问题及时报告。

国家发展改革委关于印发《"互联网+"高效物流实施意见》的通知

发改经贸〔2016〕1647号

国务院有关部委、直属单位,各省、自治区、直辖市及计划单列市人民政府:

为贯彻落实《国务院关于积极推进"互联网+"行动的指导意见》(国发〔2015〕40号),发展改革委会同有关部门研究制定了《"互联网+"高效物流实施意见》,经国务院同意,现印发你们,请认真贯彻执行。

附件:《"互联网+"高效物流实施意见》

国家发展改革委
2016年7月29日

"互联网+"高效物流实施意见

物流业是现代服务业的重要组成部分,也是当前经济和社会发展中的突出短板。发展"互联网+"高效物流,是适度扩大总需求、推进结构性改革尤其是供给侧结构性改革的重要举措,对有效降低企业成本、便利群众生活、促进就业、提高全要素生产率具有重要意义。为深入贯彻落实《国务院关于积极推进"互联网+"行动的指导意见》(国发〔2015〕40号),大力推进"互联网+"高效物流发展,提高全社会物流质量、效率和安全水平,经国务院同意,提出以下实施意见。

一、总体要求

（一）指导思想

全面贯彻党的十八大和十八届三中、四中、五中全会精神，牢固树立和贯彻落实创新、协调、绿色、开放、共享的新发展理念，深入推进供给侧结构性改革，顺应物流领域科技与产业发展的新趋势，加快完善物流业相关政策法规和标准规范，推动大数据、云计算、物联网等先进信息技术与物流活动深度融合，推进"互联网+"高效物流与大众创业万众创新紧密结合，创新物流资源配置方式，大力发展商业新模式、经营新业态，提升物流业信息化、标准化、组织化、智能化水平，实现物流业转型升级，为国民经济提质增效提供有力支撑。

（二）基本原则

——深化改革，激发活力。着力打破制约"互联网+"物流发展的体制机制障碍，加快调整完善政策法规，统一相关行业标准，创新制度供给，最大限度地释放企业创新发展的内生动力，增强市场活力。

——互联互通，开放共享。推动政府物流数据信息向社会公开，完善信息交换开放标准体系，促进企业间物流信息以及企业商业信息与政府公共服务信息的开放对接，实现物流信息互联互通与充分共享。

——市场主导，政府引导。充分发挥市场在物流资源配置中的决定性作用，强化企业主体地位，激发企业活力和创造力。深入推进简政放权、放管结合、优化服务改革，加快转变政府职能、提高效能，为物流新模式、新业态发展营造良好的制度环境。

——技术引领，创新发展。以先进信息技术为依托，优化物流企业业务流程，创新物流活动组织方式，发挥新技术引领的经营管理创新在物流业转型升级中的关键作用。

（三）发展目标

先进信息技术在物流领域广泛应用，仓储、运输、配送等环节智能化水平显著提升，物流组织方式不断优化创新；基于互联网的物流新技术、新模式、新业态成为行业发展新动力，与"互联网+"高效物流发展相适应的行业管理政策体系基本建立；形成以互联网为依托，开放共享、合作共赢、高效便捷、绿色安全的智慧物流生态体系，物流效率效益大幅提高。

二、主要任务

（四）构建物流信息互联共享体系

推动传统物流活动向信息化、数据化方向发展，促进物流相关信息特别是政府部门信息的开放共享，夯实"互联网＋"高效物流发展的信息基础，形成互联网融合创新与物流效率提升的良性互动。

——引导物流活动数据化。加快物流企业信息化建设，通过电子化、数据化方式采集物流交易和物流活动信息，推广应用电子面单、电子合同等数据化物流活动信息载体，为"互联网＋"高效物流发展创造基础条件，促进物流活动和物流交易传统模式革新。

——加强物流信息标准化。加快物流技术、装备、流程、服务、安全等标准制修订工作，建立健全物流数据采集、管理、开放、应用等相关标准规范，重点完善包装、托盘、周转箱、货品编码等标准。加强基础共性标准、关键技术标准和重点应用标准研究，制修订一批行业急需的企业间物流信息交互标准以及物流公共信息平台应用开发、通用接口、数据传输等标准，并加强推广应用。

——推动物流数据开放化。研究制定政府物流数据开放目录，规范数据开放的具体方式、内容、对象等。促进公安、海关、质检、港口、铁路、路政、工商、税务等部门信息共享，推动公路、铁路、水运、航空等不同交通运输方式之间的信息衔接。引导行业协会、公共服务和科研机构等采集和分析物流运行数据，支持公共服务机构、大型企业针对社会化物流需求提供基于物联网、云计算、大数据的各类应用服务。探索制定物流数据商业化服务规则。

——促进物流信息平台协同化。加快推进国家交通运输物流公共信息平台建设与应用，加强综合运输信息以及物流资源交易、车货匹配、安全监管等信息平台建设，推动平台之间数据对接、信息互联，促进互通省际、下达市县、兼顾乡村的物流信息共享，实现物流活动全程监测预警、实时跟踪查询。鼓励物流龙头企业搭建面向中小物流企业的物流信息服务平台，促进货源、车（船）源和物流服务等信息的高效匹配，有效降低运输载具空驶率，为优化社会物流资源配置提供平台支撑。

专栏 1 物流信息互联互通工程

1. 物流大数据信息集成工程。依托国家交通运输物流公共信息平台，按照开放、公益的原则，综合政府、企业与社会各类基础和专用信息，形成物流大数据中心，实现物流信息资源的互联共享，并加强对数据的挖掘应用。

负责单位：发展改革委、交通运输部、网信办、海关总署等。

目标及完成时限：2016 年底，完成物流大数据中心相关信息集成系统设计调整，2017 年底试运行，开展数据汇集分析工作。

2. 互联交换标准推广工程。完善综合运输信息互联交换标准体系，依托国家交通运输物流公共信息平台，建设铁路、水路、公路、航空、邮政等物流信息交换节点，拓展与东北亚、东盟、欧盟国家（地区）港口的物流信息共享交换。

负责单位：交通运输部、发展改革委、海关总署、铁路局、民航局、邮政局、中国铁路总公司。

目标及完成时限：到 2018 年底，初步构建起多种运输方式间信息互联交换标准体系，物流信息互联交换基础网络基本建成，实现充分有效的互联互通。

3. 水路便利运输电子口岸信息平台工程。依托电子口岸平台，构建服务于对外开放港口海关、检验检疫和边检机关，以及相关企业的分布式港航信息交换共享体系，按统一标准对接融入口岸国际贸易"单一窗口""三互"（监管互认、执法互助、信息互换）体系；建立覆盖所有对外开放港口的港航综合信息服务平台、电子联检服务平台，提高各单位业务协同服务效率。

负责单位：交通运输部、海关总署、质检总局、公安部。

目标及完成时限：到 2018 年，基本建成服务于对外开放港口的分布式港航信息交换共享体系，有效支撑口岸监管部门联合执法，提高协同服务效率；初步建成港航综合信息服务平台，面向港航企业、航运船舶提供准确权威的进出港相关信息服务。

（五）提升仓储配送智能化水平

利用互联网等先进信息技术手段，重塑企业物流业务流程，创新企业资源组织方式，促进线上线下融合发展，提高仓储、配送等环节运行效率及安全水平。

——完善智能仓储配送设施网络。鼓励物流骨干企业、行业协会、公共服务机构等各类市场主体参与云（云计算）、网（宽带网）、端（各种终端）等智能物流基础设施建设。支持物流企业建设智能化立体仓库，应用智能化物流装备提升仓储、运输、分拣、包装等作业效率和仓储管理水平。鼓励建设低耗节能型冷库。大力推广应用智能快（邮）件箱，新建或改造利用现有资源，组织开展智能快（邮）件箱进社区、进机关、进学校、进商务区专项行动。整合利用现有邮政、供销、交通等物流网点和渠道，推动县级仓储配送中心、农村物流快递公共取送点建设，支持农产品标准化包装和保鲜设施建设，打通农资、消费品下乡和农产品进城高效便捷通道，切实解决好农产品进城"最初一公里"和工业品下乡"最后一公里"的配送难题。

——加强先进仓储配送技术研发与应用。围绕产品可追溯、在线调度管理、智能配货等重点环节，开展货物跟踪定位、无线射频识别、可视化、移动信息服务、导航集成系统等关键技术研发应用。在各级仓储单元推广应用二维码、无线射频识别、集成传感等物联网感知与大数据技术，实现仓储设施与货物的实时跟踪、网络化管理以及库存信息的高度共享。鼓励物流机器人技术开发，促进机器人在物流领域应用，重点突破机器人影像识别拣选、高密度存储机械臂拣选、语音拣选等技术，开展仓内机器人多模式应用。

——提升智慧物流配送水平。鼓励建设物流配送云服务平台，依托大数据、云计算、北斗导航等技术采集交通路况、气象等信息，加强对物流配送车辆、人员、温控等要素的实时监控，统筹利用相关数据资源，优化配送路线和运力，并依据实时路况动态调整，做好供应商、配送车辆、网点、用户等各环节信息的精准对接，大幅提高配送效率。加强智能冷链物流能力建设。鼓励企业使用符合标准的低碳环保配送车型和智能化托盘等集装单元化技术，提升配送的标准化、智能化水平。

专栏 2 智能仓储和协同配送工程

1.国家智能化仓储物流示范基地。结合国家级物流园区示范工作，引导企业在重要物流节点和物流集散地规划建设或改造一批国家智能化仓储物流示范基地（园区），推动仓储设施从传统结构向网格结构升级，建立深度感知智能仓储系统，实现存、取、管全程智能化。

负责单位：发展改革委、商务部。

目标及完成时限：2017年上半年，在全国重要物流节点首批选取10个左右的物流基地（园区）开展示范，统一存储物品编码体系，推广应用二维码、无线射频识别等感知技术，实现仓储设施与货物的实时跟踪和在线管理，提高库存周转率。

2.城市共同配送工程。结合共同配送试点、物流标准化试点和现代物流创新发展城市试点等，完善城市物流配送服务体系，推广应用智能快（邮）件箱，利用城市配送互联网平台和车联网技术，培育城市配送服务平台，整合城市配送运力资源，提升城市配送管理水平。

负责单位：商务部、交通运输部、发展改革委、公安部、邮政局。

目标及完成时限：到2016年底，培育一批城市配送互联网平台，建设一批智能快（邮）件箱系统。到2018年底，试点城市建立完善的物流配送三级体系和末端配送网络。

（六）发展高效便捷物流新模式

依托互联网等先进信息技术，创新物流企业经营和服务模式，将各种运输、仓储等物流资源在更大的平台上进行整合和优化，扩大资源配置范围，提高资源配置有效性，全面提升社会物流效率。

——"互联网+"车货匹配。发展公路港等物流信息平台，整合线下物流资源，打造线上线下联动公路港网络，促进车货高效匹配，拓展信用评价、交易结算、融资保险、全程监控等增值服务。组织开展道路货运无车承运人试点，完善相关管理政策，鼓励利用物联网等先进技术优化业务流程，提高物流流程标准化和物流过程可视化水平，促进公路货运的集约化、高效化、规范化发展。

——"互联网+"运力优化。鼓励企业利用大数据、云计算技术，加强货物流量、流向的预测预警，推进货物智能分仓与库存前置，提高物流链条中不同企业间的协同运作水平，优化货物运输路径，实现对配送场站、运输车辆和人员的精准调度。

——"互联网+"运输协同。制定出台多式联运发展推进办法，支持多式联运公共信息平台建设，加快不同业务系统之间的对接，推动多式联运信息交换共享。培育多式联运经营主体，在重点领域探索实行"一票到底"的联运服务，研究应用电子运单。探索完善海关多式联运监管模式。

——"互联网+"仓储交易。鼓励企业依托互联网、物联网等先进信息技术建立全国性或区域性仓储资源网上交易平台，推动仓储资源在线开放和实时交易，整合现有仓储设施资源，提高仓储利用效率，降低企业使用成本。探索建立全国物流金融网上服务平台，完善仓单登记、公示及查询体系，有效防范仓单重复质押等金融风险。

——"互联网+"物流企业联盟。支持以资源整合、利益共享为核心的物流企业联盟，依托互联网信息技术整合社会分散的运输、仓储、配送等物流业务资源，推动实现合同签订、车辆调度、运费结算等统筹管理，规范运营流程，提高货运组织化水平，提升物流服务能力和效率，带动广大中小企业集约发展。鼓励依托企业联盟的跨区域甩挂运输发展。

——"互联网+"供应链管理。鼓励物流企业依托互联网向供应链上下游提供延伸服务，推进物流与制造、商贸、金融等产业互动融合、协同发展。支持供应链管理综合服务商建设智慧供应链管理服务体系，发展适应"互联网+"大规模定制的智能集成式物流模式，面向小批量、多品类、快速生产、快速交货和连续补货等新需求，提供物流服务解决方案。

专栏 3 便捷运输工程

1. 无车承运人试点。鼓励依托互联网平台的无车承运人发展，通过开展试点，对符合条件的无车承运企业赋予运输经营资质，整合货物运输资源，提高运输组织化、规模化水平。

负责单位：交通运输部、发展改革委等。

目标及完成时限：到2016年底，编制试点方案，启动相关准备工作。2017年上半年，确定首批无车承运人试点名单，正式开展试点。

2. 骨干物流信息平台试点。探索打造适应物流信息平台创新发展的政策环境，支持现有车（船）货匹配、仓储资源交易等物流信息平台发展和优化整合。依托国家交通运输物流公共信息平台等，建立国家骨干物流信息网络，打通物流信息链，实现物流信息全程可追踪。

负责单位：发展改革委、交通运输部、网信办等。

目标及完成时限：到2016年底，制定试点工作方案，启动相关准备工作。2017年上半年，确定试点信息平台名单，并制定平台互联互通方案，正式开展试点。2018年，依托试点平台，初步建立国家骨干物流信息网络。

3. 多式联运示范。研究制定统一的多式联运服务规则和标准，完善信息交换通道和技术标准，依托多式联运示范项目实施，促进物流信息在不同运输方式之间的衔接共享，探索、加快专业化、综合性多式联运信息平台建设，完善多式联运运输组织一体化解决方案，提供全程无缝衔接的一体化运输服务。

负责单位：交通运输部、发展改革委、中国铁路总公司。

目标及完成时限：2016年8月前，确定多式联运示范企业和示范线路，完善实施方案，组织开展示范工作。到2017年底，总结示范经验，研究制定统一的多式联运服务规则和标准，初步实现信息有效共享。

4. 铁路物流综合提升工程。发挥铁路干线运输和互联网信息集成优势，提高铁路资源利用率，支持铁路货运场站向综合物流基地转型升级，加强铁路与邮政、快递设施的衔接协同，积极发展高铁快运及电商快递班列等铁路快捷货运产品，推动铁路资源开放共享，提高铁路物流服务质量，加快构建绿色环保、安全高效、综合能耗低的铁路物流体系。

负责单位：发展改革委、交通运输部、铁路局、邮政局、中国铁路总公司。

目标及完成时限：到2018年底，铁路运量在中长距离货物运输中的占比进一步提升，基本建立与公路、水路运输分工协作、优势互补、合作共赢的货物运输新格局。

（七）营造开放共赢的物流发展环境

加快调整不适应"互联网+"高效物流发展的管理规定，利用先进信息技术提高物流行业的监测、预警和管理水平。

——创新管理体制机制。深化物流相关领域改革，系统梳理、修订、完善相关政策法规，打破地方保护和行业垄断，破除制约互联网与物流业融合创新发展的体制机制障碍，促进物流新业态、新模式发展。在保障安全的前提下，简化物流企业设立和开展业务的行政审批手续，最大程度减少对物流企业业务创新的限制，培育骨干物流企业，增强物流发展新动能。在边境省（区）建设国际道路运输管理与服务信息系统，为从事跨境运输的车辆办理出入境手续和通行提供便利和保障。

——提升行业监管水平。探索建立基于互联网的物流政务信息资源共享和业务协同机制，充分发挥大数据在物流市场监管体系建设运行中的作用，通过数据收集、分析和管理，完善事中、事后监管，提高物流运行监测、预测预警、公共服务能力，推动实现货物来源可追溯、运输可追踪、责任可倒查、违法必追究。加强物流服务质量监测，推进物流服务质量提升。指导各地开展城市配送需求量调查等前瞻性研究，为科学配置城市配送资源，实现城市配送精细、高效管理提供基础依据。充分发挥行业协会和产业联盟在行业自律、产业研究、标准宣贯、统计监测、人员培训、宣传推广等方面的作用，助推行业健康发展。

——维护网络和数据安全。按照国家网络和信息安全等级保护制度要求，加强"互联网+"高效物流重要信息系统的安全保障。建设完善集网络安全、态势感知、实时监测、通报预警、应急处置、信息安全等级保护于一体的综合防御体系。落实网络数据采集、传输、共享、利用、销毁等环节的安全管理和技术保护措施，完善数据跨境流动管理制度，保障重要数据安全。

——构建公平有序市场环境。完善相关领域市场准入制度，鼓励各类社会资本参与互联网和物流业的深度融合，推动物流业规模化、集约化、网络化发展。探索电商物流企业等级评定和信用分级管理，支持建立以消费者评价为基础，以专业化第三方评估为主体的市场化电商物流信用评级机制。加强部门协作，推动信用信息公开共享，提供一体化、集成化物流信用信息服务。完善物流行业信用信息披露机制，研究将大型物流信息平台的用户信用状况纳入全国信用信息共享平台，通过"信用中国"网站依法公开，为物流业务开展创造良好环境。

专栏 4 物流行业管理提升工程

1. 物流信用体系建设工程。依托全国信用信息共享平台，积极发挥国家交通运输物流公共信息平台、各大型经营性物流信息平台和社会征信机构作用，加快推进物流业法人单位和从业人员信用记录建设，整合交通、运管、路政、工商、税务、银行、保险、司法等信用信息，推动物流信用信息的共享和应用，构建守信联合激励和失信联合惩戒机制。

负责单位：发展改革委、公安部、交通运输部、人民银行、工商总局、网信办、标准委。

目标及完成时限：到2016年底，形成物流行业信用信息系统建设方案；2017年，与相关经营性物流信息平台进行数据汇集整合，实现物流行业信用信息系统的试运行。

2. 国际道路运输管理与服务信息系统建设工程。在边境省（区）开展国际道路运输管理与服务信息系统建设，形成国际道路运输数据中心，实现行车许可证管理、路单运单管理、出入境运输车辆备案管理、口岸现场查验等业务数字化管理，完善汽车出入境证件网上申请、业务咨询等国际道路运输公众信息服务功能。

负责单位：交通运输部、海关总署、公安部、质检总局。

目标及完成时限：到2018年底，基本建成50个以上公路口岸信息管理与服务系统，升级改造现有各口岸信息管理系统，实现与海关、检验检疫、边检等口岸管理部门数据共享和交换，以及与交通运输部国际道路运输管理系统有效对接。

三、组织实施

（八）加强组织协调

充分发挥"互联网+"行动部际联席会议和全国现代物流工作部际联

席会议等重要工作机制作用,建立健全"互联网+"高效物流工作协调推进机制,促进互联网与物流业融合发展。国务院各有关部门要按照职责分工,认真落实各项工作任务,强化服务意识,加强协调配合,为"互联网+"高效物流发展创造良好条件。发展改革委要加强统筹协调,做好督促检查和跟踪分析,定期总结推广试点示范经验和国内外先进做法,重大问题及时向国务院报告。各地区要结合实际制定配套措施,抓好政策落实,形成政策协同效应和工作合力。

(九)加大资金、土地、税收、金融等政策支持力度

进一步落实支持物流业发展的用地政策,对符合土地利用总体规划要求的物流设施建设项目,加快用地审批进度,保障项目依法依规用地。中央和地方财政资金通过现有渠道积极支持符合条件的智能仓储配送设施,物流云、网、端等应用基础设施以及物流标准化信息化等项目建设。结合全面推开营改增试点,创新财税扶持方式,落实好无运输工具承运业务按照交通运输服务缴纳增值税政策,研究完善交通运输业个体纳税人异地代开增值税专用发票管理制度。引导银行业金融机构在风险可控、商业可持续的前提下,加大对物流企业特别是小微企业和个体运输户的信贷支持力度。在双创示范基地和支撑平台建设过程中,对"互联网+"高效物流项目给予重点倾斜,通过众创、众包、众扶、众筹等支持平台,加大对物流企业创业创新活动的引导和支持力度。充分利用高速铁路等轨道交通运输系统,建立开放共享、公平竞争的物流平台,实现货物快速运输以及铁路与物流企业互利共赢。

(十)加强人才队伍建设

鼓励企业与高校、公共服务机构、行业协会等合作设立培训基地与研发机构,联合培养互联网和物流领域复合型专业人才,完善激励机制,培育一批物流新技术、新设备研发应用领军人才和技术带头人。充分利用现有人才引进计划,引进国际物流领域高端人才,大力推进"互联网+"高效物流发展提供高水平的智力支持。

国务院办公厅关于发挥品牌引领作用推动供需结构升级的意见

国办发〔2016〕44号

各省、自治区、直辖市人民政府，国务院各部委、各直属机构：

品牌是企业乃至国家竞争力的综合体现，代表着供给结构和需求结构的升级方向。当前，我国品牌发展严重滞后于经济发展，产品质量不高、创新能力不强、企业诚信意识淡薄等问题比较突出。为更好发挥品牌引领作用、推动供给结构和需求结构升级，经国务院同意，现提出以下意见：

一、重要意义

随着我国经济发展，居民收入快速增加，中等收入群体持续扩大，消费结构不断升级，消费者对产品和服务的消费提出更高要求，更加注重品质，讲究品牌消费，呈现出个性化、多样化、高端化、体验式消费特点。发挥品牌引领作用，推动供给结构和需求结构升级，是深入贯彻落实创新、协调、绿色、开放、共享发展理念的必然要求，是今后一段时期加快经济发展方式由外延扩张型向内涵集约型转变、由规模速度型向质量效率型转变的重要举措。发挥品牌引领作用，推动供给结构和需求结构升级，有利于激发企业创新创造活力，促进生产要素合理配置，提高全要素生产率，提升产品品质，实现价值链升级，增加有效供给，提高供给体系的质量和效率；有利于引领消费，创造新需求，树立自主品牌消费信心，挖掘消费潜力，更好发挥需求对经济增长的拉动作用，满足人们更高层次的物质文化需求；有利于促进企业诚实守信，强化企业环境保护、资源节约、公益慈善等社会责任，实现更加和谐、更加公平、更可持续的发展。

二、基本思路

按照党中央、国务院关于推进供给侧结构性改革的总体要求，积极探索有效路径和方法，更好发挥品牌引领作用，加快推动供给结构优化升级，适应引领需求结构优化升级，为经济发展提供持续动力。以发挥品牌引领作用为切入点，充分发挥市场决定性作用、企业主体作用、政府推动作用和社会参与作用，围绕优化政策法规环境、提高企业综合竞争力、营造良好社会氛围，大力实施品牌基础建设工程、供给结构升级工程、需求结构升级工程，增品种、提品质、创品牌，提高供给体系的质量和效率，满足居民消费升级需求，扩大国内消费需求，引导境外消费回流，推动供给总量、供给结构更好地适应需求总量、需求结构的发展变化。

三、主要任务

发挥好政府、企业、社会作用，立足当前，着眼长远，持之以恒，攻坚克难，着力解决制约品牌发展和供需结构升级的突出问题。

（一）进一步优化政策法规环境

加快政府职能转变，创新管理和服务方式，为发挥品牌引领作用推动供给结构和需求结构升级保驾护航。完善标准体系，提高计量能力、检验检测能力、认证认可服务能力、质量控制和技术评价能力，不断夯实质量技术基础。增强科技创新支撑，为品牌发展提供持续动力。健全品牌发展法律法规，完善扶持政策，净化市场环境。加强自主品牌宣传和展示，倡导自主品牌消费。

（二）切实提高企业综合竞争力

发挥企业主体作用，切实增强品牌意识，苦练内功，改善供给，适应需求，做大做强品牌。支持企业加大品牌建设投入，增强自主创新能力，追求卓越质量，不断丰富产品品种，提升产品品质，建立品牌管理体系，提高品牌培育能力。引导企业诚实经营，信守承诺，积极履行社会责任，不断提升品牌形象。加强人才队伍建设，发挥企业家领军作用，培养引进品牌管理专业人才，造就一大批技艺精湛、技术高超的技能人才。

（三）大力营造良好社会氛围

凝聚社会共识，积极支持自主品牌发展，助力供给结构和需求结构升级。培养消费者自主品牌情感，树立消费信心，扩大自主品牌消费。发挥好行业协会桥梁作用，加强中介机构能力建设，为品牌建设和产业升级提供专业有效的服务。坚持正确舆论导向，关注自主品牌成长，讲好中国品牌故事。

四、重大工程

根据主要任务，按照可操作、可实施、可落地的原则，抓紧实施以下重大工程。

（一）品牌基础建设工程。围绕品牌影响因素，打牢品牌发展基础，为发挥品牌引领作用创造条件

1. 推行更高质量标准。加强标准制修订工作，提高相关产品和服务领域标准水平，推动国际国内标准接轨。鼓励企业制定高于国家标准或行业标准的企业标准，支持具有核心竞争力的专利技术向标准转化，增强企业市场竞争力。加快开展团体标准制定等试点工作，满足创新发展对标准多样化的需要。实施企业产品和服务标准自我声明公开和监督制度，接受社会监督，提高企业改进质量的内生动力和外在压力。

2. 提升检验检测能力。加强检验检测能力建设，提升检验检测技术装备水平。加快具备条件的经营性检验检测认证事业单位转企改制，推动检验检测认证服务市场化进程。鼓励民营企业和其他社会资本投资检验检测服务，支持具备条件的生产制造企业申请相关资质，面向社会提供检验检测服务。打破部门垄断和行业壁垒，营造检验检测机构平等参与竞争的良好环境，尽快形成具有权威性和公信力的第三方检验检测机构。加强国家计量标准建设和标准物质研究，推进先进计量技术和方法在企业的广泛应用。

3. 搭建持续创新平台。加强研发机构建设，支持有实力的企业牵头开展行业共性关键技术攻关，加快突破制约行业发展的技术瓶颈，推动行业创新发展。鼓励具备条件的企业建设产品设计创新中心，提高产品设计能

力，针对消费趋势和特点，不断开发新产品。支持重点企业利用互联网技术建立大数据平台，动态分析市场变化，精准定位消费需求，为开展服务创新和商业模式创新提供支撑。加速创新成果转化成现实生产力，催生经济发展新动能。

4. 增强品牌建设软实力。培育若干具有国际影响力的品牌评价理论研究机构和品牌评价机构，开展品牌基础理论、价值评价、发展指数等研究，提高品牌研究水平，发布客观公正的品牌价值评价结果以及品牌发展指数，逐步提高公信力。开展品牌评价标准建设工作，完善品牌评价相关国家标准，制定操作规范，提高标准的可操作性；积极参与品牌评价相关国际标准制定，推动建立全球统一的品牌评价体系，增强我国在品牌评价中的国际话语权。鼓励发展一批品牌建设中介服务企业，建设一批品牌专业化服务平台，提供设计、营销、咨询等方面的专业服务。

（二）供给结构升级工程。以增品种、提品质、创品牌为主要内容，从一、二、三产业着手，采取有效举措，推动供给结构升级

1. 丰富产品和服务品种。支持食品龙头企业提高技术研发和精深加工能力，针对特殊人群需求，生产适销对路的功能食品。鼓励有实力的企业针对工业消费品市场热点，加快研发、设计和制造，及时推出一批新产品。支持企业利用现代信息技术，推进个性化定制、柔性化生产，满足消费者差异化需求。开发一批有潜质的旅游资源，形成以旅游景区、旅游度假区、旅游休闲区、国际特色旅游目的地等为支撑的现代旅游业品牌体系，增加旅游产品供给，丰富旅游体验，满足大众旅游需求。

2. 增加优质农产品供给。加强农产品产地环境保护和源头治理，实施严格的农业投入品使用管理制度，加快健全农产品质量监管体系，逐步实现农产品质量安全可追溯。全面提升农产品质量安全等级，大力发展无公害农产品、绿色食品、有机农产品和地理标志农产品。参照出口农产品种植和生产标准，建设一批优质农产品种植和生产基地，提高农产品质量和附加值，满足中高端需求。大力发展优质特色农产品，支持乡村创建线上销售渠道，扩大优质特色农产品销售范围，打造农产品品牌和地理标志品牌，满足更多消费者需求。

3.推出一批制造业精品。支持企业开展战略性新材料研发、生产和应用示范，提高新材料质量，增强自给保障能力，为生产精品提供支撑。优选一批零部件生产企业，开展关键零部件自主研发、试验和制造，提高产品性能和稳定性，为精品提供可靠性保障。鼓励企业采用先进质量管理方法，提高质量在线监测控制和产品全生命周期质量追溯能力。支持重点企业瞄准国际标杆企业，创新产品设计，优化工艺流程，加强上下游企业合作，尽快推出一批质量好、附加值高的精品，促进制造业升级。

4.提高生活服务品质。支持生活服务领域优势企业整合现有资源，形成服务专业、覆盖面广、影响力大、放心安全的连锁机构，提高服务质量和效率，打造生活服务企业品牌。鼓励社会资本投资社区养老建设，采取市场化运作方式，提供高品质养老服务供给。鼓励有条件的城乡社区依托社区综合服务设施，建设生活服务中心，提供方便、可信赖的家政、儿童托管和居家养老等服务。

（三）需求结构升级工程。发挥品牌影响力，切实采取可行措施，扩大自主品牌产品消费，适应引领消费结构升级

1.努力提振消费信心。统筹利用现有资源，建设有公信力的产品质量信息平台，全面、及时、准确发布产品质量信息，为政府、企业和教育科研机构等提供服务，为消费者判断产品质量高低提供真实可信的依据，便于选购优质产品，通过市场实现优胜劣汰。结合社会信用体系建设，建立企业诚信管理体系，规范企业数据采集，整合现有信息资源，建立企业信用档案，逐步加大信息开发利用力度。鼓励中介机构开展企业信用和社会责任评价，发布企业信用报告，督促企业坚守诚信底线，提高信用水平，在消费者心目中树立良好企业形象。

2.宣传展示自主品牌。设立"中国品牌日"，大力宣传知名自主品牌，讲好中国品牌故事，提高自主品牌影响力和认知度。鼓励各级电视台、广播电台以及平面、网络等媒体，在重要时段、重要版面安排自主品牌公益宣传。定期举办中国自主品牌博览会，在重点出入境口岸设置自主品牌产品展销厅，在世界重要市场举办中国自主品牌巡展推介会，扩大自主品牌的知名度和影响力。

3. 推动农村消费升级。加强农村产品质量安全和消费知识宣传普及，提高农村居民质量安全意识，树立科学消费观念，自觉抵制假冒伪劣产品。开展农村市场专项整治，清理"三无"产品，拓展农村品牌产品消费的市场空间。加快有条件的乡村建设光纤网络，支持电商及连锁商业企业打造城乡一体的商贸物流体系，保障品牌产品渠道畅通，便捷农村消费品牌产品，让农村居民共享数字化生活。深入推进新型城镇化建设，释放潜在消费需求。

4. 持续扩大城镇消费。鼓励家电、家具、汽车、电子等耐用消费品更新换代，适应绿色环保、方便快捷的生活需求。鼓励传统出版企业、广播影视与互联网企业合作，加快发展数字出版、网络视听等新兴文化产业，扩大消费群体，增加互动体验。有条件的地区可建设康养旅游基地，提供养老、养生、旅游、度假等服务，满足高品质健康休闲消费需求。合理开发利用冰雪、低空空域等资源，发展冰雪体育和航空体育产业，支持冰雪运动营地和航空飞行营地建设，扩大体育休闲消费。推动房车、邮轮、游艇等高端产品消费，满足高收入群体消费升级需求。

五、保障措施

（一）净化市场环境

建立更加严格的市场监管体系，加大专项整治联合执法行动力度，实现联合执法常态化，提高执法的有效性，追究执法不力责任。严厉打击侵犯知识产权和制售假冒伪劣商品行为，依法惩治违法犯罪分子。破除地方保护和行业壁垒，有效预防和制止各类垄断行为和不正当竞争行为，维护公平竞争市场秩序。

（二）清除制约因素

清理、废除制约自主品牌产品消费的各项规定或做法，形成有利于发挥品牌引领作用、推动供给结构和需求结构升级的体制机制。建立产品质量、知识产权等领域失信联合惩戒机制，健全黑名单制度，大幅提高失信成本。研究提高违反产品质量法、知识产权保护相关法律法规等犯罪行为的量刑标准，建立商品质量惩罚性赔偿制度，对相关企业、责任人依法实行市场禁入。完善汽车、计算机、家电等耐用消费品举证责任倒置制度，降低消费者维权成本。支持高等院校开设品牌相关课程，培养品牌创建、推广、维护等专业人才。

（三）制定激励政策

积极发挥财政资金引导作用，带动更多社会资本投入，支持自主品牌发展。鼓励银行业金融机构向企业提供以品牌为基础的商标权、专利权等质押贷款。发挥国家奖项激励作用，鼓励产品创新，弘扬工匠精神。

（四）抓好组织实施

各地区、各部门要统一思想、提高认识，深刻理解经济新常态下发挥品牌引领作用、推动供给结构和需求结构升级的重要意义，切实落实工作任务，扎实推进重大工程，力争尽早取得实效。国务院有关部门要结合本部门职责，制定出台具体的政策措施。各省级人民政府要结合本地区实际，制定出台具体的实施方案。

国务院办公厅

2016年6月10日